王 凯◎著

水污染物减排成本的时空演变和环境税收政策研究

SHUIWURANWU JIANPAI CHENGBEN DE
SHIKONG YANBIAN HE HUANJING SHUISHOU
ZHENGCE YANJIU

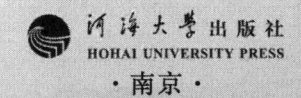

河海大学出版社
·南京·

图书在版编目(ＣＩＰ)数据

水污染物减排成本的时空演变和环境税收政策研究／王凯著. -- 南京：河海大学出版社，2022.11
 ISBN 978-7-5630-7764-9

Ⅰ.①水… Ⅱ.①王… Ⅲ.①水污染物-排污-成本管理-研究-中国②水污染物-排污-环境税-税收政策-研究-中国 Ⅳ.①F52②F812.422 2019 Ⅳ.①F426.9

中国版本图书馆 CIP 数据核字(2022)第 198688 号

书　　名	水污染物减排成本的时空演变和环境税收政策研究
书　　号	ISBN 978-7-5630-7764-9
责任编辑	龚　俊
特约编辑	梁顺弟　卞月眉
特约校对	丁寿萍
封面设计	徐娟娟
出版发行	河海大学出版社
地　　址	南京市西康路 1 号(邮编：210098)
电　　话	(025)83737852(总编室)　(025)83722833(营销部)
经　　销	江苏省新华发行集团有限公司
排　　版	南京布克文化发展有限公司
印　　刷	苏州市古得堡数码印刷有限公司
开　　本	718 毫米×1000 毫米　1/16
印　　张	12.5
字　　数	237 千字
版　　次	2022 年 11 月第 1 版
印　　次	2022 年 11 月第 1 次印刷
定　　价	80.00 元

本书是2022年度江苏高校哲学社会科学研究一般项目"治污减排与银发健康：边际减排成本的影响机制与应用研究"（批准号：2022SJYB0325）的阶段成果。感谢江苏省教育厅、南京中医药大学对本研究项目提供的资助。

序

水污染物治理政策效应评价,仍然是一个投入和产出问题。从投入侧介入研究过程,始终绕不开经济学上的一个重要概念,即"边际成本"。

工业水污染物边际减排成本的系统性估计,是判断水污染物减排成本、减排压力、减排空间的基础性工作,规范测度和分析工业水污染物边际减排成本具有重要的理论价值和现实意义。

从我国工业经济数据中总结经验典型特征事实,规范测度工业水污染物减排经济代价的客观水平,明晰水污染物边际减排成本在时间、地区、行业上的演化趋势,探究水污染物边际减排成本差异的驱动因素,总结水污染物边际减排成本的政策启示,为完善我国环境规制政策,梯次释放减排潜能提供数据支持和决策参考,便显得尤为必要。

首先,本书基于环境生产技术理论和数据包络分析理论,以工业水污染物化学需氧量、氨氮排放总量为研究对象,采用方向性产出距离函数二次型参数化模型,构建了工业水污染物排放总量边际减排成本估计模型,规范测度了2001—2015年("十五"至"十二五")我国北京、天津等30个省级行政单位(未包括香港、澳门特别行政区和台湾省、西藏自治区),以及煤炭开采和洗选业等36个工业行业的水污染物边际减排成本。

其次,考虑到我国各地区、行业发展仍存在着不均衡和不充分,有必要在工业水污染物边际减排成本规范测度的基础上,分析水污染物边际减排成本的时空差异。时间层面,化学需氧量和氨氮排放总量边际减排成本呈逐年上升趋势,年均增速分别为9.52%、18.19%,氨氮排放总量边际减排成本明显高于化学需氧量边际减排成本。地区层面,两类水污染物的边际减排成本总体呈东高西低、北高南低的空间分布特征。行业层面,80.56%行业的化学需氧量边际减排成本和69.44%行业的氨氮排放总量边际减排成本,低于历年工业行业中位数平均水平。

再次,根据工业水污染物边际减排成本呈现的时空差异和空间关联特征,本书采用传统计量模型和空间计量模型,探究驱动工业水污染物边际减排成本异质性的内在机理。研究结果显示,工业水污染物减排存在规模效应,化学需氧量和氨氮排放总量边际减排成本均与排放强度存在显著的"U"型关系。"十二五"以来,我国各地区水污染物排放强度已低于拐点水平,各地区广泛分布于边际减排成本曲线左侧。这表明,若进一步实施环境规制,水污染物边际减排成本将随排放强度的降低而逐渐增高,生产技术将变得更为"清洁",但减排的成本压力亦将随之增加。

最后,为对标我国"十四五"生态文明建设实现新进步,本书以价格型环境规制政策为分析对象,梳理政策历史沿革,对比中外环境保护税收的规模差异,系统认识"费改税"改革红利和不足。研究结果显示,我国现行涉水环境保护税额远低于工业水污染物边际减排成本,各地区和行业间存在环境保护税额的提标空间;水污染物边际减排成本将随排放强度的降低而逐渐推高,进一步实施环境规制,促进生产技术清洁化改造,应适用更高水平的税额标准。

在此意义上,为有效倒逼与激励厂商参与水环境治污减排,本书基于绿色发展理论和新结构主义理论,主张政府可将边际减排成本作为精准、科学、依法治污的政策分析工具,适度提升环境保护税额适用标准;采取积极有为的施政倾向和因势利导的改革策略,遵循水环境治污减排的系统性、适用性和协同性原则,因地制宜、分类施策,汇聚制度合力,为助推我国环境规制政策改革以适配经济社会发展全面绿色转型提供有价值的参考。本书作者为计量水污染物减排的经济成本、探究我国现行环境保护税完善路径做出了有益的尝试。感谢他有意义的研究工作。

孙瑞玲

2022 年 10 月 5 日

前言

水环境污染防治,是我国推进绿色发展,实现人与自然和谐共生的重要举措。2021年3月,十三届全国人大四次会议通过的《中华人民共和国国民经济和社会发展第十四个五年规划和2035年远景目标纲要》指出,十四五时期经济社会发展,必须把"创新、协调、绿色、开放、共享"的新发展理念贯穿发展全过程和各领域,坚持保护优先,推动绿色发展,促进经济社会发展全面绿色转型。"十四五规划"提出,创新完善污水处理、用水用能等领域价格形成机制,实施有利于环境保护的税收政策,构建绿色发展政策体系。这为统筹处理好我国经济增长和环境保护的关系,持续推进环境规制政策改革以适配我国生态文明建设需要,起到关键的"定盘星"作用。

工业水污染物化学需氧量、氨氮排放总量是水污染防治的管控重点。"十四五规划"提出,化学需氧量和氨氮排放总量分别下降8.0%。在制定减排目标的同时,我国注重完善现代环境治理体系,强化市场机制在环境资源配置中的决定作用,全面征收环境保护税,环境政策开始从传统的命令控制型向价格型政策转变。工业水污染物边际减排成本测度,是判断水污染物减排成本、减排压力、减排空间的基础性工作,可以为完善我国价格型环境规制政策,提供经验数据和决策参考。

为此,本书采用方向性产出距离函数二次型参数化模型,构建水污染物边际减排成本估计模型,规范测度了我国从"十五"至"十二五"时期化学需氧量和氨氮两类工业水污染物的边际减排成本,分析了工业水污染物边际减排成本时空差异的驱动因素。

本书的创新和特色之处主要在于以下三个方面:

首先,关注了工业水污染物边际减排成本问题,构建了边际减排成本测度模型,规范测度了水污染物边际减排成本,分析了水污染物边际减排成本的时空差异。在梳理中外有关边际减排成本研究文献、明晰建模方法演化的基础上,采用方向性产出距离函数二次型参数化模型,对我国省域和工业行业水污染物边际减排成本水平实施长跨期、多维度的规范测度,分析水污染物边际减排成本的时间演化、地区分布和行业结构特征;将方向性距离函数的外生和内生方向向量,纳入水污染物边际减排成本测度模型,研究方向向量选择对边际减排成本测度水平的影响,丰富了水环境研究领域的经验数据。

其次,讨论了工业水污染物边际减排成本时空差异驱动因素,拟合了水污染物边际减排成本曲线。采用普通最小二乘法、广义最小二乘法,从排放强度等经济、社会的7类因素和空间溢出效应两个视角切入,揭示驱动水污染物边际减排成本异质性的内在机理;拟合化学需氧量、氨氮边际减排成本曲线,直观反映对工业水污染物进一步实施减排的潜在空间和治理难度;丰富了水生态环境治理领域关于规模效应的经验证据,为厘清水污染物边际减排成本的驱动因素提供了一个分析框架。

最后,引入水污染物边际减排成本测度和分异研究发现,提出了关于环境保护税额提标的政策建议框架。基于我国经济社会发展全面绿色转型的发展背景和新结构主义理论关于有为政府的思想主张,从水污染物排放强度、水污染物边际减排成本、生态文明统筹协调三个方面总结政策启示;提出基于水污染物边际减排成本曲线的"标尺—竞上—培优—开发"区域划分框架,为各地区对涉水环境保护税额实施因势利导、因地制宜的差别化调整提供决策参考。

哈佛大学杰出的生物学家爱德华·威尔逊,曾给出沉痛的警告,"人类是一种紧密地依存于自然界的生物物种,然而地球上许多重要的资源正在枯竭"。面对目前既定且仍然存在的工业生产污染事实,学界尝试通过借助经济工具(例如环保税、排污权交易),以倒逼产业实体走向更为深度的清洁化。本质上,上下求索的出发点仍是回归到人类能够获得持续生存和繁荣这一朴素的目的之上,这亦是本书的初心。人民健康,人民福祉,求索之路漫漫,但功不唐捐。本书承印之际,"十四五"国民健康规划出台,健康中国建设工程向社会传递出的信号表明,我国将继续改善城乡环境卫生,提高人民健康水平。其中,对城市污水处理设施建设和农村污水处理技术等提出了更高的要求。相信久久为功,我国环境税将不断得到完善,其必将成为治理水环境污染、改善水体环境、提升人民健康水平的重要政策工具。

本书中参考和引用的文献资料,作者给出了标注,若有遗漏者,于此表示歉意。同时,由于时间和水平有限,诚恳希望读者给予批评指正,以有利于本书不断完善和进步。

王 凯

2022年10月1日

目录

第一章 绪论 ··· 001
  1.1 研究背景和研究意义 ··· 001
      1.1.1 研究背景 ·· 001
      1.1.2 问题提出 ·· 006
      1.1.3 研究意义 ·· 007
  1.2 中外文献综述 ·· 008
      1.2.1 研究现状 ·· 008
      1.2.2 文献评述 ·· 019
  1.3 研究内容和研究方法 ··· 022
      1.3.1 研究内容 ·· 022
      1.3.2 研究方法 ·· 023
  1.4 研究和编程技术路线 ··· 024
      1.4.1 研究技术路线 ··· 024
      1.4.2 编程技术路线 ··· 024

第二章 工业水污染物边际减排成本测度模型构建 ································· 027
  2.1 基于二次型函数的边际减排成本测度模型 ···································· 027
      2.1.1 二次型参数化模型的基本形式 ·· 027
      2.1.2 基于松弛改进量内生方向向量 ·· 029
      2.1.3 二次型参数化模型的改进形式 ·· 030
      2.1.4 对偶关系和边际减排成本测度 ·· 031
  2.2 工业水污染物边际减排成本模型变量体系 ···································· 034
      2.2.1 投入变量 ·· 034
      2.2.2 期望产出变量 ··· 036
      2.2.3 非期望产出变量 ··· 038
  2.3 本章小结 ·· 041

第三章　工业水污染物边际减排成本测度模型应用 ··········· 042
3.1　数据基础和数据描述 ·· 042
　　3.1.1　数据维度 ·· 042
　　3.1.2　数据来源 ·· 047
3.2　模型参数设定和求解 ·· 050
　　3.2.1　变量参数 ·· 050
　　3.2.2　方向向量 ·· 052
　　3.2.3　模型参数求解 ·· 055
3.3　边际减排成本测度 ·· 064
　　3.3.1　基于模型参数求解边际减排成本 ······················ 064
　　3.3.2　省域维度边际减排成本描述统计 ······················ 065
　　3.3.3　行业维度边际减排成本描述统计 ······················ 066
3.4　本章小结 ·· 067

第四章　工业水污染物边际减排成本时空差异分析 ··········· 069
4.1　省域维度水污染物边际减排成本时空分异 ··················· 069
　　4.1.1　边际减排成本的时序演化 ···························· 069
　　4.1.2　边际减排成本的区域差异 ···························· 075
4.2　行业维度水污染物边际减排成本时空分异 ··················· 083
　　4.2.1　边际减排成本的时序演化 ···························· 083
　　4.2.2　边际减排成本的行业差异 ···························· 089
4.3　本章小结 ·· 095

第五章　工业水污染物边际减排成本驱动因素分析 ··········· 098
5.1　变量选取和数据来源 ·· 098
　　5.1.1　工业水污染物排放强度 ······························ 098
　　5.1.2　控制变量选取 ·· 103
　　5.1.3　数据基础 ·· 108
5.2　驱动因素计量模型构建 ······································ 110
　　5.2.1　模型构建 ·· 110
　　5.2.2　模型适用性检验 ······································ 110
5.3　实证结果和稳健性检验 ······································ 111

5.3.1 边际减排成本驱动因素实证结果 …… 111
5.3.2 稳健性检验 …… 114
5.3.3 驱动因素分析和边际减排成本曲线 …… 118
5.4 本章小结 …… 122

第六章 工业水污染物边际减排成本和环境规制政策 …… 124
6.1 我国价格型环境规制政策现状 …… 124
6.1.1 我国排污收费和环保税制度 …… 124
6.1.2 我国排污费和环保税收规模 …… 129
6.2 边际减排成本分异对环境规制政策的启示 …… 139
6.2.1 全面绿色转型下环境政策调整原则 …… 141
6.2.2 基于水污染物排放强度的政策建议 …… 142
6.2.3 基于边际减排成本差异的政策建议 …… 145
6.2.4 基于生态文明统筹协调的政策建议 …… 147
6.3 本章小结 …… 151

附 录 …… 153
参考文献 …… 169
后 记 …… 185

图表目录

图目录

图 1.1　2000—2015 年我国规模以上工业总产值和工业废水排放量
图 1.2　我国各地区历年平均工业废水排放量与现行环保税适用税额对比
图 1.3　研究技术路线
图 1.4　GAMS 编程开发技术路线
图 2.1　方向性产出距离函数外生方向向量示意图
图 3.1　方向性产出距离函数参数化模型 GAMS 编程结构
图 3.2　外生和内生方向向量构造前沿面决策单元对比
图 3.3　方向性产出距离函数时间趋势项估计结果
图 4.1　2001—2015 年省域维度化学需氧量和氨氮边际减排成本历年均值
图 4.2　省域维度化学需氧量与氨氮边际减排成本估计值核密度分布
图 4.3　2001—2015 年各地区化学需氧量与氨氮边际减排成本变动趋势
图 4.4　2001—2015 年水污染物边际减排成本区域总体差异趋势
图 4.5　2001—2015 年行业维度化学需氧量和氨氮边际减排成本历年均值
图 4.6　行业维度化学需氧量与氨氮边际减排成本估计值核密度分布
图 4.7　2001—2015 年各行业化学需氧量与氨氮边际减排成本变动趋势
图 4.8　各工业行业化学需氧量边际减排成本中位数离散程度对比
图 4.9　各工业行业氨氮边际减排成本中位数离散程度对比
图 4.10　历年边际减排成本行业间差异演化与各行业边际减排成本增速对比
图 5.1　2001—2015 年各地区化学需氧量与氨氮排放强度变动趋势
图 5.2　2001—2015 各地区水污染物排放强度和边际减排成本散点分布
图 5.3　工业水污染物边际减排成本驱动因素变量组
图 5.4　2001—2015 各地区水污染物边际减排成本曲线拟合
图 6.1　2000—2018 年我国环保财政支出占比与排污费的财政贡献趋势
图 6.2　2006—2018 年我国各地区一般公共财政收入和排污费、环保税收年增速
图 6.3　2001—2015 年我国各地区水污染物环保税额和排放强度
图 6.4　环保税额提标政策建议框架
图 6.5　2001—2015 年我国各地区水污染物边际减排成本和排放强度

图 6.6　2001—2015 年我国各工业行业水污染物边际减排成本和排放强度

图 6.7　水污染物边际减排曲线与分类施策区域划分

图 6.8　2001—2015 年我国各地区水污染物边际减排成本和政府环境规制力度

表目录

表 1.1　我国人均资源占有水平同世界平均水平对比

表 1.2　影子价格和非期望产出边际减排成本文献梳理

表 2.1　方向性距离函数与利润函数的 Luenberger 不等式和对偶关系

表 2.2　工业生产能源投入和能源折标准煤参考系数

表 2.3　规模以上工业企业在国民经济中的比重

表 2.4　2007—2018 年我国十大流域年度水质和主要污染物频数简况

表 2.5　我国五个五年规划期间水污染物排放控制目标

表 2.6　方向性产出距离函数二次型参数模型变量

表 3.1　36 个二位数工业行业与历年国民经济行业分类对照

表 3.2　36 个二位数工业行业全称、行业简称和代码简称对照

表 3.3　模型待求解变量参数设定

表 3.4　方向性产出距离函数外生方向向量经济含义对比

表 3.5　历年省域、行业维度内生方向向量参数

表 3.6　方向性产出距离函数参数化模型参数估值

表 3.7　方向性产出距离函数参数化模型时间趋势参数估值

表 3.8　省域和行业维度环境技术非效率值对比

表 3.9　方向性产出距离函数参数化模型敏感性分析

表 3.10　省域维度化学需氧量和氨氮边际减排成本描述统计

表 3.11　行业维度化学需氧量和氨氮边际减排成本描述统计

表 4.1　2001—2015 年按区域划分各地化学需氧量、氨氮边际减排成本对比

表 4.2　2001—2015 年化学需氧量边际减排成本区域差异分解

表 4.3　2001—2015 年氨氮边际减排成本区域差异分解

表 4.4　各工业行业化学需氧量边际减排成本均值和中位数

表 4.5　各工业行业氨氮边际减排成本均值和中位数

表 5.1　2001—2015 年我国各地区水污染物排放强度与年均变动幅度

表 5.2　控制变量、代理变量文献回顾一览

表 5.3　工业水污染物边际减排成本驱动因素代理变量定义和说明

表 5.4　工业水污染物边际减排成本驱动因素数据来源

表 5.5　工业水污染物边际减排成本驱动因素代理变量描述性统计

表 5.6　工业水污染物边际减排成本驱动因素计量模型检验

表 5.7　工业源废水化学需氧量边际减排成本曲线拟合(COD,OLS)

表 5.8　工业源废水氨氮边际减排成本曲线拟合(NH_3-N,OLS)

表 5.9　边际减排成本曲线拟合模型异方差检验

表 5.10　稳健性检验(COD,GLS)

表 5.11　稳健性检验(NH_3-N,GLS)

表 6.1　我国排污费、环境保护税相关法规、法律一览表

表 6.2　我国环境保护税税目、税基和计税方法

表 6.3　我国各省级行政单位环境保护税水污染物适用税额

表 6.4　2006—2018 年我国各地区排污费和环保税收占财政收入比重

附录目录

附录 1:我国 30 个省级行政单位编码和区划对照

附录 2:2016—2017 年各地年鉴工业源化学需氧量、氨氮排放量披露情况

附录 3:2001—2015 年两维度工业源化学需氧量、氨氮排放量差异情况

附录 4:2001—2015 年两维度工业源化学需氧量、氨氮松弛改进量年总额

附录 5:方向性产出距离函数二次型参数化模型个体差异项估计结果

附录 6:2001—2015 年环境技术方向距离函数前沿点结构(省域维度)

附录 7:2001—2015 年方向性产出距离函数前沿点结构(行业维度)

附录 8:2001—2015 年我国各工业行业水污染物排放强度与年均变动幅度

附录 9:2001—2015 年化学需氧量和氨氮排放强度时序演化(行业维度)

附录 10:变量单位根检验和面板协整检验

附录 11:2006—2018 年我国各地区国家排污类环保税收占财政收入比重(单位:%)

附录 12:我国各地区、行业水污染物边际减排成本和排放强度分布象限

第一章

绪 论

1.1 研究背景和研究意义

1.1.1 研究背景

水环境污染对我国经济增长、民生福祉的制约日益凸现。水资源短缺、水环境恶化和水生态退化等问题,导致可供生产、生活使用的淡水资源总量持续减少。当前,我国经济社会发展正全面绿色转型,处于"三期叠加""四降一升"的关键时期[1],面临着来自实现转型再平衡、平稳转入中高速增长、污染总量持续削减等多重目标的约束,经济增长和降污减排间的矛盾突出。为此,我国提高生态保护红线、淘汰环境不达标产能、改造升级传统生产技术,通过财政、产业和环保等政策紧密配合,逐步引导我国经济向绿色、可持续、高质量方向全面转型。

工业水污染物化学需氧量、氨氮是水污染防治的管控重点。2021年《中华人民共和国国民经济和社会发展第十四个五年规划和2035年远景目标纲要》提出,第十四个五年规划(以下简称"十四五")时期,化学需氧量和氨氮排放总量分别下降8.0%;同时,我国政府注重完善现代环境治理体系,强化市场机制在环境资源配置中的决定作用,全面征收环境保护税(以下简称"环保税"),实现排污外部成本内部化,推动排污权、碳排放权等的市场化交易。我国环境政策开始从传统的命令控制型,向价格型和基于排污许可的市场型政策转变。为此,"十四五"规划纲要提出,创新完善污水处理、用水用能等领域价格形成机制,实施有利于环境保护的税收政策,构建绿色发展政策体系。工业水污染物边际减排成本测度,是判断水污染物减排成本、减排压力和减排空间的基础性工作,可以为我国价格型和市场型环境规制政策的完善,提供经验数据和决策参考。

1.1.1.1　生态环境约束和两个根本转变

学者厉以宁指出,在供给侧框架下认识中国经济增长轨迹和分析未来发展方向,应关注要素市场[2]。蔡昉、林毅夫等认为,高耗型自然资源要素投入,将引发生态环境破坏,制约经济增长的可持续性[3]。对外开放初期,以扩大出口换国外"高、精、尖"技术设备作为扩大开放、加快工业增长的思路,使我国资源和劳动密集型等对技术、加工程度要求较低的产业迅速发展。20世纪80年代,我国着力发展"三来一补",加工贸易增长速度迅速提高,并于1996年起成为我国第一大出口贸易方式。然而,由于产品附加值和生产盈利率较低,"以量取胜"成为工业、制造业维持生存的经营取向[4],重工业优先发展战略诱致我国形成了"低级化"的产业结构[5][6]。受我国资源总量和环境承载力约束,这种消耗大量不可再生资源、环境污染、不可持续的经济实体成为政、学界关注的重点。

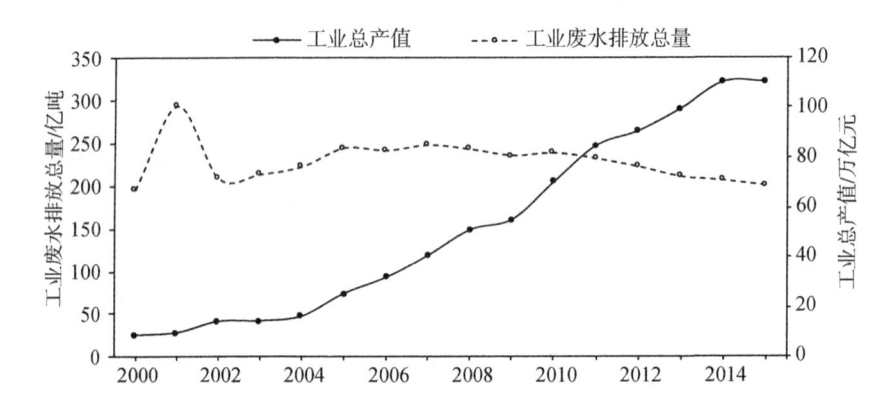

图 1.1　2000—2015 年我国规模以上工业总产值和工业废水排放量

"九五"时期(1996—2000 年)提出了"实现两个根本性转变"的要求,即"经济体制从计划经济向市场经济转变"和"经济增长方式从粗放型向集约型转变"。厉以宁指出,尽管"九五"时期得到了较好执行,但我国在"十五"时期(2001—2005 年)出现了粗放增长方式的回潮,"十一五"时期(2006—2010 年)最后一年,经济增长方式转型仍没有明显进展[1]。图 1.1 显示,我国规模以上工业废水排放总量自 2000 年至 2010 年呈波动式增长;于 2011 年始,呈现逐年下降趋势;2015 年工业废水排放总量为 199.5 亿吨,较新千年以来历史最低排放量 194.2 亿吨高出 2.7%;"十二五"期间年均排污下降幅度约为 3.4%。

党的十八大以来(同"十二五"第二年至"十三五"时期叠合),我国生态保护立法、执法力度增强,2019 年党的十九届四中全会提出,生态文明制度体系作为国家治理体系现代化的重要组成部分,要求实行最严格的生态环境保护制度,完善绿色生产和消费的法律制度和政策导向,完善生态环境保护法律体系和执法司法制度。但历史性粗放增长造成的资源浪费、环境破坏,具体表现为人均淡水资源紧张、水资源承载能力逼临上限等,仍是制约我国经济可持续发展的重要问题。

1.1.1.2 淡水资源禀赋和水体环境污染

我国作为一个人均自然资源禀赋不宽松、生态环境脆弱的国家,人均淡水资源占比同世界平均水平相较严重不足[1]。数据显示,我国人均淡水资源占比仅为世界平均水平的27.0%(其他资源人均占比数据见表1.1)。据中国环境保护部等相关部门编制的《中国环境状况公报》显示,主要污染物排放量已超过环境自净能力,中国生态环境在21世纪初的十年中持续恶化。其中,在全国4 896个地下水监测点中,水质优良的监测点仅占10.8%,而较差和极差级占61.5%。有学者认为,我国大多数地区已没有环境容量[7],由于监管不严导致工业企业(以下统称为"企业",特殊指代除外)废水偷排,2011年工业无处理废水量约为128.0亿吨,是当年工业废水排放总量的1/6。截至2018年,全国城乡建成污水处理厂4 332座,全年城乡污水处理总量519.0亿 m^3,城乡两级污水处理率预计仍分别存在5.0%、15.0%的待处理缺口。违规直排环境的工业废水是环境统计和管理的盲区,是我国水体环境污染的重要原因。

表1.1 我国人均资源占有水平同世界平均水平对比

资源种类	我国人均占有水平	单位	占世界人均水平的比重(%)
耕地	0.1	公顷	42.0
淡水	2 257.0	立方米	27.0
森林	0.1	公顷	20.0
矿产保有储蓄潜在总值	0.9	万美元	58.0
煤炭(探明可采储量)	98.9	吨	53.0
石油(剩余储量)	2.7	吨	11.0
天然气(探明可采储量)	769.0	立方米	3.0

数据来源:根据《中国统计年鉴(2018)》数据整理。

学者马中鲜明地提出,达标排放的污水亦在"合法"污染着环境[8]。统计数据显示,2017年我国污水排放总量达699.7亿吨,较上年降低了1.6%,尽管化学需氧量和氨氮总排放量同比分别下降了2.3%、1.6%,但两项污染物排放量仍处于1 021.9万吨、139.5万吨高位。郑易生等在20世纪90年代已指出,水污染带来的负面影响是多方面的,涉及人体健康、工业、灌溉农业、渔业和旅游业等[9],事关地球生态和民生福祉。就长江流域水污染问题,何立峰认为,长江经济带污染物排放基数大,生态环境形势严峻,不能以牺牲后代福祉而换取污染性增长[10]。可见,水体环境污染是影响我国社会安定和经济发展可持续的重要因素[11]。

1.1.1.3 绿色转型、碳达峰和数字技术

全面绿色转型是实现我国经济社会可持续发展的重要战略举措。徐晋涛[12]认为实现发展方式的全面绿色转型,是旧发展模式已不可持续的必然选择,转型成功将有助于我国获得新的增长动能,对经济的可持续增长发挥推动作用。财政部原官员贾康[13]认为,我国经济发展更应关注增长的质量和群众获得感,而增长质量主要体现在结构调整、结构优化上。林毅夫[14]提出,政府应在结构调整的过程中因势利导,积极提供协调和外部性补偿,更好地发挥政府在资源配置中的作用。党的十八大以来,党和国家围绕生态文明建设提出了一系列新理念、新思想和新战略,以绿色发展为重要内容的新发展理念,是推动我国经济高质量发展的重要指导思想[15]。"十四五"规划纲要提出,推动经济社会发展全面绿色转型,制定2030年前碳排放达峰行动方案,发挥制度优势,压实各方责任,根据各地实际分类施策,深入推进工业领域低碳转型。形成更为广泛的节约资源和保护环境的产业结构、生产方式不仅是碳领域的一场工业革命,亦是对工业生产领域,水资源的集约高效利用、水污染物的持续降污减排提出的新要求,例如,在"十四五"时期,化学需氧量和氨氮排放总量需持续减排,排污总量分别下降8.0%。

按照"十四五"规划纲要提出的要求,推动经济社会发展全面绿色转型,应强化绿色发展的法律和政策保障,推进排污权、碳排放权交易,实施有利于环境保护的税收政策。例如,我国环保税基于"污染者付费"原则,将厂商排污成本内部化,通过奖优罚劣和市场价格上的优胜劣汰机制,向产品市场传递政府环境规制力度的价格信号[16]。因此,环保税作为一种价格型环境规制政策,是"十三五"生态文明领域统筹协调机制和现代税收制度改革的重要成果,是引导我国经济社会全面向创新、协调、绿色、开放、共享方向发展,构建绿色产业链、供应链的政策工具。

随着互联网和大数据技术的快速发展,税务和环监部门数据实时采集和互联共享的硬件条件已经成熟。"十四五"规划纲要提出,将数字技术广泛应用于政府管理服务,不断提高决策科学性。例如,金税工程等智慧税务建设已取得阶段成果;历时十年的碳排放权交易所试点工作为将排污许可交易制度逐步推向全国,总结了充足的数据平台搭建、交易规则和交易管理等经验;"十三五"时期建设和完善

的排污数据实时监测系统,将使得排污数据的监测和分析效率得到大幅提升。高效采集厂商的生产投入、经营成果、产污规模、降污水平、排污纳税等数据,经科学分析形成的以污染物边际减排成本或污染物影子价格等为载体的工业运行指标,有助于形成厂商和监管两端的信息良性反馈。发挥大数据辅助环境治理的效能,动态检测、发现问题、发出警报,及时组织各方参与讨论,提出供环境政策调整参考的可行方案,可为稳步推进我国发展的全面绿色转型提供支持。

1.1.1.4 边际减排成本和环境政策适配

我国环境规制政策正在从传统的命令控制型,向价格型和基于排污许可的市场型政策转变。2011年北京、天津等8个省级行政单位(以下简称"地区")率先开展碳排放权交易试点,2018年实施《中华人民共和国环境保护税法》,2021年国务院生态环境部发布《碳排放权交易管理暂行条例(草案修改稿)》,启动建设全国范围碳排放权交易市场。构建价格和市场型环境规制政策体系,创新完善用水用能等领域价格形成机制,工业水污染物边际减排成本测度,是判断水污染物减排成本、减排压力和减排空间的基础工作,可以为我国价格型和市场型环境规制政策的完善提供经验数据和决策参考,但该领域的研究工作尚显不足。

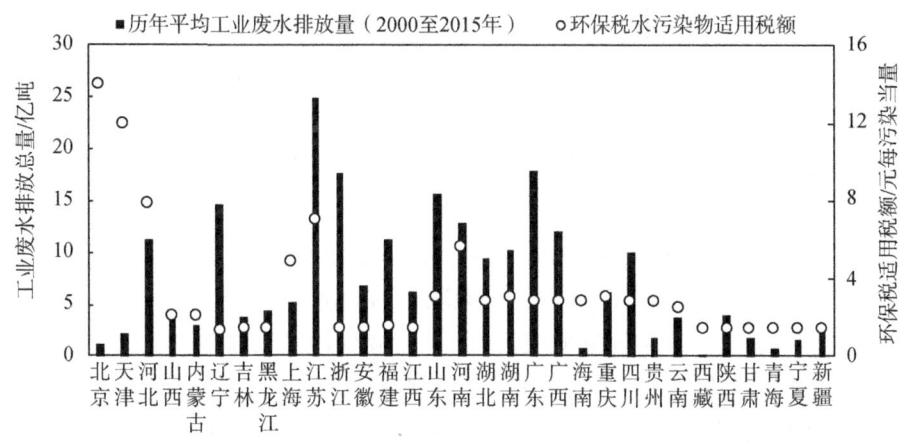

图 1.2 我国各地区历年平均工业废水排放量与现行环保税适用税额对比
(未包括香港、澳门特别行政区和台湾省)

测度工业水污染物的边际减排成本,可以为我国价格型和市场型环境规制政策的完善,提供经验数据和决策参考。Färe 等[17][18]、陈诗一[19]认为有效的环保税率(我国现行环保税使用"税额"概念)标准不应低于污染物的边际减排成本,否则企业将选择继续生产并排放污染物,从而影响环境规制的效果。

就我国现行环保税额的执行标准而言,一些地区仍存在着环保税额标准与当地工业废水排放总量实情不适配的矛盾。图 1.2 显示,浙江、安徽等13个地区采取国家最低税额标准,其年均工业废水排污总量达53.02亿吨,占全国工业排污总量的1/4。浙江、广东年均工业废水排污总量占全国总量的19.7%,但这两地环保税额较江苏、河南等高排污地区仍显不足。随着水环境治污减排进入新的攻坚阶段,测度我国具有代表性的工业水污染物的边际减排成本,明晰当前工业生产的减排压力和减排空间,科学、精准地提升我国工业水污染物环境政策的规制能力,已然成为当前需要关注的重要问题。

1.1.2 问题提出

在我国生态环境约束和经济社会发展全面绿色转型的背景下,调和经济稳定增长和污染持续减排间的矛盾、实现转型再平衡将成为一段时期内经济、产业、环保等政策的着力点。科学量化水污染物边际减排成本,能够直观地反映各经济主体水污染物减排的机会成本和进一步控污治污的潜力,为政府掌握水污染物的影子价格、统筹权衡减排难度、科学分配减排配额、精准推进重点地区和行业减排、完善环境规制政策提供决策参考,是实现环境规制从命令控制型向价格和市场型转变的关键所在。然而,经文献综述发现,涉及水环境领域的研究仍显不足。

从宏观层面来看,生态环境为经济增长提供了基本的生产资料和纳污空间,习近平总书记指出,保护生态环境就是保护生产力,改善生态环境就是发展生产力[20]。边际减排成本可以作为衡量"金山银山"与"绿水青山"的替代关系。厉以宁亦认为,环境是经济的物质基础,经济发展离不开一定的自然环境条件,若不能认清自然环境条件对经济的影响程度,无法用经济价值将其表示,那么上述观点只能是空洞和泛指[21]。因此,出于保护和发展生产力、改善水体环境的需要,测度水污染物的边际减排成本,即减排的经济代价,可被视作在水体环境保护前提下,通过科学的价格形成机制,量化减少污染物排放对经济的影响程度,指导政府因地制宜、科学精准提升环境规制政策治理效果。

从微观层面看,测度水污染物边际减排成本,能够回答以利润最大化、成本最小化为经营目标的厂商的疑问:为减排将为之付出多少经济代价[22][23]。美国环境经济学者Kolstad[24]认为,定价是对消费行为付费的前提,基于科学的价格形成机制,对水污染物等公共厌恶品定价,有利于促使厂商减少污染排放。

基于背景分析和宏观、微观方面的现实需要,测度、分异水污染物的边际减排成本,显然尤为必要。为此,亟待回答以下4个方面的问题:

(1) 如何测度我国各地区、工业行业的水污染物边际减排成本?

(2) 如何厘清水污染物边际减排成本的时空差异特征?

(3) 如何揭示水污染物边际减排成本差异的驱动因素?

(4)如何理解水污染物边际减排成本差异和相关驱动因素的政策含义,为完善我国价格型环境规制政策(环保税)提供决策参考?

1.1.3 研究意义

本书以工业水污染物化学需氧量、氨氮为研究对象,采用方向性产出距离函数二次型参数化模型,构建了工业水污染物边际减排成本估计模型,规范测度了2001—2015年("十五"至"十二五")我国京、津等30个省级行政单位、36个工业行业两类水污染物边际减排成本。基于两类工业水污染物边际减排成本的明显时空差异,分析了水污染物边际减排成本的经济、技术、环境规制、空间溢出等驱动因素并拟合边际减排成本曲线,刻画水污染物边际减排成本与排放强度的变动关系。在对比中外环保税收规模差异的基础上,讨论了边际减排成本的政策含义,以及对完善我国环保税政策的启示,区域和行业异质性贯穿全文。本书的理论意义和实践意义归纳如下:

1.1.3.1 理论意义

(1)规范测度了三个"五年规划"时期,我国各地区和工业行业的水污染物边际减排成本,分析了工业水污染物边际减排成本时间和空间变化趋势,丰富了水环境领域的实证数据;(2)水污染物边际减排成本的区域和行业异质性,为各地区制定有区别的且符合地区、产业发展实际的环境规制政策提供比较可靠的理论依据;(3)实证结果表明,水污染物排放强度与边际减排成本之间存在显著的"U"型关系,水污染物的减排存在规模效应,水污染物边际减排成本曲线为科学精准、因地制宜探讨区域减排潜力提供了判断依据;(4)引入并延伸新结构主义关于有为政府角色定位、因势利导的思想主张,指导我国环境规制政策实践。

1.1.3.2 实践意义

(1)全面测度工业水污染物边际减排成本是判断当前我国工业减排潜力和减排难度的基础工作,能够为制定适配各地和行业控污减排潜力、科学合理的价格型和市场型环境规制政策提供有价值的决策参考;(2)工业水污染物边际减排成本存在的空间、行业异质性,间接反映了资源在地区和产业间的错配程度,能够为持续推动重点地区和行业控污减排,完善经济、产业和环保配合政策提供政策研讨指向;(3)厘清工业水污染物排放强度与边际减排成本的变动关系,掌握中外环保税收规模差异,综合分析各地区减排潜力,研判环保税提标空间,为推动我国经济社会发展全面绿色转型、制定更为符合本地控污减排实际的环保税政策提供数据支持。

1.2 中外文献综述

1.2.1 研究现状

1.2.1.1 边际减排成本的测度方法

（1）基于效率的测度模型沿革

规范估计污染物等非期望产出的边际减排成本，在环境保护公共政策和绿色增长核算等领域有着重要的应用，可以作为环保税税率设定以及许可市场定价的参考[19]，具有十分重要的理论价值和现实意义，已成为中外学者研究的重点领域。其中，学界有观点认为，环境生产理论将非期望产出的边际效应纳入了生产技术效率的分析框架，使得基于此推导的边际减排成本测度方法，具有假设条件少、符合现实生产过程的优势[17][18]，已被越来越多的学者接受和使用。非期望产出的影子价格，可以根据所减少的期望产出规模，解释为额外减少一单位非期望产出的机会成本，亦被称为"非期望产出的边际减排成本"，其绝对值的几何意义是，被评价决策单元在有效技术前沿面投影点斜率的相反数。根据构建生产前沿面时所采用的方法差异，基于微观生产理论的测度方法可进一步分为参数化和非参数化两种类型。针对参数化方法，Aigner 和 Chu[25]、Schmidt[26]较早地使用生产函数来估计影子价格；Pollak 等[27]、Gollop 和 Roberts[28]则延伸至基于成本函数来测度影子价格。基于 1970 年 Shephard[29]关于距离函数的研究成果，Pittman[30][31]在 1981 年和 1983 年，创造性地基于距离函数的对偶关系估计了影子价格，为此后影子价格和边际减排成本测度研究奠定了基础。使用 Shephard 距离函数估计影子价格，测度方法可根据使用的距离函数细分为两种类型，即投入导向距离函数[32][33]和产出导向距离函数[34-40]。

然而，Shephard 距离函数无法区分产出性质，期望产出和非期望产出以同比例增加，显然违背污染治理现实[41-43]。为此，1996 年 Chambers、Chung、Färe[41]基于 Shephard 距离函数和 Luenberger 短缺函数，开创性地提出了耦合期望和非期望产出的距离函数，方向性距离函数[41-43]。方向性距离函数可以识别环境污染中不同于期望产出的负外部性，考虑了在增加期望产出的同时降低非期望产出的有效路径，较 Shephard 距离函数更符合厂商平衡效益和环境合规的现实。2000 年，Färe 和 Grosskopf[44]将方向性距离函数一般化，推导方向性距离函数和收益函数的对偶关系，并提出观点，认为投入和产出导向距离函数是方向性距离函数的一种特例[44]；2001 年，首次提出了方向性距离函数二次型参数化的估计形式[45]。从现有的研究来看，超越对数的函数形式常见于 Shephard

产出距离函数的参数化建模。然而，由于超越对数函数形式不能施加约束条件以满足函数的可转移性，因此不适用于方向性产出距离函数。相较于此，二次型函数形式是对未知距离函数的二阶近似[44][45]，能够很好地满足方向性距离函数的特性。

针对非参数方法，主要采用 DEA 数据包络分析方法，通过方向性产出距离函数来构造有效技术面，并根据对偶关系推导边际减排成本，Weber[46]、Lee 等[47]、Boyd 等[48]、涂正革[49]等对此展开应用型研究。然而，非参数方法在估计边际减排成本时存在不足，蒋伟杰和张少华[50]认为，DEA 方法本质上并非完全不假定任何函数形式，而是通过分段线性函数来刻画有效生产前沿面，这使得 DEA 较参数型不可求导，从而使基于非参数模型的影子价格具有"非唯一性"[51]。

（2）基于效率的测度模型应用

从现有中外文献的刊发时间脉络来看，关于影子价格和边际减排成本测度的应用性研究，呈现出明显的方法更迭特征（如表 1.2 所示）：从基于生产成本函数到 Shephard 类型距离函数；从单一的产出或投入导向距离函数，到更为一般化的方向性距离函数；从不可求导的非参数化模型到更为灵活的参数化模型；此外，随着信息技术的发展，研究数据可获得性的提高，样本较早期研究而言种类和体量更为丰富，建模工具和研究方法日益贴近生产和减排实际。值得注意的是，由于边际减排成本等于距离函数前沿上斜率的相反数，陈诗一[19]、Lee 等[47]基于 Coggin 和 Swinton[35]、Vardanyan 和 Noh[39]的研究发现污染排放影子价格或边际减排成本与方向性距离函数中方向向量的选取有关。随着有效决策单元在技术前沿面上由外向原点方向移动，基于最外端 Shephard 距离函数计算的边际减排成本数值最小，靠近原点的则相对较大，Wang 等[52]在方向性距离函数中亦有一致发现。究其原因，陈诗一[19]在研究碳边际减排成本时认为，由于生产技术的联合弱处置约束，相较于在既定碳排放水平下讨论工业产出所能够增长的最大可能性的方向向量方案而言，碳排放和工业产值的一般非径向改进方案，需以放弃额外工业产出为代价以换取碳排放的额外降低，也就是每减排单位碳需要放弃的工业产值逐渐增大，即边际减排成本逐渐增大。考虑到方向向量对边际减排成本估计的影响，Färe 等基于产出松弛改进量构造内生方向向量[53-55]，并应用于电厂空气污染物边际减排成本的估计研究中[56]。

表 1.2 影子价格和非期望产出边际减排成本文献梳理

文献	研究方法	非期望产出	期望产出	投入要素	国家	样本类型 1	样本类型 2	样本类数	时间维度	样本总量	方向向量	刊文时间
Färe 等[34]	ODF/T/PD	SO_2, BOD, TSS	造纸产量	资本、年劳动小时数、能源	美国	公司	造纸和纸浆	30	1976	30	$y>0, b>0$	1993
Coggins 和 Swinton[35]	ODF/T/PD	SO_2	电力输出量	资本、劳动人数、燃料	美国	公司	燃煤发电	14	1990—1992	42	$y>0, b>0$	1996
Swinton[36]	ODF/T/PD	SO_2	电力输出量	资本、年劳动小时数、燃料	美国	公司	燃煤发电	41	1990—1992	123	$y>0, b>0$	1998
Kwon 和 Yun[38]	ODF/T/PD	SO_2, NO_x, TSP, CO_2	电力输出量	资本、劳动人数、物料、燃料	韩国	公司	燃煤和纸浆	10	1990—1995	60	$y>0, b>0$	1999
Hailu 和 Veeman[42]	IDF/T/PD	BOD, TSS	纸浆和造纸产量	资本、生产和行政人数、能源、物料	加拿大	工业部门	造纸和纸浆	1	1959—1994	36	$y>0, b>0$	2000
Weber[45]	DDF/N/DEA	大气、水和土壤排污染	制造业产值	资本、劳动人数	美国	州级单位	制造业	48	1988—1994	336	$y=1, b=-1$	2001
Lee 和 Park[47]	DDF/N/DEA	SO_2, NO_x, PM	电力输出量	资本、劳动人数、能源、燃料	韩国	公司	燃煤发电	43	1990—1995	258	$y=1, b=-1$	2002
Boyd 等[48]	DDF/N/DEA	NO_x	营业收入	资本、劳动工资、燃料、物料	美国	工业部门	玻璃制造	15	1987—1990	54*	$y>0, b>0$	2002
Murty 和 Kumar[47]	ODF/T/PD/PS	BOD, COD, SS	营业收入	资本、劳动人数、能源、木纤维	印度	公司	工业部门	60	1994—1995	120	$y>0, b>0$	2003
Marklund[53]	DDF/Q/PD	BOD, COD	造纸产量	资本、劳动人数、燃料	瑞典	公司	造纸和纸浆	12	1983—1990	96	$y<0, b>0$	2005
Lee[55]	IDF/T/PD	SO_2	电力输出量	资本、劳动人数、燃料	美国	公司	燃煤发电	38	1990—1995	380	$y=1, b=-1$	2005
Färe 等[58]	DDF/Q/PD/PS	农作物的径流、渗透污染	农作物畜牧产量	资本、土地、劳动人数、燃料	美国	州级单位	农业	209	1993—1997	418	$y=1, b=-1$	2006
Vardanyan 和 Noh[59]	ODF/T, DDF/Q	SO_2	电力输出量	资本、劳动人数、燃料、碳烟	美国	公司	电力事业	209	1997—1999	627	$y=1, b=-1$	2006
Rezek 和 Campbell[40]	ODF/GME/PS	SO_2, NO_x, CO_2, 汞	电力输出量	资本、燃料（因公司而异）	美国	公司	发电部门	260	1998	260	$y>0, b>0$	2007
Park 和 Lim[41]	ODF/T/PD	CO_2	电力输出量	资本、劳动人数、燃料	韩国	公司	发电企业	20	2001—2004	80	$y=1, b=-1$	2009
Hernández 等[42]	DDF/Q/PD	氮、磷、悬浮物、COD	经处理的水	劳动人数、能源、处理试剂和设备	西班牙	公司	废水处理厂	43	2004	43	$y=1, b=-1$	2010
Färe 等[43]	DDF/Q/PD	SO_2, NO_x	电力产量	资本、劳动人数、燃料	美国	公司	燃煤发电	76	1985—1998	1 064	$y=1, b=-1$	2012
Tang 等[44]	DDF/Q/PD	氮、磷、COD	农业产值	资本、土地、劳动人数、物料	中国	省级单位	农业	26	2001—2010	260	$y=1, b=-1$	2015
Färe 等[45]	DDF/Q/PD/SBM	SO_2, NO_x, CO_2	电力输出量	资本、劳动人数、燃料、设备	美国	公司	燃煤发电	112	2001—2004	448	$y\leq 0, b=-1$	2017
Wang 等[46]	DDF/Q/PD	SO_2	工业产值	劳动人数、燃料、水、设备	中国	省级单位	钢铁制造	49	2014	49	$y>0, b>0$	2017
Xie 等[47]	DDF/Q/PD	COD, NH-N	工业产值	资本、劳动人数、燃料	中国	省级单位	工业部门	30	2003—2012	300	$y=1, b=-1$	2017
Yu 等[48]	DDF/Q/PD	COD, NH-N	工业产值	资本、劳动人数、水资源	中国	江苏市级	工业部门	13	2006—2017	156	$y=1, b=-1$	2021
徐正荣[49]	DDF/N/DEA	SO_2	工业增加值	资本、劳动人数、燃料	中国	省级单位	工业部门	3	1998—2005	24	$y=1, b=-1$	2010
陈诗一[19,50]	DDF/T/N	CO_2	工业增加值	资本、劳动人数、中间投入	中国	全国层面	工业行业	38	1980—2008	1 102	$y=1, b=-1$	2010

(续表)

文献	研究方法	产出和投入要素			国家	决策单元				时间维度	样本总量	方向向量	刊文时间
^	^	非期望产出	期望产出	投入要素	^	样本类型1	样本类型2	样本类型数	^	^	^	^	^
袁鹏和程施[67]	DDF/Q/PD	工业废水、SO_2、烟尘	工业产值	固定资产年平均余额、劳动人数	中国	市级层面	工业部门	284	2003—2008	1 704	$y=1, b=-1$	2011
周姿和杜清燕[68]	PF/T	CO_2	GDP	资本、劳动人数	中国	全国层面	—	1	1979—2008	30	$y>0, b>0$	2013
魏楚[69]	DDF/Q/PD	CO_2	GDP	资本、劳动人数	中国	市级层面	—	104	2001—2008	832	$y=1, b=-1$	2014
茹蕾和司伟[70]	DDF/Q/PD	BOD、COD、悬浮物	营业收入	资本、劳动人数、能源、物料	中国	工业部门	制糖企业	79	2007—2012	474	$y=1, b=-1$	2015
陈德湖等[71]	DDF/Q/PD	CO_2	GDP	资本、劳动人数、能源	中国	省级单位	—	30	2010—2012	90	$y=1, b=-1$	2016
陈诗一和武英涛[72]	DDF/Q/PD	SO_2、NO_x、烟粉尘	工业产值	资本、劳动人数、能源	中国	省级单位	工业部门	30	2005—2015	330	$y=1, b=-1$	2018
蒋伟杰和张少华[50]	DDF/Q/PD	CO_2	工业产值	资本、劳动人数、能源	中国	全国层面	工业行业	36	1998—2011	504	$y=1, b=-1$	2018
杨子晖等[73]	DDF/Q/PD	CO_2	GDP	资本、劳动人数、能源	中国	省级单位	—	29	2003—2012	290	$y=1, b=-1$	2019
王文举和陈真玲[74]	DDF/Q/PD	CO_2	GDP	资本、劳动人数、能源	中国	省级单位	—	30	1995—2016	660	$y=1, b=-1$	2019

注释：(1) 研究方法说明：DDF：投入导向距离函数；IDF：投入导向距离函数；ODF：产出导向距离函数；DDF：方向性距离函数；T：Translog Function 超越对数函数；Q：Quadratic 二次型函数；PD：Parametric Deterministic 参数确定型；PS：Parametric Stochastic 参数随机型；PF：Production Function 生产函数；DEA：Data Envelopment Analysis 数据包络分析；SBM：Slacks-Based Measure 基于松弛变量的效率改进测度；GME：General Maximum Entropy 广义最大熵。

(2) 非期望产出说明：SO_2：硫氧化物；NO_x：氮氧化物；PM：颗粒物；TSS：总悬浮颗粒物；BOD：化需氧量；COD：化学需氧量；NH_3-N：氨氮；TSS：总悬浮固体。

(3) 符号"*"：参考 Boyd 等[48]因 1990 年样本数涉密，其文中未披露 1990 年数据。

(4) 数据来源：参考 Zhou 等[76]，为呈现边际减排成本测度领域的研究范式，本书系统梳理了国内外文献中关于投入要素、期望产出、非期望产出变量的选取情况，区分了方向向量的改进属性（径向、非径向），细化了研究样本类型，引入了国内相关研究成果，依中外作分类并按文献刊发时间递进排序。

011

不同于使用线性规划的方法，Rezek 和 Campbell[40]、Murty 和 Kumar[57]、Färe 等[58]通过使用修正最小二乘或极大似然估计的方法估计距离函数，考虑了扰动因素对生产前沿面的随机冲击。但是，涂正革[49]认为线性规划求解距离函数，可以得到经济个体层面的边际减排成本，而随机型方法的估计结果只能得到边际减排成本的一个平均水平；蒋伟杰和张少华[50]认为随机型方法估计距离函数存在内生性问题，使得距离函数参数估计结果有偏。在生产函数和距离函数模型变量的选取上，中外学者均考虑了资本、劳动和能源三项基本生产要素。此外，根据研究问题的特殊性，农业问题考虑土地[18]，污染源考虑投入物料的品种[59]和污染前驱物[40]，以及对微观劳动和能源要素代理变量的选择时，考虑了劳动时间[34]、劳动工资[57]、劳动类型[32]、能源类型[60]等。

在研究对象上，水环境污染物边际减排成本的研究明显不足。中外学者围绕电力生产的碳边际减排成本展开了长跨期、广维度、多样本的追踪式讨论，并有学者聚焦地关注到农业生产中农药径流和渗透问题对环境造成的破坏[18]。然而，在水环境领域，尽管有学者已关注到造纸[32][34][59]以及制糖[70]工业中水污染物的边际减排成本问题，对我国江苏省水污染物边际减排成本问题实施讨论[65]，但这些课题难以突破仅关注某一行业或单一空间辖域的局限，鲜有文献针对经济体内部各行政辖域，以及工业经济系统内部各行业，就水污染物边际减排成本异质性问题给予系统、充分的研究，相关经验证据和研究结论亟待补充，为水环境领域环保税改革提供经验性和定量化数据支撑。

1.2.1.2 边际减排成本的驱动因素

（1）边际减排成本影响因素研究

现有文献中，学者通过微观生产理论推导边际减排成本，并在此基础上拟合污染物的边际减排成本曲线[50][64][69][75]，以识别污染物排放水平和边际减排成本的变动关系。污染物边际减排成本曲线（Marginal Abatement Cost Curve，简称 MACC）的稳健估计，可以直观地反映出经济个体在其各自既定排污水平下减排的潜在空间和实施成本，有助于科学地评估进一步实施治污减排对经济个体带来的经济影响，为环保税额计征标准改革和调整提供决策参考，具有重要的理论价值和现实意义。较传统边际减排成本曲线不同的地方是，魏楚[69]、Du 等[75]在拟合边际减排成本曲线时，未选用污染物绝对排放量作为曲线拟合主变量，代之以单位产值污染物排放量（污染物排放强度）作为衡量排放水平的指标。对于经济发展水平高、污染物排放总量较少的地区而言，规避了采用污染物绝对排放量作为生产技术清洁程度的衡量指标而导致的误判。此外，单位产值污染排放量指标作为评估生产技术清洁程度的指标，亦见之于我国地方政府发改、环监等职能部门行政文件(例如《关于进一步加快推进本市园区循环化改造工作的通知》,沪经信节〔2017〕355号)。可见,排放强度已成为评估生产技术环境友好程度的重要测度指标,亦被学者应用于污染物边际减排成本曲线的研究之中[50][64]。

为稳健地估计污染物边际减排成本和排放强度间的非线性关系,现有文献将一系列对污染排放水平产生影响的因子纳入曲线估计模型,以识别和控制个体特征,并检验主变量参数估计的平稳性。从掌握的文献看,一些学者讨论了影响碳排放水平的因子,魏楚[69]在拟合碳边际减排成本时考虑了能源消费结构、工业结构、城镇发展水平,并用人均公共车辆拥有量作为刻画城市交通发展水平的代理变量;Du等[75]在此基础上,认为使用私家车对碳排放的贡献较大,代之以私家车保有量纳入估计模型;蒋伟杰和张少华[50]在估计工业行业边际减排成本曲线时,考虑了能源消费结构、资本密集度。鲜有文献关注水污染物边际减排成本曲线估计问题,仅Xie等[64]以生产总值作为经济发展水平的代理变量,并使用资本密集度和环境政策变量,刻画水污染治理政策对边际减排成本影响效用。

但是,已有文献基于水资源禀赋[77][78]、经济发展水平[79][80]、产业空间集聚[81][82]、技术进步与波特假说[83][84]等角度,通过理论推演和实证检验分析上述因子对生产和用水效率的影响效应。邵帅等[85]发现资源禀赋先天优势对经济主体的发展存在着"挤出""掣肘"现象。其中,自然资源禀赋比较优势明显的地区,工业生产节水和治污技术却较为落后[77]。陆铭等[86]研究发现,工业积累带来的经济财富,为通过加快产业转型和治污技术升级提供了丰厚的基础资源支撑,认为经济发展水平较高的地区,环境污染程度较低。此外,企业可以借助生产技术革新,提升生产技术的清洁化程度和资源利用效率[87],以改进落后生产技术条件下既定的期望产出与非期望产出的边际转换率。

(2)边际减排成本空间效应研究

目前,学界鲜有人从工业水污染物边际减排成本角度切入,探讨不同地理区位经济主体减排的边际成本,是否存在着空间溢出效应。然而,才国伟和钱金保[88]认为,要素的流动性强弱是影响经济活动空间相关性的要素之一。一些学者已尝试从创新技术要素的自由流动、城市群建设、地区间公共支出的相互影响、地方政府竞争等角度,揭示经济主体活动的空间外溢性。白俊红和蒋伏心[89]提出,不同地区创新系统上存在的差异,这会促使创新要素自发"择优"流入边际收益率较高的地区,提高流入地创新绩效,呈现技术创新的空间关联;周力和沈坤荣[90]认为城市群建设将更有利于创新要素在地区间的自由流动。尹恒和徐琰超[91]发现,地方政府会参照和模仿具有竞争标尺关系地区的公共支出政策,继而在基建支出上赶学比超,争相提升绩效,以寻求政治连任或晋升;而邻接地区具有基础设施的"搭便车"倾向,地区间基建支出存在负相关。龙小宁等[92]认为,政府间的竞争还表现在税收规模上,而这种税收竞争在地理区位、行政隶属关系上均有不同表现。

1.2.1.3 环境规制工具效应和反思

(1) 环境规制工具效应

环境规制工具,是政府为降低私人部门外部性,直接或者间接地控制和干预行为,马士国[93]将环境规制工具分为"命令-控制"型、排污许可市场(排污权交易)以及价格型工具(排污费或排污税)三种类型。自英国经济学者Pearce提出环保税的"双重红利"(Double Dividend)假说[94]以来,学界对环境规制工具是否兼有或单向存在"绿色红利"(环境红利)、"蓝色红利"(经济红利)展开了诸多有益探讨,即关注环境规制工具的环境效应和经济效应。首先就环境效益而言,"命令-控制"型规制工具方面的研究,Chen等[95]发现,我国"十一五"和"十二五"规划将化学需氧量和氨氮纳入地方政府环境绩效考核目标,针对化学需氧量排放目标的行政命令使其排放量明显下降。祁毓等[96]通过PSM-DID方法,对我国2003年实施的空气质量"限期达标"制度的"双重红利"效应进行检验,发现行政命令长期可实现环境与经济"双赢"。石庆玲等[97][98]则研究发现,我国"两会"期间空气质量改善效果显著,环保部约谈污染重点监管对象对空气污染产生明显的缓解作用。然而,马士国[93]则认为,"命令—控制"型规制下,规制者面对的环境信息体量庞大,甄别信息的时间和经济成本较高。Kosonen和Nicodeme[99]则研究发现,许可市场和价格型规制工具较"命令—控制"型工具的减排效果更为明显。排污权交易方面的研究,Bahn和Steger[100]发现,基于污染物的排放总量控制和交易原则(Cap-and-Trade Principle)的欧盟排污权交易系统(Emission Trading System),在温室气体治污减排中亦发挥了显著作用,到2020年温室气体排放将在2005年的基础上进一步减少21%。Xian等[101]评估了我国碳排放许可证交易下的减排成本节约潜力,认为尽管我国各省之间的二氧化碳边际减排成本存在明显差异,但排污权交易机制可以使减排任务依边际减排成本大小,在省级间优化配置,以提高整个经济体的减排效率。我国排污权交易试点政策,能够降低资源使用、调整能源消费结构[102],诱发试点地区污染行业内企业绿色创新活动[103],从而实现降污减排。然而涂正革和谌仁俊[104]则认为,尽管排污权交易机制在一定程度上缓解了现阶段排污权配置的无效率,但当下国内市场效率状况仍不足以支撑排污权交易制度运行,排污权交易制度暂无法实现国内市场"蓝色红利"。

在经济效应方面,学界尝试从产业结构调整视角解释环境规制对经济活动产生的影响,现有文献主要包括两个层面,检验"污染避难所假说"(Pollution Haven Hypothesis)[105][106]和"波特假说"(Porter Hypothesis)[107]。"污染避难所假说"源于私人部门对生产成本的理性控制,Millimet 和 Roy[108]认为由于环境规制会增加企业成本,降低生产利润,因而企业的进入或退出、调整生产规模和资源再配置等行为影响经济体的产业结构。这一过程,私人部门生产决策受到地方政府竞争的影响,具体表现为区域间环境规制的差异。沈坤荣等[109][110]发现我国水污染密集行业沿河流呈"逆流而上"转移趋势,并指出这种"污染回流"源于地方政府竞争中逐底竞赛(Race to the Bottom)[111]和竞相向上(Race to the Top)[112]的双重作用。其中,逐底竞赛是指地方政府为竞争流动性要素,竞相承接转出方产业,会自发降低自身环境偏好,即降低环境规制水平;而竞相向上则强调,地方政府为因邻避主义及其对优质流动要素的偏好(如对生态环境要求更为严苛高层次人才和先进生产技术),会竞相提升环境规制水平。沈坤荣等[113]认为,当地区间的环境规制强度逐步扩大时,私人部门会通过空间转移来降低污染治理的相对成本,就近转移的空间效应在 150 公里处达峰。邓慧慧等[114]、余泳泽等[115]亦有相似研究发现。与此同时,在"波特假说"下,尽管环境规制短期对企业生产经营带来成本压力[116],但会通过提升资源配置水平[117]、提高生产率[118]、诱发技术创新[119]以获得长期创新经济补偿。徐敏燕和左和平[120]研究发现,环境规制能够提高产业集聚效应,促进形成专业化供应商和劳动力市场共享,有助于形成知识外溢,诱发技术创新和提升市场竞争力。李虹和邹庆[121]按照资源禀赋将城市分为资源型和非资源型城市,环境规制均能促进产业结构趋于合理化、高级化。童健等[122]在分析环境规制对工业行业转型的影响时,考虑了环境规制力度在不同工业行业上的差异,研究发现污染密集行业和清洁行业的环境规制对技术水平的影响均呈现先减后增非线性变动形态,当环境规制强度越过拐点后,将促进工业行业转型升级,我国东部地区已经处于曲线的右半段,而中部、西部地区仍处于曲线左侧,但已接近临界拐点。为此,傅京燕和李丽莎[123]、董直庆和王辉[124]提出,政府可通过对企业生产改造和技术创新给予财政补贴,间接推动产业绿化改造和结构升级。

(2)排污收费制度效应

虽然"命令—控制"型和许可市场在治污减排和促进产业结构升级等方面具有正向效用,但 Dasgupta 等[125]、李永友和沈坤荣[126]认为,价格型环境规制工具,即排污收费或排污征税制度,在治污方面是相对稳健和更为有效的政策选择。此外，Levin[127]、Simpson[128]、Sugeta 和 Matsumoto[129]认为不完全竞争市场条件下，价格型规制工具更能有效控制污染排放。马士国[93]认为排污费和排污税均是基于庇古税和"污染者付费"原则设计的价格型规制工具，排污费和排污税在现有文献中是不加区别的交叉使用，参考其研究方法，本书将排污费和排污税统称为"排污收费制度"。梳理文献发现，排污收费制度通过私人部门的负外部成本内部化，以纠正市场失灵，提高资源利用效率[130]，减少资源需求和环境破坏[131]。Bressers[132]、Brown[133]等认为荷兰是目前国际上较早实施排污收费制度的国家，其得益于较高的计征标准，能够有效控制本国污染物排放，排污收费制度目前已广泛应用于欧洲水质管理系统中。刘晔和张训常[134]以我国部分提高二氧化硫排污费征收标准的省级行政单位为考察对象，面板数据研究发现提高二氧化硫排污费征收标准能够显著降低工业二氧化硫排放，边际分析显示，若排污费计征标准提升 0.6 元/当量，人均工业二氧化硫的排放水平将下降20%。崔亚飞和刘小川[135]研究发现，排污收费制度对污染物排放强度具有一定的抑制作用，但地方政府为平衡来自环境规制和地方政府税收竞争的双重压力，地方政府对污染治理采取妥协性的"骑跷跷板"策略而"顾此失彼"，表现为工业二氧化硫的治理效果显著低于对工业废水和固体废弃物治理效果。有学者发现我国排污收费制度的环境效应与政策预期仍存在差距，李建军和刘元生[136]认为造成排污收费制度环境效益受限的原因，除受到来自我国企业技术、行业结构等因素的影响以外，还与排污收费本身的制度设计有关，为此建议政府应强化企业环境准入标准、提升污染排放标准、提高排污费计征标准。由于外生价格型规制工具受人为因素影响较大，市场缺乏强有效的污染治理推力和规范的监管机制，导致我国在很长一段时间内，污染控制仍以政府"命令—控制"型规制工具为主[137]，外生干预带来的要素市场扭曲对我国环境质量的改善带来显著负面影响[138][139]。与此同时，为了定量揭示排污税对生态系统的边际影响，李洪心和付伯颖[140]，秦昌波等[141]尝试将绿色税制改革外生变量纳入一般均衡模型，以预判环境规制的绿色效应，发现征收排污税对污染排放具有不同程度的抑制作用，提高税率能够较大幅度减少污染物排放。

排污收费制度作为一项环境规制工具，学界尝试从成本与产能转移[142]、技术进步[143-146]、生产效率[146]角度分析排污收费制度对产业发展的影响机理。事实上，环境规制的作用效果并不与理论完全一致，且不同类型的环境规制工具可能会产生不同的作用效果。例如，分解我国环保税对污染排放的影响效用时，吴茵茵等[142]发现我国各地区工业污染排放变动量，产能转移效应解释能力平均达99.5%，这种悲观的数据意味着，我国现行差异化环保税对各地区污染排放的影响基本取决于产能转移,当污染极具外溢性时,现行环保税仅能够小幅度地减少污染总排放,对经济的冲击亦相对有限。李婉红等[143]对造纸及纸制品的研究发现,包含排污收费制度在内的市场化型环境规制工具,能够显著促进生产者绿色工艺和末端治理技术创新;但拓展行业类型并考虑了生产者空间异质性后,李婉红[144]发现,排污费制度对制造业绿色技术创新的驱动存在"门槛效应",仅当经济发展水平跨越门槛后,排污收费制度才能通过释放"波特效应"驱动地方制造业绿色技术创新。涂正革等[145]的研究认为,提高排污费计征标准降低了我国上市工业企业绩效,受到影响的企业平均资产收益率降低 0.9%,未发现"波特假说"中的创新补偿效应,并指出为实现"波特效应",政府应采取更为有效的环境规制强度,强化环境保护执法力度。徐保昌和谢建国[146]则发现,排污费计征标准较低时,生产者不会主动降低排污强度,排污收费制度计征标准与企业生产率呈现先减后增变动关系,当越过计征标准拐点后,排污收费制度才能"倒逼"企业生产率提升,强调地方政府应发挥"干中学"(Learning by Doing)[147],在污染治理实践中寻找适合本地经济发展和生态保护实际的计征标准。环保税能促使企业提高治污投入,减少单位产出污染排放以降低污染水平[148]。然而,有学者指出,环保税作为排污惩罚工具,会对涉事企业资本累积、产出增长带来负面影响,表现出税收本身的扭曲效应[149]。因此,范庆泉和张同斌[150]提出,找到制定环保税适用税额的参照坐标,把握污染排放惩罚的力度大小,亟待从理论研究、环境治理实践中找到答案。

(3)排污收费制度反思

自 1982 年以来,我国环境保护实践的主要规制工具,主要采取征收排污费和规定排污标准相结合的做法。上文已指出,我国原排污费制度存在着征收标准偏低[151-154]、执法刚度不足[155][156]、资金使用缺乏约束和有效监督不足[157][158]等问题,使得排污收费制度未能有效地减少污染排放[159-162]。Solow[163]认为资源的经济价值取决于其对效用的贡献。当下,我国社会主要矛盾已转变为人民日益增长的美好生活需要和不平衡不充分的发展之间的矛盾,其中,在生态环境方面表现为资源对生产、生活的约束日益明显。在我国经济社会发展全面绿色转型的背景下,生态环境部党组书记孙金龙[164]认为,完善生态文明统筹协调机制、健全环境治理体系仍需持续发力、久久为功。学界认为,尽管我国"费税平移"改革已完成从排污费向排污税的转变(自 2018 年 1 月 1 日起正式实施《中华人民共和国环境保护税法》),现行环保税仍存在制度设计短板,归纳来看,主要体现在税额计征标准、纳税主体认定、收支规模矛盾和征收管理四个方面。

关于税额计征标准。在我国 31 个省级行政单位中,有 17 个地区将原排污费计征标准平移至环保税,提升环保税额计征标准的地区不足50%,付伯颖和齐海鹏认为我国原排污费计征水平较低[165],刘芳雄和李公俭[166]认为现行环保税额计征水平仍需进一步提高。有学者研究发现,低水平的排污收费制度计征标准,其对总量减排的贡献力相对有限,例如吴茵茵等[142]发现当地区之间的环保技术差距偏大、环保技术较落后地区的企业数量较多,或者污染物的外溢性较强时,对技术较落后地区执行较低的税额标准都将扭曲环保税的减排功能。徐保昌和谢建国[146]认为排污收费制度计征标准与企业生产率呈现先减后增变动关系,只有当计征标准提升并越过拐点后,排污收费制度才能"倒逼"企业生产率提升。陈诗一[167]认为,我国现行环保税额标准过低,可能限制环保税法对污染治理的有效性,各地区可适度提高环保税额标准,但并非在环保税额的设定上追求"竞上趋同",而应注重当前实施的环保税额标准与其地区自身边际减排成本相适配。

关于纳税主体认定。我国现行《环保税法》规定,按照国家或地方污水排放标准采取委托处理方式,已缴纳污水处理费而"间接排污"的企业,不作为环保税的纳税人。由于现行废水处理收费标准较低,这一规定可被看作一定程度减除了生产者应税义务。从排放端来看,相较于废水自治自排并缴纳环保税而言,生产者将废水排向污水集中治理设施存在着一定成本优势;从治理端来看,废水归流第三方显著增加了污染集中治理设施的运行压力。郭治鑫等[168]于2019年指出,我国目前工业园区污水管网缺口40.0万米,承建耗资预计达1.0万亿元,短时间内难以满足所有进驻工业园区企业纳管需求。周扬胜和张国宁[169]认为,无论是自行处理还是委托处理生产性废水,对于向环境间接、直接排污的企业,均应纳入环保税纳税人范畴。此外,现行《环保税法》依法设立的城乡污水集中处理、生活垃圾集中处理场所排放相应应税污染物,不超过国家和地方规定的排放标准的暂予免征环境保护税。目前,我国仍存在污水处理厂违规排放等违法、违规现象[170]。为此,高萍[171]认为,在税务部门和污水处理厂间存在信息不对称,达标排污标准挂钩的免税政策,难以发挥促进污水处理厂减少污染物排放的作用,甚至诱发排污厂为获得免税而实施超标偷排废水、谎报治污绩效。此外,马中和周芳[172]直指,废水达标排污是合法地向水生态环境输送污染物。可见,该免税政策存在着诱致污水处理厂一切向"达标"看齐并止步于"达标"的潜在风险。

关于收支规模矛盾。污水处理和环保类一般财政支出存在"收不抵支"矛盾。刘树杰[173]等发现长江中上游地区污水处理费收费标准较低,污水处理收入无法覆盖污水处理厂生产运营成本,超半数运营成本需依靠地方财政拨款,且有偶发地方财政拖欠支付污水处理服务费现象,影响污水处理全效运行。郭治鑫等[168]认为,由于目前工业园区污水处理厂的收费模式较为单一,大多依据企业排污水量,而不能根据排污进水水质实行差异化收费,导致污水处理厂难以盈利。然而提高纳管标准对追加投资的体量要求较高,地方政府财政压力难以保障地方污水管网建设资金配套。叶姗[155]发现,2005至2014年期间,全国排污费收入长期处于100亿元水平且年均变化甚微,同期全国环境污染治理投资总额却大幅攀升,从2005年的2 388.0亿元增长到2014年的9 575.5亿元,增幅达4倍,排污费明显无法满足环境污染治理的投资需要。苏明和许文[174]分析发现,我国2000—2008年期间与资源环境相关的税费收入,分别占税收总收入和国内生产总值平均比重的4.62%和0.72%;而OECD国家1994—2007年期间上述两项指标的经验数据分别为6.50%和2.25%。可见,我国资源环境类税收的规模与之相比还有着较大的差距,我国税收规模偏低,在一定程度上影响财政调控作用的充分发挥。

关于征收管理改进。研究显示,原排污费的征管问题是影响排污费发挥治污效用的重要原因之一。徐保昌和谢建国[146]认为,地方税收竞争背景下,部分企业能够获得地方政府在排污费方面给予的"政策性免征"待遇,其目的在于降低缴纳排污费对企业产生的成本压力。涂正革等[145]、余泳泽和邓姗姗[175]认为地方官员竞标赛加剧了环境"逐底",具体表现为地方政府为维持经济增长和扩大招商引资,在排污费征收过程中可能会出现减少环境收费项目、降低征收标准等现象;另一方面,政府为促进高税负企业持续发展,保证税收来源,在排污收费方面,对高税负企业及其利益相关者提供庇护的倾向。"费改税"以来,我国排污收费制度明文法定,一定程度上能够弥补人为干预因素对原排污费治污效应产生的负面影响[171]。然而,征管问题始终是环保税实施的难点和痛点,有学者认为,受排污信息数量庞大、偷排漏报行为隐蔽等因素影响,环保税征管工作对排污信息监控、数据共享平台和配合机制的完善提出了更高的要求;此外,税务部门应构建可靠有效的排污信息监控系统,谨防利益勾连,致使环保税计征所依赖的排污监测数据不实[172-174]。

1.2.2 文献评述

一方面,基于环境生产技术理论的边际减排成本的测度框架,具有假设条件少、符合现实生产过程的优势,在评估环境公共政策领域有着重要的应用。学界已对二氧化碳等大气污染物的边际减排成本展开追踪式研究,但水环境领域中有关一系列污染物边际减排成本的研究有待补充。另一方面,价格型环境规制政策作为我国生态文明领域统筹协调机制的重要组成,分析环境政策的规制效应,明确其在生态文明和经济可持续发展领域中的重要作用,有助于充分认识当前环境规制政策的改革红利和现存不足。发挥水污染物边际减排成本、在完善环境规制政策领域的信息支撑作用,有利于打破部门间数据壁垒,消除数据孤岛,为完善环境规制政策以适配"十四五"经济社会发展全面绿色转型提供决策参考。

1.2.2.1 对水污染物边际减排成本的关注和研究尚显不足

规范估计污染物等非期望产出的边际减排成本,在环境保护公共政策和绿色增长核算等领域有着重要的应用,对环保税税率设定以及许可市场定价的参考价值,具有十分重要的理论价值和现实意义。现有文献认为,工业水污染物作为工业生产的负外部性产物,具有联合产出弱处置属性,能够较好地满足基于环境生产理论的方向性距离函数对产出要素的约束条件。值得注意的是,在研究对象上,中外学者围绕电力生产的碳边际减排成本已展开了长跨期、广维度、多样本的追踪式讨论,但鲜有学者针对经济体内部各行政辖域,以及工业经济系统内部各行业,就水污染物边际减排成本异质性问题给予系统、充分的研究,相关经验证据和研究结论亟待补充,为水环境领域政策完善提供经验数据支撑。

1.2.2.2 强化环境规制有利于培育优质要素禀赋

本书引入了福利经济和新结构主义思想,通过演绎认为:当前我国正处于经济社会全面绿色转型的重要时期,提高环保税额标准,有助于倒逼厂商改造传统生产技术、吸引具有环境偏好的产业落地发展,丰盈优质的环境要素禀赋,增强真实比较优势,推动产业结构高度化。然而,目前部分地区环境规制力度上的低门槛,环境政策上的"绥靖"倾向,具体表现为地方承接缺乏生态效率的产业,甚至为培育短期稳定财政收入来源,变相地且更具隐蔽性地对低效率厂商和衰落产业进行补贴。这造成了环境低效企业的产出份额过高,而有利于提高环境生产率的投资相应减少,在生态环境容量饱和的约束下,这种施政倾向显然不可持续。提高环境规制力度,调升环保税额计征标准所释放的价格信号,能够间接通过市场逆向淘汰严重缺乏环境生产效率的厂商,打破生产者对传统技术实施绿色化改造采取的拖改、缓办的"温水"氛围,使市场引导生产要素自发流入更具环境生产效率的企业,充分发挥全要素生产率,特别是微观生产效率在经济增长中的重要作用,以谋求经济的可持续性增长。

当前,强调生态优先、绿色发展的政策措施在我国已有相关的具体实践,张梓太[176]认为,2020年十三届全国人大常委会第二十四次会议通过的《中华人民共和国长江保护法》,是我国第一部既强调保护又注重绿色发展的流域立法,旗帜鲜明地指出在保护生态环境的前提下进行科学的开发和利用。当然,协调生态和经济发展间关系的过程并非一蹴而就并立竿见影,在环境规制工具和力度的选择上也不是"一刀切"式地追求竞上逐高,而是应该清楚地认识到,优质环境资源要素对培育真实比较优势和逐步实现产业结构高度化的重要性,降低环境规制门槛,尤其适用低水平的环保税额计征标准,无异于竭泽而渔。因此,研究并选择适用于经济发展和生态保护实际的环保税额标准,出台一系列价格型环境规制政策改革举措,对持续推进产业结构高度化、引导生产方式绿色转型具有重要意义。

1.2.2.3 生态文明领域统筹协调机制建设已取得系列成果

党的十八大以来,生态文明作为统筹推进"五位一体"总体布局和协调推进"四个全面"战略布局的重要内容,党和国家就生态环境保护开展了一系列具有开创性和长远性的工作。2016年3月,《环保税法(草案)》首次提请全国人大常委会审议,成为十八届三中全会后以及"十三五"开局之年第一个提交全国人大常委会审议的法案,对我国环境保护工作具有重要的战略意义。2013年,习近平总书记在《关于〈中共中央关于全面深化改革若干重大问题的决定〉的说明》中指出:"人的命脉在田,田的命脉在水,水的命脉在山,山的命脉在土,土的命脉在林和草,这个生命共同体是人类生存发展的物质基础。"保护好、利用好这一人类生存发展的物质基础,需要完善生态文明领域统筹协调机制,不断增强制度合力,充分发挥制度效能。在财税政策方面,环保税的"费税平移"改革,是完善生态文明领域统筹协调机制的一项重要抓手,使用好、完善好环保税政策体系,充分发挥环保税的环境规制效用,是生态文明领域统筹协调机制的重要工作。

1.2.2.4 价格型环境规制政策的改革仍需持续发力

我国排污权交易试点,在一定程度上缓解了现阶段排污权配置的无效率。然而,涂正革和谌仁俊[104]认为,当下国内市场效率状况仍不足以支撑排污权交易制度运行,排污权交易制度暂无法实现国内市场"蓝色红利"。值得肯定的是,无论是"命令—控制"、市场许可还是以排污收费或排污征税为手段的价格型规制工具,均在环境污染治理、产业结构高度化中发挥了正向作用。那么,持续推进环境规制工具改革以适配我国生态文明建设需要,显然是必要的。然而,我国资源配置的市场体制和制度尚有待完善,不完全竞争市场中仍存在着各种扭曲,在这种市场客观条件的约束下,Levin[127]、Simpson[128]等多项西方研究发现,价格型环境规制工具,即采用排污收费(征税)制度更有利于污染治理。我国环保税"费税平移"以来,部分地区较原排污费相比调升了环保税额计征标准,但超半数省级行政单位环保税额与原排污费收费标准持平,环境规制政策的有效性不足。由于污水处理设施运行规模尚有缺口,且加之间接排污仍具一定成本优势,现行环保税框架中的间接排污不征税制度设计,易引发废水归流问题,主要表现之一即是基于"污染者付费"原则开立的排污惩罚性财政收入不足。

为此,对现行价格型环境规制政策(环保税)仍存在的低水平计征标准问题应给予充分的研究和关注,亟待发挥水污染物边际减排成本在完善环境规制政策领域的信息支撑作用,精准、科学实施环境规制政策改革,以推动生态文明领域统筹协调机制建设取得新成就和我国经济社会发展全面绿色转型。

1.3 研究内容和研究方法

1.3.1 研究内容

本书以工业水污染物化学需氧量、氨氮为研究对象,通过系统梳理中外有关污染物边际减排成本估计和实证研究的文献,规范测度我国两类工业水污染物边际减排成本水平,分析水污染物边际减排成本的时空变动差异,探究水污染物边际减排成本差异的驱动因素,总结边际减排成本对我国价格型环境规制政策,即环保税改革的政策启示。本书各章节安排如下:

第一章:绪论

首先,介绍选题背景,提出在我国经济社会发展全面绿色转型的背景下,亟待研究和解决的问题;其次,梳理中外有关边际减排成本研究的文献,明晰建模方法演化,提高研究科学性和合理性;再次,阐述各章研究内容和研究方法,制定适用的研究技术路线和编程技术路线;最后,介绍本书创新之处和研究贡献。

第二章:工业水污染物边际减排成本测度模型构建

首先,系统介绍方向性产出距离函数的二次型参数化基础模型,基于两类不同性质产出的松弛改进量构建内生方向向量的优化方法,以及二次型参数化模型的改进形式;其次,基于方向性距离函数和收益函数的对偶关系,通过包络定理推导非期望产出的边际减排成本表达式;最后,阐明环境生产技术建模中投入和产出要素变量的选取过程,构建边际减排成本测度模型变量体系。

第三章:工业水污染物边际减排成本测度模型应用

首先,介绍边际减排成本测度样本的时期跨度、区域选择、行业划分以及数据来源,列示各代理变量描述性统计;其次,设定模型外生参数和模型变量待估参数,阐明GAMS编程优势和代码开发结构;最后,在报告模型参数标定结果和检验模型有效性的基础上,规范测度2001—2015年("十五"至"十二五"时期)我国北京、天津等30个省级行政单位、煤炭开采和洗选业等36个二位数工业行业①的水污染物化学需氧量、氨氮边际减排成本,结合相关文献数据对比边际减排成本估值。

第四章:工业水污染物边际减排成本时空差异分析

在第三章规范测度样本期内两类工业水污染物边际减排成本的基础上,从时序演化差异视角切入,系统分析水污染物边际减排成本的时间演化趋势和空间分布特征,揭示水污染物边际减排成本的时空变化差异。

第五章:工业水污染物边际减排成本驱动因素分析

首先,从污染物减排的规模效应、距离函数同收益函数的对偶关系角度出发,通过传统计量经济检验驱动工业水污染物边际减排成本呈现异质性的影响因素,包括经济、技术、规制等因素;其次,拟合水污染物边际减排成本曲线,刻画工业水污染物边际减排成本同排放强度、控制变量组间的变动关系;最后,挖掘和提取水污染物边际减排成本曲线的政策含义,为环境监管部门水环境治污减排决策提供经验数据支撑。

第六章:工业水污染物边际减排成本和环境规制政策

首先,本章以价格型环境规制政策(原排污费制度和现行环境保护税)为分析对象,全面梳理我国价格型环境规制政策历史沿革,系统认识"费改税"改革红利和仍存在的制度不足;其次,全面展示2006—2018年欧盟等国际组织成员国排污类环保税收规模占各国财政收入比重的变动趋势;再次,在同口径、同时期条件下,对比我国各省级单位排污费、环保税收规模占地方财政收入比重的演化趋势,总结我国排污费和环保税收规模的变动特征;最后,结合我国环保税收规模同欧盟等国际组织成员国家间存在着的差距,从工业水污染物排放强度、边际减排成本和生态文明统筹协调机制3个层面,总结边际减排成本的政策启示。

1.3.2　研究方法

本书主要运用定性和定量分析相结合的方法进行理论研究和实证研究,在理论研究的基础上展开实证研究,具体研究方法如下:

(1)文献归纳法。以文献刊发时间脉络为线索,搜集、对比和分析中外有关边际减排成本测度的研究文献,掌握该领域研究现状、研究思想和测度方法的演化过程,评述已有文献成果的研究贡献和不足,为明晰本书研究思路、构建理论

---

① 根据我国《国民经济行业分类》(GB/T 4754—2002),行业从大到小分为"门类""大类""中类""小类",其中"二位数"产业是指在我国国民经济行业分类中位于"大类"的产业。本书二位数工业行业分类情况,详见第三章表3.1。

模型和实证分析提供丰富的文献支撑。

（2）比较分析法。本书多次使用比较分析法，分别对两类水污染物边际减排成本进行横向和纵向比较，以揭示边际减排成本在不同维度上的演化规律。一方面，工业源化学需氧量和氨氮的边际减排成本在价格水平和时空演化形态上彼此存在着明显的异质性；另一方面，通过在时间维度上、区域和工业行业间进行对比研究，能够系统呈现边际减排成本的演化趋势和空间分布形态。此外，在排污类环保税收规模的国际比较分析中，亦进行了时间维度和国别维度的对比研究。

（3）优化分析法。对环境生产技术建模，是测度水污染物边际减排成本的基础工作。为刻画我国工业环境生产技术，本书将工业水污染物化学需氧量、氨氮排放量纳入方向性产出距离函数，构造关于距离函数的目标函数，基于环境生产技术理论施加约束条件，运用管理科学优化研究领域的线性规划方法，使用GAMS实施编程和数据运算，求解关于目标函数的最优解、标定模型待估参数。

（4）空间差异泰尔指数分解。使用泰尔指数分层次测度工业水污染物边际减排成本的区域总体差异水平，并将这种总体差异程度分解为来自区域内的差异和区域间的差异，揭示两种差异对总体差异的贡献程度和各自变动幅度。

1.4　研究和编程技术路线

1.4.1　研究技术路线

本书遵循的研究技术路线如图1.3所示，展示本书各章节的承接关系。

1.4.2　编程技术路线

本书使用GAMS求解方向性产出距离函数二次型参数化模型。为了更详尽地展示图1.3中"方向性产出距离函数参数求解"模块所使用的建模和编程技术，绘制本书GAMS编程开发技术所遵循的技术路线，如图1.4所示。

第一章 绪论

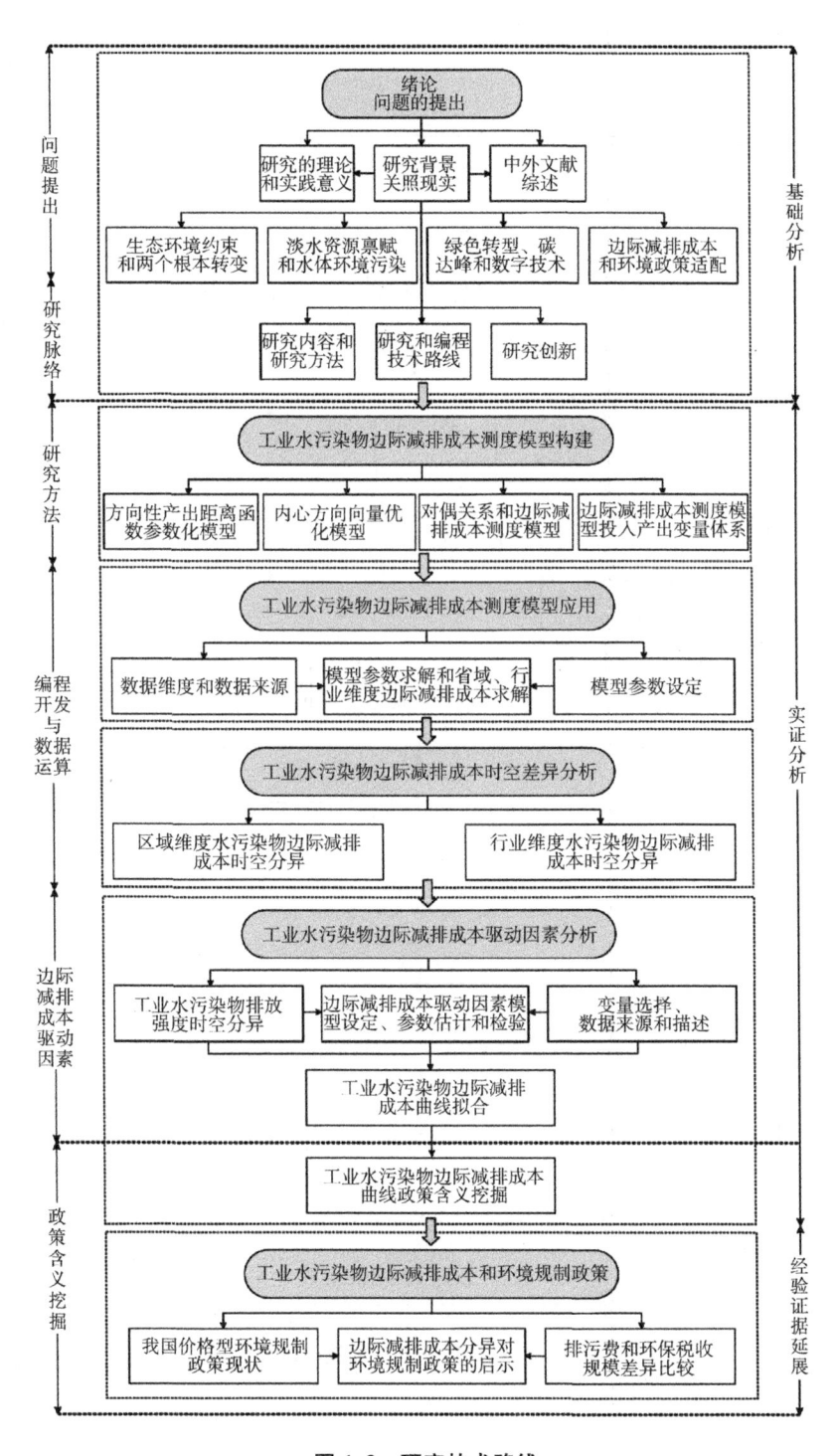

```
                    ┌─────────────────┐
                    │  绪论 问题的提出  │
                    └─────────────────┘
        ┌─────────────────┬─────────────────┬─────────────────┐
  ┌──────────┐      ┌──────────┐      ┌──────────┐
  │研究的理论 │      │研究背景  │      │中外文献  │
  │和实践意义│      │关照现实  │      │综述      │
  └──────────┘      └──────────┘      └──────────┘
  ┌──────────┐  ┌──────────┐  ┌──────────┐  ┌──────────┐
  │生态环境约束│  │淡水资源禀赋│  │绿色转型、碳│  │边际减排成本│
  │和两个根本 │  │和水体环境 │  │达峰和数字 │  │和环境政策 │
  │转变       │  │污染       │  │技术       │  │适配       │
  └──────────┘  └──────────┘  └──────────┘  └──────────┘
        ┌──────────┐  ┌──────────┐  ┌──────────┐
        │研究内容和 │  │研究和编程│  │研究创新  │
        │研究方法   │  │技术路线  │  │          │
        └──────────┘  └──────────┘  └──────────┘

                    ┌─────────────────────────┐
                    │工业水污染物边际减排成本  │
                    │测度模型构建              │
                    └─────────────────────────┘
  ┌──────────┐  ┌──────────┐  ┌──────────┐  ┌──────────┐
  │方向性产出 │  │内心方向向量│  │对偶关系和 │  │边际减排成本│
  │距离函数   │  │优化模型   │  │边际减排成 │  │测度模型投入│
  │参数化模型 │  │          │  │本测度模型 │  │产出变量体系│
  └──────────┘  └──────────┘  └──────────┘  └──────────┘

                    ┌─────────────────────────┐
                    │工业水污染物边际减排成本  │
                    │测度模型应用              │
                    └─────────────────────────┘
  ┌──────────┐  ┌─────────────────┐  ┌──────────┐
  │数据维度和 │  │模型参数求解和省域、│  │模型参数设定│
  │数据来源   │  │行业维度边际减排成本│  │          │
  │          │  │求解               │  │          │
  └──────────┘  └─────────────────┘  └──────────┘

                    ┌─────────────────────────┐
                    │工业水污染物边际减排成本  │
                    │时空差异分析              │
                    └─────────────────────────┘
        ┌────────────────┐      ┌────────────────┐
        │区域维度水污染物 │      │行业维度水污染物 │
        │边际减排成本时空 │      │边际减排成本时空 │
        │分异             │      │分异             │
        └────────────────┘      └────────────────┘

                    ┌─────────────────────────┐
                    │工业水污染物边际减排成本  │
                    │驱动因素分析              │
                    └─────────────────────────┘
  ┌──────────┐  ┌──────────────┐  ┌──────────┐
  │工业水污染物│  │边际减排成本驱动│  │变量选择、 │
  │排放强度时空│  │因素模型设定、 │  │数据来源和 │
  │分异       │  │参数估计和检验 │  │描述       │
  └──────────┘  └──────────────┘  └──────────┘
                    ┌─────────────────┐
                    │工业水污染物边际减排│
                    │成本曲线拟合       │
                    └─────────────────┘

                    ┌─────────────────────────┐
                    │工业水污染物边际减排成本  │
                    │曲线政策含义挖掘          │
                    └─────────────────────────┘

                    ┌─────────────────────────┐
                    │工业水污染物边际减排成本  │
                    │和环境规制政策            │
                    └─────────────────────────┘
  ┌──────────┐  ┌──────────────┐  ┌──────────┐
  │我国价格型 │  │边际减排成本分异│  │排污费和环保│
  │环境规制   │  │对环境规制政策 │  │税收规模差异│
  │政策现状   │  │的启示         │  │比较       │
  └──────────┘  └──────────────┘  └──────────┘
```

左侧分区:问题提出 | 研究脉络 | 研究方法 | 编程开发与数据运算 | 边际减排成本驱动因素 | 政策含义挖掘

右侧分区:基础分析 | 实证分析 | 经验证据延展

图 1.3 研究技术路线

025

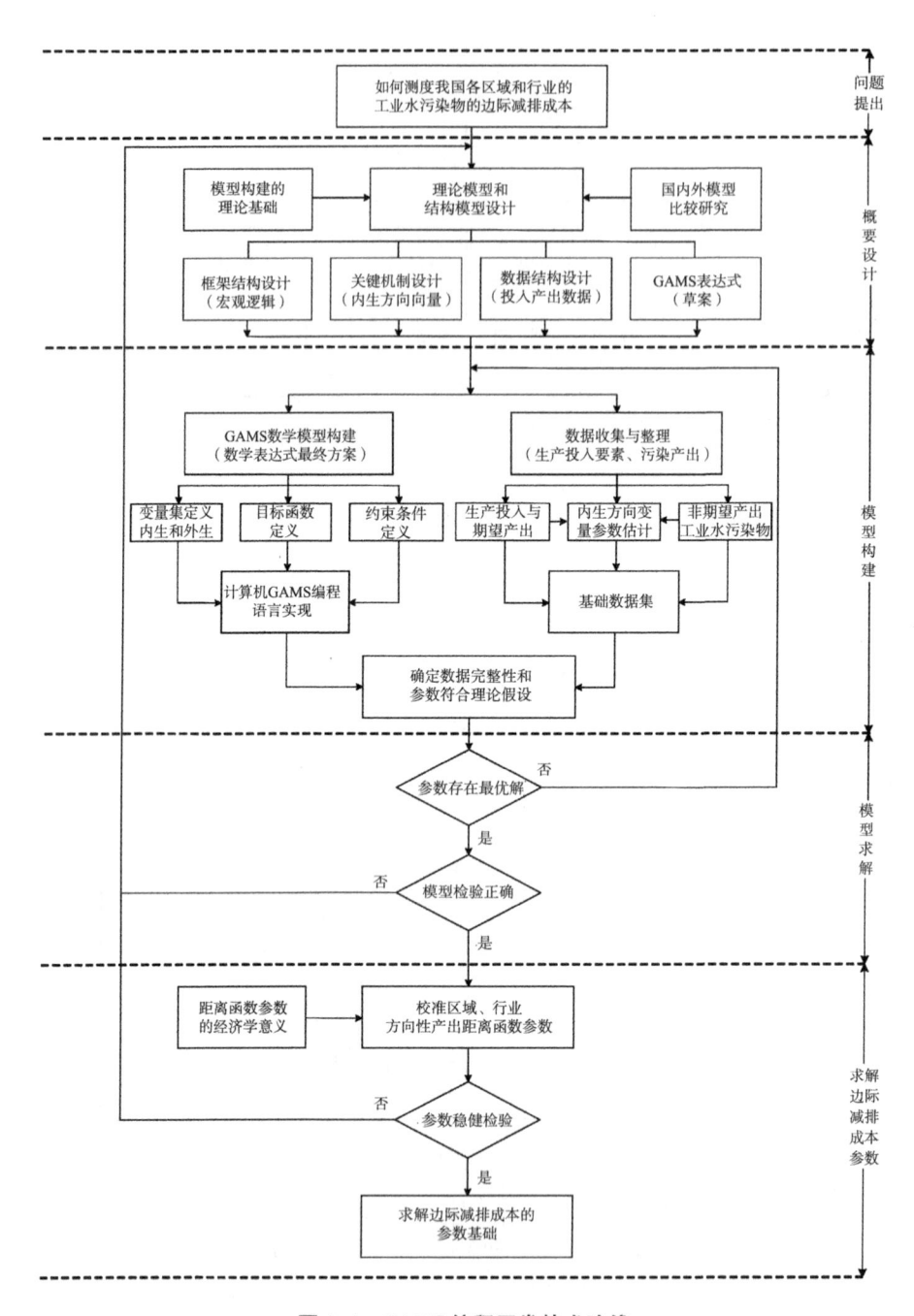

图 1.4　GAMS 编程开发技术路线

第二章

工业水污染物边际减排成本测度模型构建

绪论文献综述分析表明,环境生产技术理论和数据包络分析理论,是测度工业水污染物边际减排成本的基础,方向性产出距离函数二次型参数化模型具有可求导、契合厂商生产和控污实际的优势,在环境生产技术建模中得到广泛应用。本章引入内生方向向量优化程序,构造二次型参数化模型的改进形式;基于数据包络分析理论,推导边际减排成本;基于文献综述总结的研究范式和水污染现状分析,构建工业水污染物边际减排成本测度模型变量体系。

2.1 基于二次型函数的边际减排成本测度模型

2.1.1 二次型参数化模型的基本形式

二次型函数(Quadratic Function)是方向性产出距离函数的转换函数(Translation Function)形式之一。Chambers 于 1998 年证明了二次型函数可以通过施加约束条件而满足方向性产出距离函数的传递性;Färe 等[58]指出,二次型函数具有计算边际效应的一阶、二阶参数。为此,采用二次型函数将方向性产出距离函数参数化,在期望产出和非期望产出按相反方向、同比例改进的条件下,设定方向向量为 $(1, -1)$,经济体中有 $k = 1, 2, \cdots, K$ 个决策单元,在时期 $t = 1, 2, \cdots, T$ 内从事生产活动,追求收益最大化。那么,沿用环境生产技术中关于投入、期望产出与非期望产出定义,决策单元 k 在时期 t 的二次型方向性产出距离函数模型如式(2-1)所示:

$$\vec{D}_o^t = (x_k^t, y_k^t, b_k^t; 1, -1) = \alpha + \sum_{n=1}^{N} \alpha_n x_{nk}^t + \sum_{m=1}^{M} \beta_m y_{mk}^t + \sum_{j=1}^{J} \gamma_j b_{jk}^t$$

$$+ \frac{1}{2}\sum_{n=1}^{N}\sum_{n'=1}^{N}\alpha_{nn'}\,x_{nk}^{t}\,x_{n'k}^{t} + \frac{1}{2}\sum_{m=1}^{M}\sum_{m'=1}^{M}\beta_{mm'}\,y_{mk}^{t}\,x_{m'k}^{t} + \frac{1}{2}\sum_{j=1}^{J}\sum_{j'=1}^{J}\gamma_{jj'}\,b_{jk}^{t}\,b_{j'k}^{t}$$

$$+ \sum_{n=1}^{N}\sum_{m=1}^{M}\delta_{nm}\,x_{nk}^{t}\,y_{mk}^{t} + \sum_{n=1}^{N}\sum_{j=1}^{J}\eta_{nj}\,x_{nk}^{t}\,b_{jk}^{t} + \sum_{m=1}^{M}\sum_{j=1}^{J}\mu_{mj}\,x_{mk}^{t}\,b_{jk}^{t} \quad (2\text{-}1)$$

在上述设定基础上，为了使参数化的二次型函数具有方向性产出距离函数的性质，需要对上述参数模型施加如下四项约束条件。

(1) 代表性(Representation)。该约束要求观测的决策单元的生产可行方案，即决策单元的产出向量$(x,y,b) \in P(x)$可行：位于生产技术前沿面上或处于生产可能集的内部，如式(2-2)所示。

$$\vec{D}_{o}^{t}(x_{k}^{t},y_{k}^{t},b_{k}^{t};1,-1)\geqslant 0,k=1,\cdots,K;t=1,\cdots,T \quad (2\text{-}2)$$

(2) 对称性(Symmetry)。该约束要求投入、期望产出与非期望产出的交叉效应应具有对称性，如式(2-3)所示。

$$\alpha_{nn'} = \alpha_{n'n},n\neq n';\beta_{mm'} = \beta_{m'm},m\neq m';\gamma_{jj'} = \gamma_{j'j},j\neq j' \quad (2\text{-}3)$$

(3) 单调性(Monotonicity)。该约束意味着，期望产出的增加、非期望产出的减少，可以使观测的决策单元与技术前沿面的距离减少。这一关系是单调的，如式(2-4)至式(2-6)所示。

$$\partial \vec{D}_{o}^{t}(x_{k}^{t},y_{k}^{t},b_{k}^{t};1,-1)/\partial y_{m}^{t} \leqslant 0, m=1,\cdots,M \quad (2\text{-}4)$$

$$\partial \vec{D}_{o}^{t}(x_{k}^{t},y_{k}^{t},b_{k}^{t};1,-1)/\partial x_{n}^{t} \geqslant 0, n=1,\cdots,N \quad (2\text{-}5)$$

$$\partial \vec{D}_{o}^{t}(x_{k}^{t},y_{k}^{t},b_{k}^{t};1,-1)/\partial b_{j}^{t} \geqslant 0, j=1,\cdots,J \quad (2\text{-}6)$$

(4) 传递性(Translation)。该约束要求期望产出与非期望产出沿着方向距离的方向分别改进ag_a与ag_b个单位，则方向性产出距离函数改进a个单位，如式(2-7)至式(2-10)所示。

$$\sum_{m=1}^{M}\beta_{m} - \sum_{j=1}^{J}\gamma_{j} = -1 \quad (2\text{-}7)$$

$$\sum_{m'=1}^{M}\beta_{mm'} - \sum_{j=1}^{J}\mu_{mj} = 0, m=1,\cdots,M \quad (2\text{-}8)$$

$$\sum_{m=1}^{M}\mu_{mj} - \sum_{j'=1}^{J}\gamma_{jj'} = 0, j=1,\cdots,J \quad (2\text{-}9)$$

$$\sum_{m=1}^{M}\delta_{nm} - \sum_{j=1}^{J}\eta_{nj} = 0, n=1,\cdots,N \quad (2\text{-}10)$$

在上述约束条件下,构建式(2-11)所示目标函数,在观测的决策单元中构建生产技术前沿,并为测度非期望产出的边际减排成本提供基础的生产技术模型。

$$\text{minimize} \sum_{t=1}^{T} \sum_{k=1}^{K} [\vec{D}_o^t(x_k^t, y_k^t, b_k^t; 1, -1) - 0] \qquad (2-11)$$

2.1.2 基于松弛改进量内生方向向量

方向性距离函数的方向向量选取,一直是中外学界关注的焦点。Färe 等[58]从工业环境生产技术改进的一般逻辑出发,将被评价决策单元向有效前沿面改进的过程,表示为沿"增加期望产出、减少非期望产出"的方向变动,即可表示采用外生方向向量(1,-1),度量环境生产技术效率、测度边际减排成本等。若非期望产出的方向向量值为"负",则衡量了非期望产出的可能的"单位收缩量";若期望产出的方向向量值为"正",则衡量了期望产出的可能的"单位扩张量"。方向向量可依据研究目标作相应调整,使方向性距离函数模型极具灵活性。然而,已有研究发现,方向向量的微量变化,会对生产技术模型的测度结果产生显著影响。如图 2.1 所示,同比异向改进(方向向量 g_3)等 4 种外生方向向量下,被评价的决策单元距离技术前沿面的距离具有明显的差异。因此,中外学者就优化、内生 DDF 模型方向向量(方向向量 g_5)选取机制作出系列有益探讨[39][243-245]。

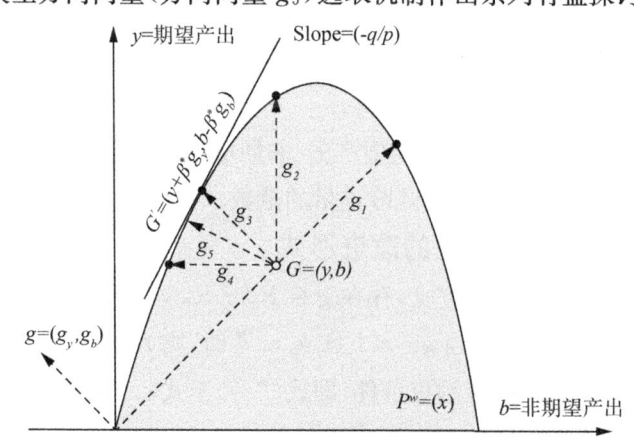

DDF 模型方向向量	(1,1) g_1 向量	(1,0) g_2 向量	(1,-1) g_3 向量	(0,-1) g_4 向量
期望产出改进	增加1单位	增加1单位	增加1单位	保持不变
非期望产出改进	增加1单位	保持不变	减少1单位	减少1单位

图 2.1 方向性产出距离函数外生方向向量示意图①

---

① 在5个改进方案中,g_4 向量邻近的改进方案表示被评价决策单元 G 在经优化的内生方向向量 g_5 作用下,向环境生产技术有效前沿面改进。

Färe 等[53][54]在 2010 年论证 DDF 模型与 SBM 模型关系的基础之上,于 2013 年和 2017 年分别刊文,提出了基于 SBM 模型松弛改进量构造内生方向向量的方法。由于 DDF 模型与 SBM 模型间具有可转换性,方向向量和松弛改进量间存在着等量关系。

因此,继续沿用环境生产技术中关于决策单元、期望产出、非期望产出的决策单元的定义,设经济体中有 $k=1,2,\cdots,K$ 个决策单元,在时期 $t=1,2,\cdots,T$ 内从事生产活动,存在 $g \in R_+^M \times R_+^J$,令决策单元在时期 t,m 种期望产出和 j 种非期望产出的方向向量为 $(g_y,-g_b)$,则基于两阶段法,使用 SBM 模型求解期望产出、非期望产出松弛改进量,通过式(2-12)构造基于两类不同性质产出松弛改进量的内生方向向量。其经济含义为,期望产出、非期望产出的改进优先程度,分别由其松弛改进潜力决定,若松弛改进潜力越大(如污染物产出收缩空间大),则改进优先程度越高,相应地方向向量元素的绝对数值越大。

$$g_y^{m,t} = \sum_{k=1}^{K} s_{y,k}^{m,t} \ / \ \|S^t\| \quad (2\text{-}12\text{a})$$

$$g_b^{j,t} = \sum_{k=1}^{K} s_{b,k}^{j,t} \ / \ \|S^t\| \quad (2\text{-}12\text{b})$$

$$S^t = \left(\sum_{k=1}^{K} s_{y,k}^{m,t}, \sum_{k=1}^{K} s_{b,k}^{j,t} \right) \quad (2\text{-}12\text{c})$$

其中,s_y^t 和 s_b^t 为各决策单元期望产出、非期望产出的松弛改进量,$\|S^t\|$ 为当期期望产出、非期望产出的松弛改进量的范数。

2.1.3 二次型参数化模型的改进形式

沿用上文环境生产技术定义,存在 $g \in R_+^M \times R_+^J$,令期望产出和非期望产出的方向向量为 $(g_y,-g_b)$,当 $g_y \neq 1$ 且 $g_b \neq 1$ 时,则为保证二次型方向性产出距离函数模型仍满足传递性约束条件,即式(2-7)至式(2-10),Färe 等[45]提出传递性条件应相应修改为式(2-13)至式(2-16)。

$$\sum_{m=1}^{M} \beta_m g_{ym} - \sum_{j=1}^{J} \gamma_j g_{bj} = -1 \quad (2\text{-}13)$$

$$\sum_{m'=1}^{M} \beta_{mm'} g_{ym'} - \sum_{j=1}^{J} \mu_{mj} g_{bj} = 0, m=1,\cdots,M \quad (2\text{-}14)$$

$$\sum_{m=1}^{M} \mu_{mj} g_{ym} - \sum_{j'=1}^{J} \mu_{jj'} g_{bj'} = 0, j=1,\cdots,J \quad (2\text{-}15)$$

$$\sum_{m=1}^{M} \delta_{nm} g_{ym} - \sum_{j=1}^{J} \eta_{nj} g_{bj} = 0, n = 1,\cdots,N \qquad (2\text{-}16)$$

二次型方向性产出距离函数模型式(2-17)的目标函数,调整为式(2-18)。

$$\vec{D_o^t} = (x_k^t, y_k^t, b_k^t; g_y; -g_b), k=1,\cdots,K; t=1,\cdots,T \qquad (2\text{-}17)$$

$$\text{minimize} \sum_{t=1}^{T} \sum_{k=1}^{K} [\vec{D_o^t}(x_k^t, y_k^t, b_k^t; g_y, -g_b) - 0] \qquad (2\text{-}18)$$

2.1.4 对偶关系和边际减排成本测度

2.1.4.1 生产函数中的对偶关系

著名学者 Shephard 于 1953 年、1970 年已证明了投入距离函数与成本函数的对偶关系、产出距离函数与收益函数的对偶关系[29]。Chambers 等则于 1998 年证明了方向性距离函数与利润函数的对偶关系(Duality)[41]。沿用上文环境生产技术定义,令决策单元产出的价格和投入要素价格向量分别为 $p=(p_1,\cdots, p_m)\in R_{++}^M$,$w=(w_1,\cdots,w_n)\in R_{++}^N$,则利润函数 $\pi(p,w)$ 定义为:

$$\pi(p,w) = \sup_{(x,y)\geqslant 0}\{py - wx : (x,y)\in P(x)\} \qquad (2\text{-}19)$$

利润函数式(2-19)反映了以利润最大化为目标的厂商生产行为。同时,在生产技术集中 $P(x)$ 有:

$$\pi(p,w) \geqslant py - wx,\text{对于所有的 }(x,y)\in P(x) \qquad (2\text{-}20)$$

沿用对方向性距离函数的一般定义:

$$\vec{D_o^t}(x,y;g_x,g_y) = \max\{\beta:(x-\beta g_x, y+\beta g_y)\in P(x)\} \qquad (2\text{-}21)$$

则有:

$$(x - \vec{D_T}(x,y;g_x,g_y)g_x, y + \vec{D_T}(x,y;g_x,g_y)g_y) \in P(x) \qquad (2\text{-}22)$$

$$\pi(p,w) \geqslant p(y+\vec{D_T}(x,y;g_x,g_y)g_y) - w(x - \vec{D_T}(x,y;g_x,g_y)g_x)$$
$$(2\text{-}23\text{a})$$

或者

$$\pi(p,w) \geqslant py - wx + \vec{D_T}(x,y;g_x,g_y)(pg_y + wg_x) \qquad (2\text{-}23\text{b})$$

式(2-23a)和式(2-23b)的两个表达式,即为利润函数 $\pi(p,w)$ 和方向性距离函数 $\vec{D_T}(x,y;g_x,g_y)$ 的关系,这被称为 Luenberger 不等式,本质是 Mahler 不等式的一种补充。不等式左侧是利润函数的最大收益,不等式右侧是被评价决策单元实际收益加上消除生产技术无效带来的收益增量。其中,消除生产技术无效带来的收益增量由两部分构成,产出增加带来的收益($p\vec{D}_T(x,y;g_x,g_y) g_y$),以及投入要素省减带来的增益($w\vec{D}_T(x,y;g_x,g_y) g_x$)。

由于生产技术集 $P(x)$ 是凸集,得到方向性距离函数和利润函数的对偶关系,即有:

$$\pi(p,w) = \sup_{(x,y)\geqslant 0} \{py - wx + \vec{D}_T(x,y;g_x,g_y)(pg_y + wg_x)\} \quad (2\text{-}24\text{a})$$

$$\vec{D}_T(x,y;g_x,g_y) = \inf_{(p,w)\geqslant 0} \left\{ \frac{\pi(p,w) - (py - wx)}{pg_y + wg_x} \right\} \quad (2\text{-}24\text{b})$$

表 2.1 方向性距离函数与利润函数的 Luenberger 不等式和对偶关系

项目	表达式
Luenberger 不等式	$\pi(p,w) \geqslant p(y + \vec{D}_T(x,y;g_x,g_y) g_y) - w(x - \vec{D}_T(x,y;g_x,g_y) g_x)$
对偶关系	$\pi(p,w) = \sup_{(x,y)\geqslant 0} \{py - wx + \vec{D}_T(x,y;g_x,g_y)(pg_y + wg_x)\}$ $\vec{D}_T(x,y;g_x,g_y) = \inf_{(p,w)\geqslant 0} \left\{ \frac{\pi(p,w) - (py - wx)}{pg_y + wg_x} \right\}$

表达式(2-24a)显示了利润函数是如何根据方向性距离函数 $\vec{D}_T(x,y;g_x,g_y)$ 来定义的,表达式(2-24b)则展示了如何从利润函数 $\pi(p,w)$ 获得方向性距离函数。相比之下,方向性产出距离函数与收益函数对偶,而方向性投入距离函数与成本函数对偶。利润函数 Luenberger 不等式和对偶关系如表 2.1 所示。

2.1.4.2 基于对偶关系测度边际减排成本

Färe 等[44]根据方向距离函数和利润函数的对偶关系,式(2-24a)和式(2-24b),将方向性距离函数中投入要素替代为非期望产出,得到一般性利润函数的特殊形式,含有非期望产出的收益函数。设定非期望产出 b 的价格向量为 $q \in R_+^M$,则有收益函数 $R(x,p,q)$:

$$R(x,p,q) = \sup_{(y,b)\geqslant 0} \{py - qb : (y,b) \in P(x)\} \quad (2\text{-}25)$$

表达式继而写为:

$$R(x,p,q) = \max_{y,b} \{py - qb : \vec{D}_T(x,y,b;g_y,-g_b) \geqslant 0\} \quad (2\text{-}26)$$

同时,在生产技术集中 $P(x)$ 有:

$R(x,p,q) \geqslant py - qb$,对于所有的

$$(x,y,b) \in P(x) \quad (2\text{-}27)$$

沿用方向性距离函数定义,则有:

$$(y+\overrightarrow{D_T}(x,y;g_y,-g_b)g_y, b-\overrightarrow{D_T}(x,y;g_y,-g_b)g_b) \in P(x) \quad (2-28)$$

$$R(x,p,w) \geqslant p(y+\overrightarrow{D_T}(x,y;g_y,-g_b)g_y) - q(b-\overrightarrow{D_T}(x,y;g_y,-g_b)g_b)$$
$$(2-29a)$$

或者

$$R(x,p,w) \geqslant py - qb + \overrightarrow{D_T}(x,y;g_y,-g_b)(pg_y + qg_b) \quad (2-29b)$$

式(2-29a)和式(2-29b)的两个表达式,即为收益函数 $R(x,p,q)$ 和含有非期望产出的方向性距离函数的关系。其中,不等式左侧是收益函数的最大化,不等式右侧是被评价决策单元实际收益加上消除生产技术无效带来的收益增量。与利润函数的对偶关系相似,消除生产技术无效带来的收益增量由两部分构成,一方面是产出增加带来的收益($p\overrightarrow{D_T}(x,y;g_y,-g_b)g_y$),以及非期望产出收缩带来的增益($q\overrightarrow{D_T}(x,y;g_y,-g_b)g_b$)。

根据方向性距离函数与利润函数的对偶性,经过整理,得到方向性距离函数和收益函数的对偶关系:

$$\overrightarrow{D_T}(x,y;g_y,-g_b) = \min_{(p,q)\geqslant 0}\left\{\frac{R(x,p,q)-(py-qb)}{pg_y+qg_b}\right\} \quad (2-30)$$

对式(2-30)施加两次包络定理(Envelope Theorem),得:

$$\nabla_b \overrightarrow{D_T}(x,y,b;g_y,-g_b) = \frac{q}{pg_y+qg_b} \geqslant 0 \quad (2-31)$$

$$\nabla_y \overrightarrow{D_T}(x,y,b;g_y,-g_b) = \frac{-p}{pg_y+qg_b} \leqslant 0 \quad (2-32)$$

沿用上文关于环境生产技术的定义,对于期望产出 $y=(y_1,y_2,\cdots,y_M) \in \mathbf{R}_+^M$,非期望产出 $b=(b_1,b_2,\cdots,y_J) \in \mathbf{R}_+^J$,则第 m 个期望产出的价格 p_m,第 j 个非期望产出 q_j 有:

$$q_j = -p_m \frac{\partial \overrightarrow{D_T}(x,y,b;g_y,-g_b)/\partial b_j}{\partial \overrightarrow{D_T}(x,y,b;g_y,-g_b)/\partial y_m} \quad (2-33)$$

因此,当已知期望产出的价格时,可借助式(2-33)求解非期望产出的影子价格。然而,为简化问题,学界常将期望产出取为常数"1",式(2-33)即可转为非期望产出的边际减排成本。作移项,有:

$$-\frac{q_j}{p_m} = \frac{\partial \overrightarrow{D}_T(x,y,b;g_y,-g_b)/\partial b_j}{\partial \overrightarrow{D}_T(x,y,b;g_y,-g_b)/\partial y_m} \qquad (2-34)$$

式(2-34)即为与生产技术前沿面相切直线的斜率(Slope),参见图2.1。因此,非期望产出的边际减排成本,即减少一单位的非期望产出带来的期望产出边际变动,本质是被评价决策单元在有效前沿面投影点处的斜率。

在二次型方向性产出距离函数中,将含有非期望产出的方向性产出距离函数参数化形式(式2-1),代入式(2-34),对于 $j=1,\cdots,J$ 以及 $m=1,\cdots,M$ 有:

$$\frac{\partial \overrightarrow{D}_T(x,y,b;g_y,-g_b)}{\partial b_j} = \gamma_j + \sum_{j'=1}^{J}\gamma_{jj'}b_{j'k}^{t} + \sum_{n=1}^{N}\eta_{nj}b_{nk}^{t} + \sum_{m=1}^{M}\mu_{mj}y_{mk}^{t} \geqslant 0$$

$$(2-35)$$

$$\frac{\partial \overrightarrow{D}_T(x,y,b;g_y,-g_b)}{\partial y_m} = \beta_m + \sum_{m'=1}^{M}\beta_{mm'}y_{m'k}^{t} + \sum_{n=1}^{N}\delta_{nn}x_{nk}^{t} + \sum_{m=1}^{M}\mu_{mj}b_{jk}^{t} \leqslant 0$$

$$(2-36)$$

根据非期望产出边际减排成本的经济含义,即减少一单位的非期望产出带来的期望产出边际变动(期望产出对非期望产出的边际转换率),经简单整理,可得到非期望产出的影子价格 q_j 和边际减排成本 q_j^*:

$$q_j = -p_m \times \left\{\frac{\gamma_j + \sum_{j'=1}^{J}\gamma_{jj'}b_{j'k}^{t} + \sum_{n=1}^{N}\eta_{nj}x_{nk}^{t} + \sum_{m=1}^{M}\mu_{mj}y_{mk}^{t}}{\beta_m + \sum_{m'=1}^{M}\beta_{mm'}y_{m'k}^{t} + \sum_{n=1}^{N}\delta_{nn}x_{nk}^{t} + \sum_{m=1}^{M}\mu_{mj}b_{jk}^{t}}\right\} \qquad (2-37)$$

$$q_j^* = -1 \times \left\{\frac{\gamma_j + \sum_{j'=1}^{J}\gamma_{jj'}b_{j'k}^{t} + \sum_{n=1}^{N}\eta_{nj}x_{nk}^{t} + \sum_{m=1}^{M}\mu_{mj}y_{mk}^{t}}{\beta_m + \sum_{m'=1}^{M}\beta_{mm'}y_{m'k}^{t} + \sum_{n=1}^{N}\delta_{nn}x_{nk}^{t} + \sum_{m=1}^{M}\mu_{mj}b_{jk}^{t}}\right\} \qquad (2-38)$$

2.2 工业水污染物边际减排成本模型变量体系

2.2.1 投入变量

基于第二章关于边际减排成本测度研究文献的梳理,本书选取资本存量(K)、劳动投入(L)和能源消费(E)作为生产技术建模的投入要素;分为省域、行业两个维度。

2.2.1.1 资本存量(K)

各省级行政单位、工业行业统计年鉴披露的当期固定资产数据(时点数),无法反映一定时期下,各省、工业行业用于建造和购置固定资产所累计使用的社会资源的实际情况,为此学者一般采用"永续盘存法"以估计资本存量[179]。资本存量估计方法如下所示。

(1) 可变固定资产折旧率(δ_{it})。根据各省级行政单位、工业行业披露的固定资产原值、固定资产净值(两者均为时点数),计算历年累计固定资产折旧式(2-39),基于一阶差分计算当期折旧额式(2-40),计算历年固定资产折旧率,即可变固定资产折旧率式(2-41)。

$$\text{累计折旧}_t = \text{固定资产原值}_t - \text{固定资产净值}_t \quad (2\text{-}39)$$

$$\text{本年折旧}_t = \text{累计折旧}_t - \text{累计折旧}_{t-1} \quad (2\text{-}40)$$

$$\text{折旧率}_t = \text{本年折旧}_t / \text{固定资产原值}_{t-1} \quad (2\text{-}41)$$

其中,i 是研究对象变量,即特定省级行政单位或工业行业;t 为时间变量。部分年份本年折旧为负,参考 Li 和 Lin[180]估计方法,采用当期前后相邻两年折旧率的算数平均数,替代当期为负的折旧原值。

(2) 当期新增可比固定资产投资(I_{it})。对各省、工业行业披露的固定资产原值序列使用一阶差分处理,得到历年当期新增固定资产投资式(2-42);以 2000 年为基期,参考陈诗一[66]、单豪杰[181]采用投资价格指数对原始新增固定资产投资序列进行平减,如下所示。

$$\text{当期新增固定资产投资}_t = \text{固定资产原值}_t - \text{固定资产原值}_{t-1} \quad (2\text{-}42)$$

$$\text{当期新增可比固定资产投资}_t = \text{当期新增固定资产投资}_t / \text{投资价格指数}_t$$
$$(2\text{-}43)$$

其中,i 是研究对象变量,即特定省级行政单位或工业行业;t 为时间变量。部分年份当期新增固定资产投资为负,参考 Li 和 Lin[180]估计方法将当期新增固定资产投资数据以 0 替代。

(3) 历年可比资本存量估计(K_{it})。本书将经过投资价格指数平减的 2000 年两维度固定资产净值年均余额作为期初资本存量,使用"永续盘存法"估计历年各省级单位、工业行业可比资本存量序列,如下所示。

$$K_{it} = I_{it} + (1 - \delta_{it}) \times K_{i,t-1} \quad (2\text{-}44)$$

2.2.1.2 劳动投入（L）

各省级行政单位工业行业期末平均用工人数、各工业行业期末平均用工人数，作为反映和评价各省级行政单位、工业行业实际劳动力投入量的统计指标，本书将其分别作为省域和行业两种维度生产模型的劳动投入要素。

2.2.1.3 能源消费（E）

能源是驱动工业经济发展必不可少的投入要素。工业生产所消耗的能源品种多样、结构复杂。一方面，我国能源消费结构，清洁能源占比逐渐提高。数据显示，2018年我国煤炭消费量占能源消费总量的59.00%，比上年下降1.40%；天然气等清洁能源消费量占能源消费总量的22.10%，比上年上升1.30%。另一方面，我国工业生产对能源的需求呈现出历史阶段和品种倾向的异质性。经统计，例如工业生产所需的洗精煤、其他洗煤占广义煤炭消费总量比例，由2000年的6.97%上升为2017年的9.95%；2017年北京、河北、山西等省市的工业生产对原油的需求较少，黑龙江、山东、陕西等地对原油需求量较大。鉴于此，本书将原煤、原油等15种能源品种纳入投入指标体系，以弥补省域、工业行业对能源消费倾向的差异，以刻画更具有纵向可比性的能源消费量序列。本书所使用的能源品种、能源折标准煤参考系数如表2.2所示。

表2.2 工业生产能源投入和能源折标准煤参考系数

能源名称	折标准煤系数	能源名称	折标准煤系数
原煤	0.714 3 kg标准煤/kg	煤油	1.471 4 kg标准煤/kg
洗精煤	0.900 0 kg标准煤/kg	柴油	1.457 1 kg标准煤/kg
其他洗煤	0.285 7 kg标准煤/kg	液化石油气	1.714 3 kg标准煤/kg
焦炭	0.971 4 kg标准煤/kg	炼厂干气	1.571 4 kg标准煤/kg
原油	1.428 6 kg标准煤/kg	天然气	1.330 0 kg标准煤/m³
燃料油	1.428 6 kg标准煤/kg	焦炉煤气	0.598 3 kg标准煤/m³
汽油	1.471 4 kg标准煤/kg	热力	0.034 1 kg标准煤/10³kJ
		电力	0.122 9 kg标准煤/kW·h

注释：数据来自《中国能源统计年鉴(2015)》所载《各种能源折标煤参考系数》。其中，焦炉煤气的折标系数为0.571 4～0.614 3 kg标准煤/m³。由于缺失该能源更为细化的能源消费数据，因此为便于研究，本书取该系数中位数0.598 3 kg标准煤/m³供折算使用。

2.2.2 期望产出变量

根据期望产出的强可处置性假设，污染物的边际减排成本，是指为额外降低

1单位非期望产出所付出的机会成本,或称之为污染物的影子价格。鉴于此,基于匹配原则,为了衡量经济增长的产出效益,期望产出作为生产程序的末端,与要素投入开端相对应的,即工业生产总值。因此,本书分别采用各省级行政单位和工业行业的工业总产值作为期望产出变量,并以2000年为基期,采用价格指数对工业总产值价格原始序列进行平减。

本书将规模以上工业企业作为样本分析对象,基于如下3个方面:

(1) 现存数据约束。衡量工业产出效益的常用指标包括工业生产总值(Gross Domestic Product)、工业增加值(Industrial Added Value)、工业总产值(Gross Value of Industrial Output)等。其中,工业生产总值和工业增加值,共同反映了工业企业生产过程中新增加的价值,由于在统计时扣除了生产过程消耗、转移的物质产品、劳务价值,因而不能完整反映生产行为本身所带来的总体经济效益。相较于此,工业总产值是工业企业在一定时期内生产的已出售或可供出售工业产品总量,反映了一定时间内工业生产的总规模和总水平,能够保留工业生产总值和工业增加值未能包含的统计信息。然而,经统计:我国现存可检索年鉴中,在披露工业总产值数据时,其统计口径仅为规模以上工业企业。

(2) 数据匹配需要。投入和产出要素在经济、社会活动中的代理变量,来自我国公开可检索统计年鉴。上文提及,我国工业经济运行统计数据,尤以规模以上工业企业生产和经营状况为统计、分析工作的重点,载有较为完整的规模以上工业企业资产状况、劳动力投入、能源资源消耗、经济产出效益、环境污染状况等数据。因此,将规模以上工业企业作为样本分析对象,使基于全国、省域、能源和环境等类别的年鉴,比对验证重叠统计指标的数据可靠性,以及匹配建立代理变量数据库成为可能。

(3) 数据的代表性。我国民营经济体和整体经济规模快速发展,规模以上工业企业数量由2001年的17.10万家快速增长到2017年的37.27万家,17年增长20.17万家。2001年规模以上工业企业创造的增加值为4.28万亿元,占全国工业企业增加值的86.26%,自2003年以来,规模以上企业增加值占全国工业增加值持续稳定在90.00%以上。从产出比重和企业数量上看,规模以上工业企业作为我国工业行业主体,其资源消耗、污染排放与工业增长,能够反映出我国工业生产的经济、资源、环境等的总体变化状况。在此意义上,采用规模以上工业企业数据研究我国工业水污染物边际减排成本,代表了污染物边际减排成本的总体水平。我国规模以上工业企业在国民经济中的比重如表2.3所示。

表 2.3 规模以上工业企业在国民经济中的比重

年份	2001	2003	2005	2007	2009	2011	2013	2015	2017
规模以上工业企业数量(万家)	17.10	19.60	27.18	33.68	43.44	32.56	36.98	38.31	37.27
规模以上企业工业增加值(万亿元)	4.28	5.68	8.54	12.33	15.75	22.17	25.63	27.51	30.17
全部工业企业增加值(万亿元)	4.97	6.27	8.81	12.66	16.02	22.70	26.20	28.13	33.16
规模以上企业增加值占全部工业企业增加值比重(%)	86.26	90.56	96.98	97.40	98.33	97.63	97.86	97.79	90.98

注释:(1)根据《中国统计年鉴》(2000年至2018年)整理。
(2)统计口径:规模以上工业企业统计口径历经多次调整;1998—2006年,指全部国有和年主营业务收入500万元及以上的非国有企业;2007—2010年,指全年主营业务收入500万元及以上的工业企业;2011年开始至今,指全国年主营业务收入2000万元及以上的法人单位。(相关说明来自国家统计局)

2.2.3 非期望产出变量

方向性产出距离函数的非期望产出变量包括工业源排放的化学需氧量(Chemical Oxygen Demand,以下简称 COD)、氨氮(Ammonia Nitrogen,以下简称 NH_3-N);分为省域、行业两个维度。本书将工业源化学需氧量和氨氮排放量作为非期望产出变量,基于如下三方面考量。

(1)我国地表水体主要污染物成分。2007—2018年,我国长江、黄河、珠江等十大流域,将五日生化需氧量、化学需氧量、氨氮、总氮等 12 类污染物指标作为水质监测因子。本书统计发现(如表 2.4 所示,详表见附录 1),在 120 个观测样本中,在频数前 3 位污染物中,五日生化需氧量作为干流、支流主要污染物监测指标出现 63 次,占比 52.5%,其次分别为氨氮和化学需氧量,分别占比 47.5%和 31.7%。湖泊、水库污染物成分亦有类似现象。2018 年《中国环境状况公报》显示,我国 111 个重要湖泊、水库中,主要污染指标为化学需氧量、高锰酸钾盐指数。胡必彬[182]认为,我国十大流域水体超标因子主要为氨氮和高锰酸钾盐指数。自 1970 年实施点源水污染物排放控制政策以来,我国水污染形势依然严峻,水体承受来自工业污染排放源的压力较大。尤其 1997—2015 年,全国化学需氧量排放从 1 757.0 万吨上升为 2 223.5 万吨,增长了 26.5%,除来自生活源和农业源外,2015 年工业源化学需氧量排放高达 293.5 万吨;同期,全国工业源氨氮污染排放量由 41.3 万吨降低至 21.7 万吨。李涛等[183]认为这种短期控污成效仅作为污染物总量控制目标的"初步达标",距离长期达标尚有差距。在此意义上,工业源有机物已成为我国地表淡水水体污染物的主要组成成分,化学需氧量、五日生化需氧量、氨氮作为工业排水监测对象,是评价水体受工业排污影响质量状况的重要指标。

表 2.4　2007—2018 年我国十大流域年度水质和主要污染物频数简况

十大流域	COD	NH₃-N	BOD₅	KMnO₄	总氮	总磷	氟化物	石油类	硫酸盐	锰	铁	铅
长江流域	0	5	4	2	0	1	0	2	0	0	0	0
黄河流域	7	12	11	0	0	2	0	4	0	0	0	0
珠江流域	0	5	4	2	0	1	0	5	0	0	0	0
松花江流域	8	8	7	12	0	3	0	5	0	0	0	0
淮河流域	8	3	10	9	0	4	1	3	0	0	0	0
海河流域	7	9	11	5	0	5	0	1	0	0	0	0
辽河流域	7	9	10	4	0	0	0	7	0	0	0	0
浙闽片河流	1	3	4	0	0	0	0	4	0	0	0	0
西北诸河	0	3	2	0	0	0	0	2	0	0	0	0
西南诸河	0	0	0	1	1	3	0	0	0	0	0	3
频数总计	38	57	63	35	1	19	1	32	0	0	0	3
频数占比	31.7%	47.5%	52.5%	29.2%	0.8%	15.8%	0.8%	26.7%	0.0%	0.0%	0.0%	2.5%

注释：(1) 根据国泰安 CSMAR 数据库整理。
(2) 符号说明：COD、NH₃-N、BOD₅、KMnO₄ 分别指代化学需氧量、氨氮、五日生化需氧量、高锰酸钾盐指数。

（2）我国水污染物排放控制政策目标。以环境稽查、行政收费、税收调控等为主要工具的水污染排放控制政策，在我国不同的发展阶段发挥着控污减排的重要作用。尽管工具形式各异，但政策目标一致，即"保护水生态，维护公众健康，促进经济社会可持续发展"。自"九五"规划始，我国开始制定污染物排放总量控制指标体系和管理办法。1996 年《国务院关于环境保护若干问题的决定》明确提出，"实施污染物排放总量控制，抓紧建立全国主要污染物排放总量指标体系和定期公布制度"。在我国规定的 4 种重点污染控制的污染物中，3 种是空气污染物，而水污染物有 1 种，即化学需氧量；"十五"期间，提出"完善环境标准和法规，修改不合理的污染物排放标准，健全环境监测体系"；"十一五"规划期间则拓展了水环境质量检测指标的范围，在化学需氧量之外新增氨氮作为水环境质量检测指标，统一纳入水污染物减排总控系统，并将减排目标分解落实到市（地）、县级排污单位。鉴于此，化学需氧量、氨氮作为我国历史和当前水环境质量的评价指标，将其作为本书所研究的工业行业环境类副产物，与我国历史和当前水环境质量评价框架相契合，具有代表性。我国近五个五年规划期间水污染物排放控制目标如表 2.5 所示。

表2.5 我国五个五年规划期间水污染物排放控制目标

	水污染物控制法律/政策条文摘录
总体目标	《中华人民共和国环境保护法》第四十四条 国家实行实行重点污染物排放总量控制制度。
	《中华人民共和国水污染防治法》第二十条 国家对重点水污染物排放实施总量控制制度。
	《水污染防治行动计划》第二十五项 研究建立流域水生态环境功能分区管理体系。对化学需氧量、氨氮、总磷、重金属及其他影响人体健康的污染物采取针对性措施,加大整治力度。
主要水污染物排放控制目标	《国家环境保护"十五"计划》 计划到2005年,全国工业化学需氧量、工业氨氮排放量比2000年减少10%;工业源化学需氧量排放量控制在650万吨,工业源氨氮排放量控制在70万吨。
	《"十一五"期间全国主要污染物排放总量控制计划》 计划到2010年,全国主要污染物排放总量比2005年减少10%;在国家确定的水污染防治重点流域、海域专项规划中,还要控制氨氮(总氮)、总磷等污染物的排放总量。
	《节能减排"十二五"规划》 计划到2015年,全国工业化学需氧量、工业氨氮排放量比2010年减少10%;工业源化学需氧量排放量控制在319万吨,工业源氨氮排放量控制在24.2万吨。
	《"十三五"节能减排综合工作方案》 计划到2020年,全国化学需氧量、氨氮比2015年分别下降10%、10%。
	《"十四五"规划纲要》 完善水污染防治流域协同机制,化学需氧量和氨氮排放总量分别下降8%。

(3) 环保税征税对象、行业控排标准和统计监测指标。化学需氧量和氨氮作为两项重要的水污染控制对象,见之于我国环保税法应税污染物、十大专项整治行业水污染物排放控制标准、生态环境类统计年鉴等,是常见的两项水生态环境保护执法、行政的关注对象。

其一,根据我国环保税法规定,在第二类应税水污染物中,化学需氧量、氨氮分别以单位污染当量值1.0 kg、0.8 kg依次列居首位、次位,相较其他应税水污染物而言,前两者对生态环境的影响程度更大。

其二,化学需氧量和氨氮是我国水污染专项整治十大重点行业水污染物排放标准的重点监控对象,分别有11个和10个行业对其施加排放限制,覆盖行业数量明显多于其他水污染物(重点行业水污染物排放标准对比见附录2),这区别于总氰化物、硫化物等选择性控制项目,是工业污染排放行为监测中常见的观测对象。

其三,我国统计年鉴的环境类信息披露结构按照大气污染、水污染、固体废弃物污染予以列示。自2001年始,我国省域维度、行业维度水污染物排放以化学需氧量、氨氮作为主要披露项目;部分年份省域序列披露金属铅,而行业序列则缺失相应数据。

鉴于此,将化学需氧量、氨氮作为工业企业主要水污染物观测对象,是基于我国现行环保税征规定、行业控排标准要求、统计年鉴数据披露结构，对多类水污染物信息的重要性、代表性、完整性进行考量而做出的选择。综上，本书构建的方向性产出距离函数二次型参数模型的变量与代理变量指标如表 2.6 所示。

表 2.6 方向性产出距离函数二次型参数模型变量与代理变量指标

变量类别	变量名称	代理变量指标	代理变量指标符号 省域维度	代理变量指标符号 行业维度	计量单位
投入变量	资本投入	资本存量	X_{s1}	X_{h1}	人民币亿元
投入变量	劳动投入	期末平均用工人数	X_{s2}	X_{h2}	万人
投入变量	能源投入	能源消费总量	X_{s3}	X_{h3}	万吨标准煤
产出变量	期望产出	工业总产值	Y_{s1}	Y_{h1}	人民币亿元
产出变量	非期望产出	工业源化学需氧量排放量	B_{s1}	B_{h1}	吨
产出变量	非期望产出	工业源氨氮排放量	B_{s2}	B_{h2}	吨

2.3 本章小结

本章构建了工业水污染物边际减排成本的测度模型，基于二次型参数化模型的改进形式和数据包络分析理论，推导边际减排成本表达式；根据文献综述总结的研究范式和水污染现状分析，构建工业水污染物边际减排成本测度模型变量体系。主要研究结论如下：

第一，二次型参数化方向性产出距离函数的基本形式和改进。二次型函数是方向性产出距离函数的转换函数形式之一，具有计算边际效应所需的一阶、二阶参数，目标函数须服从代表性、对称性、单调性、传递性 4 类约束。引入异向非比例改进方向向量后，函数约束条件须作相应改进，以满足仍服从传递性约束。

第二，生产函数的对偶关系和边际减排成本。方向性距离函数与利润函数间存在着 Luenberger 不等式和对偶关系。将方向性距离函数中投入要素替代为非期望产出，能够得到一般性利润函数的特殊形式，含有非期望产出的收益函数，继而得到方向性距离函数和非期望产出收益函数的对偶关系。基于包络定理和含有非期望产出收益函数的对偶关系，可得非期望产出边际减排成本表达式，其经济含义为减少一单位的非期望产出带来的期望产出边际变动。

第三，工业水污染物边际减排成本测度模型变量体系构建。根据绪论中文献综述关于边际减排成本测度的研究范式，选取投入要素变量和期望产出变量；从我国地表水体主要污染物成分、国家水污染物消减目标、环保税和行业排污标准等环境规制政策 3 个层面，系统阐述管控和研究化学需氧量、氨氮的必要性，并将其纳入非期望产出变量。

第三章

工业水污染物边际减排成本测度模型应用

首先,本章在上文构建的工业水污染物边际减排成本测度模型和变量体系的基础上,阐明投入、期望和非期望产出变量的数据来源和描述统计。其次,将时间趋势和个体效应纳入工业水污染物边际减排成本测度模型,设定模型待估参数。再次,运用管理科学研究领域的线性规划方法,使用GAMS实施代码开发和数据运算,求解关于目标函数的最优解、标定模型待估参数。继而,基于环境生产技术理论,在内生和外生方向向量条件下,检验边际减排成本测度模型重构前沿面决策单元的有效性。最后,基于测度模型的参数标定结果,求解省域维度两类工业水污染物边际减排成本,结合相关文献数据对比边际减排成本估值。

3.1 数据基础和数据描述

3.1.1 数据维度

首先,测度工业水污染物边际减排成本的数据维度分为2种,即省域维度、行业维度。其次,方向性产出距离函数变量分为3类:投入要素、期望产出和非期望产出。为此,本书从省域和行业两个层面,分别构建由投入和产出要素组成的平衡面板数据集。其中,以2000年为数据基期,样本数据自2001年1月始,止于2015年12月(含),跨期为3个完整的五年规划,共15个自然年度。

3.1.1.1 省域维度

本书构建了以京、津等30个省(自治区、直辖市)为研究对象(以下简称为"省级行政单位"或"地区")的省域维度平衡面板数据库。目前,我国共有34个省级行政区,包括23个省、5个自治区、4个直辖市以及2个特别行政区。究其缘由,一方面,受平衡面板数据构建约束,香港和澳门特别行政区、台湾省较其余

31个省级行政区,此3地在数据统计口径、报告期连续性方面,存在明显差异。另一方面,为组建本书测度、分异所需的平衡面板数据集,各投入和产出要素的代理变量应具备数据的可获得性。然而笔者发现,在可供匹配使用的多项公开数据源中,尚未收录西藏自治区2001—2015年工业能耗数据。为此,在省域维度选择中,本书剔除了4个省级行政单位,即香港特别行政区、澳门特别行政区、台湾省和西藏自治区;最终保留了北京、天津、河北等(按省级行政单位代码升序排列)30个省级行政单位,作为研究对象,地区编码和简称详见附录1。

3.1.1.2 行业维度

本书构建了包含煤炭开采和洗选业、石油和天然气开采业等36个工业行业的行业维度平衡面板数据库。限于数据可获得性,本书根据《国民经济行业分类与代码》(GB/T 4754—2011)和《所有经济活动的国际标准行业分类》(ISIC),仅将二位数工业行业作为数据统计口径。考虑到我国行业分类自1984年发布以来,现已经过四次修订(1994年、2002年、2011年和2017年),为了保证数据分析期间的纵向可比性,本书对部分二位数工业行业进行了合并,形成本书36个二位数工业行业目录(表3.1之D列,简称见表3.2),行业合并程序如表3.1所示。

关于行业合并程序的4项说明:(1)"开采辅助活动"仅存在于2012—2015年国民经济行业分类,参考Li和Lin[180]的研究方法,将数据值较小的行业,与行业性质相近的工业行业合并,因此本研究将该行业与"其他采矿业"合并,即上表"D-C列对应关系"中"11+12"表意"合并其他采矿业与开采辅助活动两者数据,代以其他采矿业列示";(2)根据上述处理方法,本研究将行业性质相近的设备制造领域,合并为两个研究对象,即"通用和专用设备制造业"和"通信设备、计算机及电子设备制造业";(3)见之于国内外部分研究,存在直接忽略统计数据较小行业的现象,该处理方式使行业完整性受到影响。本研究将数据较小、统计期间不连续的两个行业,即"废弃资源综合利用业"、"金属制品、机械和设备修理业"(仅存在于2012—2015年国民经济行业分类)数据合并于"其他制造业",并代以列示;(4)合并后的行业简称,见表3.2。

表 3.1　36 个二位数工业行业与历年国民经济行业分类对照

行业代码	国民经济行业分类 2001—2002(A列)	国民经济行业分类 2003—2011(B列)	行业代码	国民经济行业分类 2012—2015(C列)	本书构建的36个二位数工业行业(D列)	D-A列对应关系	D-B列对应关系	D-C列对应关系
06	煤炭开采业	煤炭开采和洗选业	06	煤炭开采和洗选业	煤炭开采和洗选业	06	06	06
07	石油和天然气开采业	石油和天然气开采业	07	石油和天然气开采业	石油和天然气开采业	07	07	07
08	黑色金属矿采选业	黑色金属矿采选业	08	黑色金属矿采选业	黑色金属矿采选业	08	08	08
09	有色金属矿采选业	有色金属矿采选业	09	有色金属矿采选业	有色金属矿采选业	09	09	09
10	非金属矿采选业	非金属矿采选业	10	非金属矿采选业	非金属矿采选业	10	10	10
11	其他矿采选业	其他采矿业	11	开采辅助活动	其他采矿业	11	11	11+12
13	木材及竹材采运业	农副食品加工业	12	其他采矿业	农副食品加工业	13	13	13
14	食品加工业	食品制造业	13	农副食品加工业	食品制造业	14	14	14
15	饮料制造业	饮料制造业	14	食品制造业	酒、饮料和精制茶制造业	15	15	15
16	烟草制品业	烟草制品业	15	酒、饮料和精制茶制造业	烟草制品业	16	16	16
17	纺织业	纺织业	16	烟草制品业	纺织业	17	17	17
18	服装及其他纤维制品制造业	纺织服装、鞋、帽制造业	17	纺织业	纺织服装、鞋、帽制造业	18	18	18
19	皮革、毛皮、羽毛(绒)及其制品业	皮革、毛皮、羽毛(绒)及其制品业	18	纺织服装、服饰业	皮革、毛皮、羽毛(绒)及其制品业	19	19	19
20	木材加工及竹藤棕草制品业	木材加工及木、竹、藤、棕、草制品业	19	皮革、毛皮、羽毛及其制品和制鞋业	木材加工及木、竹、藤、棕、草制品业	20	20	20
21	家具制造业	家具制造业	20	木材加工及木、竹、藤、棕、草制品业	家具制造业	21	21	21
22	造纸及纸制品业	造纸及纸制品业	21	家具制造业	造纸及纸制品业	22	22	22
23	印刷业和记录媒介的复制	印刷业和记录媒介的复制	22	造纸及纸制品业	印刷业和记录媒介的复制	23	23	23
24	文教体育用品制造业	文教体育用品制造业	23	印刷业和记录媒介的复制	文教工美、体育和娱乐用品制造业	24	24	24
25	石油加工及炼焦业	石油加工、炼焦及核燃料加工业	24	文教、工美、体育和娱乐用品制造业	石油加工、炼焦及核燃料加工业	25	25	25
26	化学原料及化学制品制造业	化学原料及化学制品制造业	25	石油加工、炼焦及核燃料加工业	化学原料和化学制品制造业	26	26	26
27	医药制造业	医药制造业	26	化学原料和化学制品制造业	医药制造业	27	27	27
28	化学纤维制造业	化学纤维制造业	27	医药制造业	化学纤维制造业	28	28	28
29	橡胶制品业	橡胶制品业	28	化学纤维制造业	橡胶和塑料制品业	29+30	29+30	29
30	塑料制品业	塑料制品业	29	橡胶和塑料制品业	非金属矿物制品业	31	31	30
31	非金属矿物制品业	非金属矿物制品业	30	非金属矿物制品业	黑色金属冶炼及压延加工业	32	32	31
32	黑色金属冶炼及压延加工业	黑色金属冶炼及压延加工业	31	黑色金属冶炼及压延加工业	有色金属冶炼及压延加工业	33	33	32

第三章 工业水污染物边际减排成本测度模型应用

(续表)

行业代码	国民经济行业分类 2001—2002(A列)	行业代码	国民经济行业分类 2003—2011(B列)	行业代码	国民经济行业分类 2012—2015(C列)	本书构建的36个二位数工业行业(D列)	D-A列对应关系	D-B列对应关系	D-C列对应关系
32	黑色金属冶炼及压延加工业	33	有色金属冶炼及压延加工业	32	有色金属冶炼及压延加工业	金属制品业	34	34	33
33	有色金属冶炼及压延加工业	34	金属制品业	33	金属制品业	通用和专用设备制造业	35+36	35+36	34+35
34	金属制品业	35	通用设备制造业	34	通用设备制造业	交通运输设备制造业	37	37	36+37
35	普通机械制造业	36	专用设备制造业	35	专用设备制造业	电气机械及器材制造业	40	39	38
36	专用设备制造业	37	交通运输设备制造业	36	汽车制造业	通信设备、计算机及电子设备制造业	41	40	39
37	交通运输设备制造业	39	电气机械及器材制造业	37	铁路、船舶、航空航天和其他运输设备制造业	仪器仪表及文化、办公用机械制造业	42	41	40
39	武器弹药制造业	40	通信设备、计算机及其他电子设备制造业	38	电气机械及器材制造业	其他制造业	43	42+43	41+42+43
40	电气机械及器材制造业	41	仪器仪表及文化、办公用机械制造业	39	计算机、通信和其他电子设备制造业	电力、热力的生产和供应业	44	44	44
41	电子及通讯设备制造业	42	工艺品及其他制造业	40	仪器仪表制造业	燃气生产和供应业	45	45	45
42	仪器仪表及文化办公用机械制造业	43	废弃资源和废旧材料回收加工业	41	其他制造业	水的生产和供应业	46	46	46
43	其他制造业	44	电力、热力的生产和供应业	42	废弃资源综合利用业				
44	电力、蒸汽及热水的生产供应业	45	燃气生产和供应业	43	金属制品、机械和设备修理业				
45	煤气生产和供应业	46	水的生产和供应业	44	电力、热力的生产和供应业				
46	自来水生产和供应业			45	燃气生产和供应业				
				46	水的生产和供应业				

045

表 3.2 36 个二位数工业行业全称、行业简称和代码简称对照

行业全称	行业简称	代码简称	行业全称	行业简称	代码简称
煤炭开采和洗选业	煤炭采选	工业01	石油加工、炼焦及核燃料加工业	石油炼焦及核燃料加工	工业19
石油和天然气开采业	油气开采	工业02	化学原料及化学制品制造业	化学原料及化学制品	工业20
黑色金属矿采选业	黑色金属矿采选	工业03	医药制造业	医药制造	工业21
有色金属矿采选业	有色金属矿采选	工业04	化学纤维制造业	化学纤维制造	工业22
非金属矿采选业	非金属矿采选	工业05	橡胶和塑料制品业	橡胶和塑料制品	工业23
其他采矿业	其他采矿	工业06	非金属矿物制品业	非金属矿物制品	工业24
农副食品加工业	农副食品加工	工业07	黑色金属冶炼及压延加工业	黑色金属冶炼及加工	工业25
食品制造业	食品制造	工业08	有色金属冶炼及压延加工业	有色金属冶炼及加工	工业26
酒、饮料和精制茶制造业	饮料制造	工业09	金属制品业	金属制品	工业27
烟草制品业	烟草制品	工业10	通用和专用设备制造业	通用和专用设备制造	工业28
纺织业	纺织	工业11	交通运输设备制造业	交通运输设备制造	工业29
纺织服装、鞋、帽制造业	纺织服装鞋帽制造	工业12	电气机械及器材制造业	电气机械及器材制造	工业30
皮革、毛皮、羽毛(绒)及其制品业	皮毛羽及制品	工业13	通信设备、计算机及电子设备制造业	通信、计算机及电子设备制造	工业31
木材加工及木、竹、藤、棕、草制品业	木材加工及制品	工业14	仪器仪表及文化、办公用机械制造业	仪器仪表及文化办公用机械制造	工业32
家具制造业	家具制造	工业15	其他制造业	其他制造	工业33
造纸及纸制品业	造纸及纸制品	工业16	电力、热力的生产和供应业	电力、热力生产和供应	工业34
印刷业和记录媒介的复制	印刷和记录媒介的复制	工业17	燃气生产和供应业	燃气生产和供应	工业35
文教体育用品制造业	文教体育用品制造	工业18	水的生产和供应业	水生产和供应	工业36

注释：本表所列示的36个二位数工业行业，为表3.1中的D列行业，即经行业合并后的36个研究对象。

3.1.1.3 时间维度

本书以 2000 年为数据基期,将"十五"(2001—2005 年)、"十一五"(2006—2010 年)、"十二五"(2011—2015 年)作为研究样本的时间维度,即 2001 年 1 月 1 日至 2015 年 12 月 31 日,共 15 个自然年度。第二章研究框架中已阐述该历史时期在研究上的典型性和代表性,在统计口径和数据源的可获得性方面考虑如下:

(1) 选择"十五"作为数据观察窗口始端。本书第二章提及,"九五"处于我国建立、完善生态环境污染数据监测与披露体系、调整国民经济行业分类的过渡时期。表现之一即是,国家统计工作于 1998 年开始将工业统计对象划分为规模以上和规模以下两部分,对规模以上工业企业生产经营状况、能源消耗和环境污染状况实施重点监测。鉴于此,将"十五"时期作为研究观察窗口的始端,更便于系统地考察规模以上工业经济、环境运行情况,并且能够在数据统计口径、行业分类处于相对稳定与一致的状态下实施信息采集、梳理。

(2) 选择"十二五"时期作为数据观察窗口终端。本书 4.2 节统计数据显示,"十一五"和"十二五"时期工业废水减排成效明显。"十三五"(2016—2020 年)时期,相较于我国各省份统计年鉴,《中国环境统计年鉴》于 2016 年始不再披露全国各地、各工业行业废水化学需氧量、氨氮排放总量数据。本书整理数据发现,"十三五"时期仍披露数据的省份共有 25 个,占本书研究对象 30 省级行政单位的 83.3%(2016—2017 年各省份年鉴关于水污染物排放的数据统计情况见附录 2);此外,对于"十三五"中不再披露上述信息的地区,研究过程中已采用函询方式申请相关数据公开:因获悉"参照国家统计局《中国环境统计年鉴》数据指标样式公开本省数据",笔者暂未获取相关地区数据,"十三五"时期平衡面板因缺少相关省份数据而暂未构建。

3.1.2 数据来源

根据第三章工业水污染物边际减排成本测度模型构建的相关设定,本书以 2001—2015 年我国 30 个省级行政单位、36 个二位数工业行业规模以上工业为基本决策单元,以资本存量、年末就业人数、工业标准煤消耗量为资源要素的投入指标,以工业总产值为期望产出指标,以工业源化学需氧量、氨氮排放量为非期望产出指标。参考陈诗一和武英涛[72],本书采用多数据源采集代理变量指标数据的方式,构建研究所需数据库。

3.1.2.1 数据管理原则

在采集数据时,本书对多数据源的原始数据进行了 3 项检查,以保证构建数据库信息的一致性、可靠性、相关性,分述如下:

(1) 选择规模以上工业企业作为数据检索项,保证统计口径的一致性。

就目前我国工业统计信息分类而言,在统计对象上主要分为全口径统计和重点统计,即重点关注规模以上工业企业经营状况。相较于前者,针对后者的信息在披露时数据项和指标种类更为多样、详尽。因此,本书在采集数据时,将规模以上工业企业作为数据采集对象,从而在使用多项数据源互为补充的信息时,确保数据统计口径的一致性。相关年鉴在规模以上工业企业信息的披露中,以专项栏目或单独数据项的形式出现,后文以"T型"账户形式详述各项指标数据来源。

(2) 比对多项数据源中的重复披露指标,检验数据的可靠性。

在估计 2012—2015 年工业总产值时,本书在使用基础数据源《中国工业经济统计年鉴》的基础上,跨数据源使用了来自《中国统计年鉴》产品销售率序列。其中,后者亦披露我国规模以上工业企业主要经济指标,包括年企业单位数、主营业务收入、期末平均用工人数等指标。经比对两版年鉴共同披露指标,本书认为两版年鉴数据载有相同的数据序列项,一方面表明本书所使用的基础数据源具有可靠性,相关序列指标仍可在其他数据源得到验证;另一方面两版年鉴就规模以上工业企业信息的披露上具有相同的信息统计口径,其中《中国统计年鉴》列示的产品销售率是对《中国工业经济统计年鉴》规模以上工业企业主要经济指标的补充、拓展。

(3) 考察多项数据源间披露信息的勾稽关系,验证多数据源数据间的相关性。

上文中提到,受限于《中国工业经济统计年鉴》于 2012 年始不再披露规模以上工业企业年工业总产值,此序列信息需使用该年鉴披露的年工业销售产值序列、《中国统计年鉴》披露的年产品销售率序列估计。使用该方法亦可得到 2001—2011 年估计所得年工业总产值序列,同《中国工业经济统计年鉴》披露的年工业总产值序列比对后发现,原始数据序列与估计序列数据一致,即使用多数据源间具有相关性数据的勾稽关系,以估计缺失数据序列。

本书采用"T型"账户列示代理变量数据来源,左列为省域维度数据序列来源,右列为行业维度数据序列来源,如下文所示。

3.1.2.2 投入代理变量指标数据来源

《中国工业经济统计年鉴》载有我国省级行政单位、二位数工业行业规模以上工业企业主要经济指标,包括本研究所使用的固定资产原值、固定资产净值、期末平均用工人数等数据项。在数据处理过程中,需要特别指出:

(1) 受全国经济普查影响,国家统计局未披露 2004 年度《中国工业经济统计年鉴》,代之以《中国经济普查年鉴 2004》列报当年数据,相关地区、行业数据自此采集。

(2) 2012年度未披露期末平均用工人数,本书以邻近年份(即2011和2013年)数据的算术平均数替代。

《中国能源统计年鉴》载有我国省级行政单位、二位数工业行业规模以上工业企业终端能源消费量(实物量)。在数据处理过程中,需要特别指出:

(1)《中国能源统计年鉴》未收录我国宁夏回族自治区2001年、2002年终端能源消费量,本书以《宁夏统计年鉴》披露的"工业企业工业生产能源消费"之数据替代。

(2)《中国能源统计年鉴》未收录我国海南省2002年终端能源消费量,本书使用2002年的邻近年份(即2001和2003年)数据的算术平均数替代。

固定资产原值和固定资产净值	
省域维度	行业维度
《中国工业经济统计年鉴》 按地区分组的规模以上工业企业主要 经济指标	《中国工业经济统计年鉴》 按行业分组的规模以上工业企业主要 经济指标

期末平均用工人数	
省域维度	行业维度
《中国工业经济统计年鉴》 按地区分组的规模以上工业企业主要 经济指标	《中国工业经济统计年鉴》 按行业分组的规模以上工业企业主要 经济指标

能源消费总量	
省域维度	行业维度
《中国能源统计年鉴》 各省份能源平衡表(实物量)终端消费量 ——规模以上工业企业	《中国能源统计年鉴》 工业分行业终端能源消费量(实物量) ——规模以上工业企业

3.1.2.3 期望产出代理变量指标数据来源

《中国工业经济统计年鉴》披露了我国2001—2011年我国省级行政单位、二位数工业行业规模以上工业企业的工业总产值。由于该数据项目2012年度不再披露,仅披露当年工业销售产值,本书以当年工业销售产值、产品销售率估算2012—2015年工业总产值,估计方法如公式3-1所示,其中 t 为时间变量。

$$\text{工业总产值}_t = \text{工业销售产值}_t / \text{产品销售率}_t \qquad (3-1)$$

工业总产值（2001—2011 年）	
省域维度	行业维度
《中国工业经济统计年鉴》 按地区分组的规模以上工业企业主要 经济指标	《中国工业经济统计年鉴》 按行业分组的规模以上工业企业主要 经济指标

工业销售产值（2012—2015 年）	
省域维度	行业维度
《中国工业经济统计年鉴》 按地区分组的规模以上工业企业主要 经济指标	《中国工业经济统计年鉴》 按行业分组的规模以上工业企业主要 经济指标
省域维度	行业维度
《中国统计年鉴》 按地区分规模以上工业企业主要指标	《中国统计年鉴》 按行业分规模以上工业企业主要指标

3.1.2.4 非期望产出代理变量指标数据来源

目前现存两种全国环境类年鉴出版物，即《中国环境年鉴》《中国环境统计年鉴》。自 2003 年始，环境类统计数据于《中国环境统计年鉴》系统披露。因此，本书将分两个时间阶段，即 2001—2002 年和 2003—2015 年分别采集数据。

工业源化学需氧量、氨氮排放量（2001—2002 年）	
省域维度	行业维度
《中国环境年鉴》 各地区主要污染物排放情况——工业	《中国环境年鉴》 各工业行业工业废水排放及处理情况

工业源化学需氧量、氨氮排放量（2003—2015 年）	
省域维度	行业维度
《中国环境统计年鉴》 各地区工业废水排放及处理情况 ——工业废水中污染物排放量	《中国环境统计年鉴》 各工业行业工业废水排放及处理情况 ——工业废水中污染物排放量

3.2 模型参数设定和求解

3.2.1 变量参数

根据第二章环境生产技术理论、方向性产出距离函数二次型参数化形式以及投入和产出代理变量的选取，本节将对边际减排成本测度的参数基础，即方向性产出距离函数变量的各项待估参数进行设定。定义生产可能集 $P(x)$ 代表生产技术，其中 $x \in \mathbf{R}_+^N$。基于第二章关于代理变量的选取设定（详见表 2.6），令

要素投入向量为 $x_{ui}^t = (x_{u1}^t, x_{u2}^t, x_{u3}^t)$,期望产出向量为 $y_{ui}^t = (y_{u1}^t)$,非期望产出(工业源废水化学需氧量、氨氮排放量)向量记为 $b_{ui}^t = (b_{u1}^t, b_{u2}^t)$,其中 u 为决策单元维度,分别为省域维度 s、行业维度 h。令方向向量为 $(g_y, -g_b)$, $g \in \mathbf{R}_+^M \times \mathbf{R}_+^I$,经济体中有 $k = 1, 2, \cdots, K$ 个决策单元(省域维度 $K = 30$,行业维度 $K = 36$),在时期 $t = 1, 2, \cdots, T$(本书 $T = 15$)内从事工业生产活动,追求收益最大化。

此外,本书考虑了决策单元维度的个体差异(省域差异、行业差异) S_{uk} 和时间趋势 $Time_{uk}$。当 $k' = k$ 时,个体差异虚拟变量 $S_{uk'} = 1$,否则 $S_{uk'} = 0$。同理,当 $t' = t$ 时,时间趋势虚拟变量 $Time_{uk'} = 1$,否则 $Time_{uk'} = 0$,如式(3-2)所示。

$$\alpha = \alpha_0 \sum_{k=1}^K \upsilon_{uk} S_{uk} + \sum_{t=1}^T \tau_{Time_{uk}} Time_{uk} \tag{3-2}$$

将公式(3-2)代入第二章式(2-1),构造含有时间趋势和个体差异项的距离函数表达式;借助管理科学领域线性规划的研究方法,基于第二章式(2-18)构造关于距离函数的目标函数,根据环境生产技术理论施加约束条件,求解目标函数最优解以标定各项模型变量的待估参数。模型待求解参数设定如表3.3所示。

表3.3 模型待求解变量参数设定

模型参数	待估参数	对应变量	模型参数	待估参数	对应变量
a_{u0}	a_{u0}	常数项	$\beta_{uumm'}$	β_{u11}	$y_{u1}y_{u1}$
a_{um}	a_{u1}	x_{u1}	$\gamma_{ull'}$	γ_{u11}	$b_{u1}b_{u1}$
	a_{u2}	x_{u2}		γ_{u12}	$b_{u1}b_{u2}$
	a_{u3}	x_{u3}		γ_{u21}	$b_{u2}b_{u1}$
β_{um}	β_{u1}	y_{u1}		γ_{u22}	$b_{u2}b_{u2}$
γ_{ul}	γ_{u1}	b_{u1}	δ_{uwm}	δ_{u11}	$x_{u1}y_{u1}$
	γ_{u2}	b_{u2}		δ_{u21}	$x_{u2}y_{u1}$
$a_{uwm'}$	a_{u11}	$x_{u1}x_{u1}$	δ_{uwm}	δ_{u31}	$x_{u3}y_{u1}$
	a_{u12}	$x_{u1}x_{u2}$	η_{uml}	η_{u11}	$x_{u1}b_{u1}$
	a_{u13}	$x_{u1}x_{u3}$		η_{u12}	$x_{u1}b_{u2}$
	a_{u21}	$x_{u2}x_{u1}$		η_{u21}	$x_{u2}b_{u1}$
	a_{u22}	$x_{u2}x_{u2}$		η_{u22}	$x_{u2}b_{u2}$
	a_{u23}	$x_{u2}x_{u3}$		η_{u31}	$x_{u3}b_{u1}$
	a_{u31}	$x_{u3}x_{u1}$		η_{u32}	$x_{u3}b_{u2}$
	a_{u32}	$x_{u3}x_{u2}$	μ_{uml}	μ_{u11}	$y_{u1}b_{u1}$
	a_{u33}	$x_{u3}x_{u3}$		μ_{u12}	$y_{u1}b_{u2}$

(续表)

模型参数	待估参数	对应变量	模型参数	待估参数	对应变量
—			ν_{uk}	$\nu_{s1}-\nu_{s30};$ $\nu_{h1}-\nu_{h36}$	S_{uk}
—			τ_{Time}	$\tau_{Time\,s1}-\tau_{Time\,s15}$ $\tau_{Time\,h1}-\tau_{Time\,h15}$	$Time_{uk}$

注释：当 $u=s$ 时，$k=30$（省域维度）；当 $u=h$ 时，$k=36$（行业维度）。

3.2.2 方向向量

3.2.2.1 外生方向向量

已有研究指出，方向性距离函数模型变量求解的敏感度较高，这种高敏度数值变动来源于方向向量参数的设定[56][178]。近年来，中外学者尝试从期望产出和非期望产出联动关系的角度出发，分析期望产出、非期望产出在不同方向向量参数组合下，技术非效率决策单元向前沿面改进过程中距离异动的敏感性。这种方向向量的主观性参数组合，考虑了技术非效率决策单元期望产出、非期望产出改进方向的多种可能性，映射于现实世界中经济运行的求"增长"以及环保保护的目标谋"清洁"两种性质不同的诉求。

表 3.4 方向性产出距离函数外生方向向量经济含义对比

函数方向向量	(1,1) **A** 向量	(1,0) **B** 向量	(1,−1) **C** 向量	(0,−1) **D** 向量	(−1,−1) **E** 向量
期望产出改进	增加 1 单位	增加 1 单位	增加 1 单位	保持不变	减少 1 单位
非期望产出改进	增加 1 单位	保持不变	减少 1 单位	减少 1 单位	减少 1 单位

设定方向向量为 $(g_y,-g_b)$，其中 g_y 为期望产出改进方向，g_b 为非期望产出改进方向，$g \in \mathbf{R}_+$。回顾文献，外生方向向量的参数设定通常包括 5 种，如表 3.4 所示。根据环境生产技术的定义，方向向量参数的设定直接决定了决策单元搜寻遍历的方向，以及技术效率前沿面的构建。因此，设置不同的方向向量将直接影响方向距离函数的参数形式估计。然而，不同减排对象的不同减排策略，测度边际减排成本所使用的方向向量参数亦有差异。表 3.4 中，径向改进向量 **A** 和向量 **E** 构建了期望产出、非期望产出同向扩增（缩减）的改进关系，即构建强有效决策单元前沿面的历遍策略，是沿着两种不同性质的产出以同比例、同方向展开搜寻。因此，基于 **A** 向量和 **E** 向量生产、排污策略所构建的强有效前沿面，在测度所有决策单元至前沿面的距离时，是以期望产

出、非期望产出同比例扩增或缩减为优化策略,而这种策略在环境生产技术中则分别表现为污染物持续增排、经济产出损失,是一种具有经济和生态负面代价的改进选择。

然而,**B** 向量、**C** 向量、**D** 向量以两种性质产出的差异化改进方向而区别于上述两种径向优化策略。其中,**B** 向量和 **C** 向量采用了增加期望产出的优化策略,较 **D** 向量保持期望产出不变的改进方案而言,在实现治污减排向前沿面对标的同时,搜寻兼具经济产出效益的强有效前沿决策单元。**B** 向量、**C** 向量在污染排放的改进策略的选择上,前者对污染物排放的策略选择"妥协",即在排污量不变的前提下,搜寻更具经济产出效益且仍满足环境生产技术条件的强有效决策单元;后者则采用兼有经济效益增长与污染物减排并行的双向改进视角,测度强有效前沿点与技术非效率决策单元间的改进距离,所构建的强有效前沿面亦保留了兼有经济产出尽可能增长、污染物排放尽可能缩减的信息,使环境生产技术的参数化模型估计更贴合工业生产改进行为,即在寻求经济增长的同时兼有绿色可持续、环境友好之意。在此意义上,本书选择向量 **C**(1,-1)作为外生方向向量,即期望产出和非期望产出按"同比异向"的方向实施改进。

3.2.2.2 内生方向向量

基于上文阐述的内生方向向量的原理和思路,为构建内生方向向量,本书将通过松弛改进函数模型(Slacks-Based Measure,简称 SBM)分别测度省域、行业维度平衡面板的松弛改进绝对量 S_n(非期望产出过剩程度)和 $S_m^{\pm}$(期望产出不足程度)。本书将非期望产出亦作为一项"投入"要素纳入 SBM 函数,用以衡量非期望产出的投入过剩程度(亦可看作"产出过剩程度")。

本书参考 Färe 等[53][54][177]基于松弛改进量构建内生方向向量的方法,计算省域维度、行业维度松弛改进量范数。令方向向量为 $(g_y, -g_b), g \in \mathbf{R}_+^M \times \mathbf{R}_+^J$,经济体中有 $k = 1,2,\cdots,K$ 个决策单元(省域维度 $K=30$,行业维度 $K=36$),有 $j = 1,2$ 种水污染物(化学需氧量、氨氮),在时期 $t = 1,2,\cdots,15$ 内,如式(3-3)所示。

$$g_y^t = \sum_{k=1}^{K} s_{y,k}^t / \| S^t \| \text{ and } g_b^{j,t} = \sum_{k=1}^{K} s_{b,k}^{j,t} / \| S^t \|, S^t = (\sum_{k=1}^{K} s_{y,k}^t, \sum_{k=1}^{K} s_{b,k}^{1,t}, \sum_{k=1}^{K} s_{b,k}^{2,t})$$

(3-3)

其中,y_k^t 和 b_{jk}^t 为各期决策单元期望产出、非期望产出的松弛改进量,$\| S^t \|$ 为当期产出、非期望产出的松弛改进量的范数。2001—2015 年省域、行

业维度规模以上工业企业工业总产值、化学需氧量、氨氮改进相对比例,如表3.5所示。

相较于外生方向向量(1,－1,－1)而言,内生方向向量通过松弛改进函数测度两维度平衡面板中,期望产出和非期望产出的松弛改进量,区分产出之间的改进优先度,即构建非同比改进的内生方向向量。表3.5显示,我国各地、各行业2001—2015年期期望产出的相对改进比例的均值分别为0.111、0.071,而化学需氧量则相对较高达0.961、0.993。这种基于我国真实投入、产出数据获得到的经验数据表明,技术非效率地区、行业与处于技术前沿面上的地区、行业相比,前者在经济产出、污染物排放上的改进空间存在非等比数量关系。从均值角度看,期望产出存在的改进空间相比于化学需氧量的改进空间要小得多,省域维度和行业维度下前者仅为后者的11.55%、7.15%。因此,在历遍搜选具有技术效率的决策单元(前沿点)时,将上述改进空间(潜力)相对关系纳入选择改进方向的决策框架,即消减更多存在减排空间的非期望产出,较少增加相对不那么具有增长潜力的期望产出,进而沿此方向重塑技术效率前沿面。

根据经验改进空间数据构建的内生方向向量,放宽了经济产出高增长、不具减排潜力污染物同比高减排的主观约束,而是依据各参数内生比例依次改进。这使得具有经济弱增长、污染弱削减的决策单元亦能补进效率前沿面之列,相反经济强增长、污染物弱消减的决策单元则掉出效率前沿面之列,从而丰富了技术效率决策前沿面在两类不同期望产出上的内涵与意义。此外,为了将内生方向向量纳入控制时间趋势的参数化模型,本书对历年内生方向向量各参数(如表3.5所示)取算数平均数,作为2001—2015年平均内生方向向量参与运算。

表3.5 历年省域、行业维度内生方向向量参数

年份	方向向量参数					
	省域维度			行业维度		
	g_y	g_{b1}	g_{b2}	g_y	g_{b1}	g_{b2}
2001	0.008	0.997	0.073	0.016	0.997	0.073
2002	0.098	0.992	0.076	0.018	0.997	0.080
2003	0.012	0.997	0.078	0.020	0.997	0.077
2004	0.876	0.478	0.055	0.021	0.996	0.082
2005	0.075	0.992	0.097	0.019	0.995	0.095

(续表)

年份	方向向量参数					
	省域维度			行业维度		
	g_y	g_{b1}	g_{b2}	g_y	g_{b1}	g_{b2}
2006	0.022	0.996	0.083	0.035	0.997	0.073
2007	0.027	0.997	0.068	0.044	0.997	0.063
2008	0.029	0.998	0.061	0.048	0.997	0.060
2009	0.035	0.998	0.059	0.046	0.997	0.058
2010	0.049	0.997	0.060	0.056	0.997	0.058
2011	0.059	0.995	0.079	0.104	0.992	0.066
2012	0.066	0.995	0.079	0.113	0.992	0.059
2013	0.096	0.992	0.079	0.160	0.985	0.057
2014	0.110	0.991	0.077	0.219	0.974	0.049
2015	0.100	0.992	0.074	0.147	0.987	0.071
平均	0.111	0.961	0.073	0.071	0.993	0.068

注释：b_1 为化学需氧量、b_2 为氨氮；历年工业总产值、化学需氧量、氨氮松弛改进量见附录 4。

3.2.3 模型参数求解

3.2.3.1 编程结构和算法选择

本书使用 General Algebraic Modeling System（简称 GAMS）代数建模系统对方向性产出距离模型实施代码开发和运算求解。GAMS 系统最初在国际复兴开发银行（International Bank for Reconstruction and Development，通常称为"世界银行"）的世行研究委员会（World Bank's Research Committee）的资助下完成开发，用以解决线性、非线性和混合整数优化问题，在处理规模复杂的经济、金融和工程问题中表现出优越的处理能力。GAMS 系统作为一种高度集成的高级语言接口，能够通过其专有语言，对不同的算法实施编程并调用接口，从而对数学模型进行代码语言的转换、修改、调试和除错。较常见的编程语言而言，GAMS 语言形式更为简洁、贴合自然语言，其本身结构良好的建模框架能够为准确、规范的模型编程提供优质的编程语言系统和接口调用平台。

GAMS 系统在求解算法（系统内称为 Solver，亦名"求解器"）的设计上具有良好的"封装性"，即在模型代码编程的过程中，GAMS 系统使用者无需对算法进行开发，而是在代码建模完成后通过调用相关算法求解器完成模型的运算和求解。目前，GAMS有3种求解器可供选择用于方向性距离函数参数化模型求解，分别为CONOPT、CPLEX、MINOS。其中，CPLEX是一款高性能线性规划LP(Linear Programming)问题求解器；CONOPT、MINOS则兼有解决非线性规划NLP(Non-linear Programming)的功能。

相较于CPLEX而言，CONOPT求解器集成了多种内部测试程序，例如用于检测数据缩放比例的诊断程序，能够对模型设计的合理性进行智能检测并给出改进提示，是模型开发期间有效的建模诊断工具。此外，GAMS开发团队认为组合使用CONOPT、MINOS求解器，能够提升模型求解的可靠性(Reliability)[①]。鉴于此，选择CONOPT、MINOS对方向性产出距离函数参数化模型进行求解。

本书选择GAMS 25.1.3对模型进行代码开发、运算求解；为了克服线性规划求解中最优解收敛的问题，本书参照Färe等[58]、袁鹏和程施[67]、魏楚[69]、陈德湖等[71]的数据预处理方法，使用投入、产出数据的均值对所有代理变量进行标准化。环境生产技术方向距离函数参数化模型的GAMS编程结构如图3.1所示。

3.2.3.2 参数求解和模型检验

(1) 参数求解

经GAMS 25.1.3系统求解器CONOPT、MINOS依次运算，最终获得4组参数估值，分别为外生方向向量下省域维度距离函数参数组、内生方向向量下省域维度距离函数参数组、外生方向向量下行业维度距离函数参数组、内生方向向量下行业维度距离函数参数组，如表3.6、表3.7所示。求解器CONOPT、MINOS得到一致参数估计结果，模型求解状态得到2001—2015年平衡面板最小化距离值之和(即目标函数值)，目标函数值分别为：99.44、142.71、123.42、212.73；GAMS系统反馈，上述4组模型的求解状态均为"已获得最优解"(Optimal)。

---

① 参见GAMS官方说明文件，GAMS Documentation Center-GAMS Language and Environment-Solver Usage-Choosing an appropriate Solver, https://www.gams.com/latest/docs/UG_SolverUsage.html#UG_SolverUsage_ChoosingSolver.

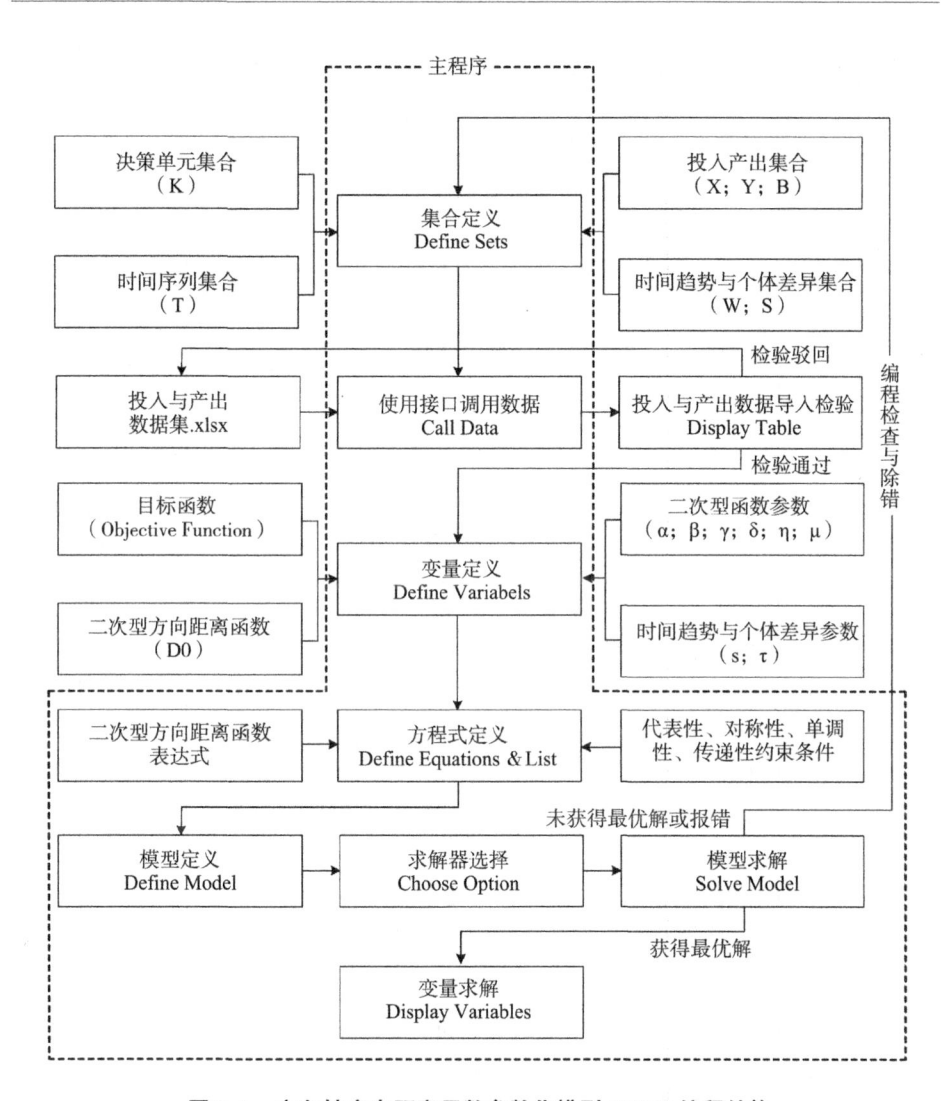

第三章　工业水污染物边际减排成本测度模型应用

图3.1　方向性产出距离函数参数化模型 GAMS 编程结构

表3.6　方向性产出距离函数参数化模型参数估值

模型参数	代估参数	对应变量	省域维度参数估值		行业维度参数估值	
			外生方向向量(A)	内生方向向量(B)	外生方向向量(C)	内生方向向量(D)
a_0	a_0		−0.046	−0.054	−0.002	−0.006
a_n	a_1	x_1	0.443	0.399	0.144	0.007
	a_2	x_2	0.270	0.044	0.240	0.055
	a_3	x_3	0.008	0.006	0.238	2.963E−05
β_m	β_1	y_1	−0.459	−0.114	−0.897	−0.076

057

(续表)

模型参数	代估参数	对应变量	省域维度参数估值 外生方向向量(A)	省域维度参数估值 内生方向向量(B)	行业维度参数估值 外生方向向量(C)	行业维度参数估值 内生方向向量(D)
γ_l	γ_1	b_1	0.525	1.028	0.102	1.001
	γ_2	b_2	0.016	1.881E−26	0.000	0.008
$a_{mn'}$	a_{11}	$x_1 x_1$	−0.388	0.058	−0.011	0.010
	a_{12}	$x_1 x_2$	0.001	0.005	−0.054	−0.008
	a_{13}	$x_1 x_3$	0.055	0.022	−0.006	0.000
	a_{21}	$x_2 x_1$	0.001	0.005	−0.054	−0.008
	a_{22}	$x_2 x_2$	−0.041	−0.006	−0.083	−0.029
	a_{23}	$x_2 x_3$	−0.048	−0.006	−0.025	0.010
$a_{mn'}$	a_{31}	$x_3 x_1$	0.055	0.022	−0.006	−9.091E−05
	a_{32}	$x_3 x_2$	−0.048	−0.006	−0.025	0.010
	a_{33}	$x_3 x_3$	0.040	0.126	−0.019	0.002
$\beta_{mn'}$	β_{11}	$y_1 y_1$	−0.119	0.041	0.005	3.780E−06
$\gamma_{ll'}$	γ_{11}	$b_1 b_1$	−0.140	0.001	−0.009	−3.322E−05
	γ_{12}	$b_1 b_2$	0.018	9.308E−23	0.012	4.013E−04
	γ_{21}	$b_2 b_1$	0.018	0.000	0.012	4.013E−04
	γ_{22}	$b_2 b_2$	−0.015	1.93E−25	−0.011	−0.005
δ_{nm}	δ_{11}	$x_1 y_1$	0.190	−0.103	0.027	−0.004
	δ_{21}	$x_2 y_1$	0.008	−0.003	0.178	0.021
	δ_{31}	$x_3 y_1$	0.087	0.062	0.026	0.004
η_{nl}	η_{11}	$x_1 b_1$	0.013	−0.012	−0.013	−0.010
	η_{12}	$x_1 b_2$	0.177	1.448E−25	0.040	0.136
	η_{21}	$x_2 b_1$	0.043	−3.170E−04	0.012	0.002
	η_{22}	$x_2 b_2$	−0.036	7.876E−26	0.166	−0.002
	η_{31}	$x_3 b_1$	0.114	7.117E−03	0.035	2.271E−04
	η_{32}	$x_3 b_2$	−0.027	−5.127E−25	−0.009	3.940E−04
μ_{ml}	μ_{11}	$y_1 b_1$	−0.122	0.005	0.004	−8.012E−05
	μ_{12}	$y_1 b_2$	0.003	−1.388E−26	0.001	0.001

注释：本表对部分绝对数值相对较小的参数项以科学计数法列示。

表3.7 方向性产出距离函数参数化模型时间趋势参数估值

时间趋势项 (单位:年)	省域维度		行业维度	
	外生方向向量(A)	内生方向向量(B)	外生方向向量(C)	内生方向向量(D)
2001	0.035	0.000	0.012	0.027
2002	0.039	0.028	0.003	0.008
2003	0.000	0.000	0.000	0.017
2004	0.093	−0.009	−0.001	0.007
2005	−0.126	−0.185	0.000	0.003
2006	−0.132	−0.199	0.014	0.002
2007	−0.124	−0.192	0.040	−0.003
2008	−0.110	−0.172	0.071	0.000
2009	−0.112	−0.180	0.088	0.000
2010	−0.091	−0.180	0.172	0.007
2011	−0.014	−0.139	0.330	0.034
2012	−0.034	−0.177	0.444	0.027
2013	0.039	−0.167	0.435	0.031
2014	0.066	−0.152	0.509	0.061
2015	0.113	−0.116	0.784	0.400

注释:省域维度、行业维度个体差异的参数项估计结果见附录5。

(2) 构造方向性产出距离函数

① 环境技术非效率值描述性统计

基于上述参数估计结果,构造测度工业水污染物边际减排成本的生产技术模型,即方向性产出距离函数,并得到各决策单元的环境生产技术非效率值(以下简称"非效率值")。表3.8数据显示,外生向量下,省域和行业维度的非效率值均值分别为0.2233、0.2267,这意味着平均而言,我国地方和工业行业的水环境无效率生产占比为22.33%、22.67%。由于代表性省级行政单位、工业行业的平均产出分别为18 308.10亿元、15 292.70亿元,平均化学需氧量排放量分别为148 269.40吨、105 968.6吨,这意味着通过一定的环境技术效率改进,我国各省级行政单位、行业分别可以增加4 088.81亿元、3 466.36亿元工业总产值,并分别减少33 113.50吨、24 019.55吨化学需氧量排放[①]。

表3.8数据显示,省域维度、行业维度下非效率值均值在样本期内,均表现

[①] 代表性省级行政单位和工业行业的氨氮排放量均值分别为11 185.10吨、8 182.30吨,按照环境技术非效率值均值改进,各决策单元平均可减少2 498.00吨、1 854.65吨氨氮。

出先降低后回调的"U型"变动态势,例如外生方向向量下省域维度的非效率值均值,由"十五"期间的0.23下降至"十一五"时期的0.19,"十二五"期间回调至0.25,非效率值总体呈震荡微升态势。外生向量下,省域维度和行业维度期末非效率值较期初分别上升了8.70%、16.67%。这表明,就平均值而言,我国规模以上工业生产的技术环境效率呈现出向下变动的迹象,这与前文时间趋势参数项估计结果的变动趋势一致。此外,在省域维度450个样本,分别有59个(外生向量下)、53个样本点(内生向量下)非效率值为0.00;在行业维度540个样本中,则分别有63个(外生向量下)、59个(内生向量下)非效率值为0.00,表明省域、行业维度下的强有效决策单元占比均值仅为12.44%、13.30%,表明分别有87.56%、88.7%的决策单元处于非效率状态,非期望产出待改进优化。

表3.8 省域和行业维度环境技术非效率值对比

维度	五年规划	方向向量	样本数	平均值	中位数	标准差	最小值	最大值	前沿面样本数	前沿面重叠点
省域维度	P10	外生	150	0.23	0.15	0.25	0.00	1.05	17	8 (24.2%)
		内生	150	0.33	0.21	0.63	0.00	3.71	16	
	P11	外生	150	0.19	0.10	0.22	0.00	0.85	23	11 (25.6%)
		内生	150	0.22	0.19	0.53	0.00	3.45	20	
	P12	外生	150	0.25	0.15	0.27	0.00	1.10	9	9 (25.0%)
		内生	150	0.40	0.24	0.23	0.00	1.12	17	
行业维度	P10	外生	180	0.24	0.08	0.36	0.00	1.94	22	6 (14.3%)
		内生	180	0.53	0.08	2.03	0.00	15.73	20	
	P11	外生	180	0.16	0.05	0.28	0.00	1.43	20	5 (12.2%)
		内生	180	0.40	0.07	1.48	0.00	11.37	21	
	P12	外生	180	0.28	0.09	0.24	0.00	1.41	21	7 (17.9%)
		内生	180	0.56	0.10	0.40	0.00	3.52	18	

注释:括号"()"中的数值为前沿面重叠样本点数占当期内生、外生前沿面样本点数之和的比率;P10~P12分别指3个五年规划时期区间,分别为2001—2005年、2006—2010年、2011—2015年。

表3.8显示,各期省域和行业维度的非效率最大值均呈现向内收缩的变动趋势,例如外生向量下行业维度的非效率值由"十五"时期的1.94逐期降低至"十二五"时期的1.41,两维度期末较期初最大值的降幅分别为4.55%、27.32%。结合非效率值均值逐期变动的趋势综合来看,尽管我国工业环境技术效率平均水平显示出下降的迹象,但是极端无效率却呈现出逐期改善的局面,这意味着极端追求经济增长而忽视水生态保护的生产行为逐年减少。但这并不表示这种协调发展的局面得到了确定性的巩固,无效率值均值所反映出的集中程

度仍表明增长和生态之间存在着背离化矛盾,环境生产效率改进仍面临一定压力。

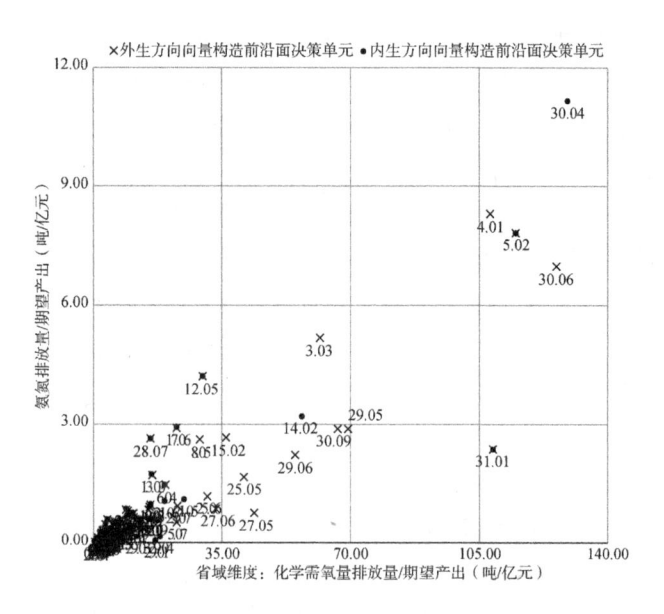

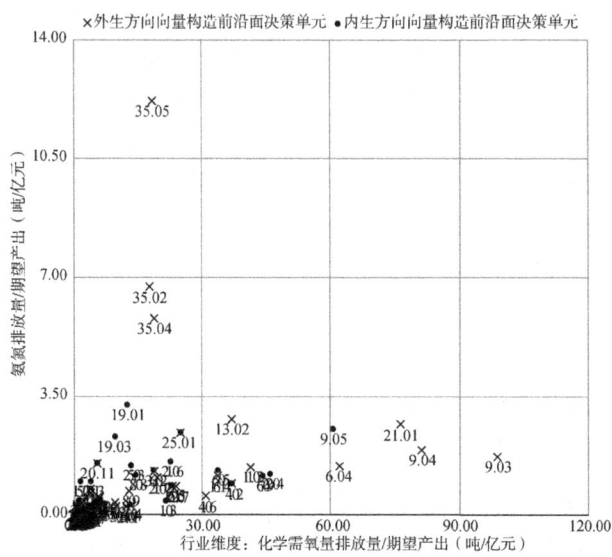

图 3.2　外生和内生方向向量构造前沿面决策单元对比[①]

---

① 省域维度决策单元命名方式"省级行政单位编码.年份",例如"1.01"表示该决策单元为 2001 年北京;行业维度决策单元命名方式"行业代码.年份",例如"1.01"表示该决策单元为 2001 年煤炭采选;前沿面决策单元完整结构详见附录 6 和附录 7;地区编码和行业代码分别见附录 1 和第三章表 3.1。

② 两类方向向量重构技术前沿面

基于环境生产技术和方向距离函数的定义，本书第二章和本章阐述了内生方向向量的构造原理和重塑效率前沿面的影响机理。内生方向向量作为本书方向距离函数模型有效性、敏感性分析的工具。本节通过观察省域、行业维度决策单元集合元素变动的方式，分析外生方向向量变为内生方向向量而重塑效率前沿面的微观过程。

表3.8右一、右二两列报告了两类方向向量下各自搜选的前沿点数量，以及变动方向向量后仍居前沿面的决策单元（即表3.8中的重叠点）数值。外生向量下，省域、行业维度前沿点总数分别为59个、63个；内生向量下，省域、行业维度前沿点总数分别为53个、59个。其中，省域维度下的重叠样本点共有28个，占外生方向向量下前沿点总数的47.46%；行业维度下的重叠样本点共有18个，占外生方向向量下前沿点总数的28.57%。这表明超过50.00%的前沿面决策单元由于方向向量变动而更换。

为了微观地呈现前沿面决策单元的变动过程，通过筛选非效率值为0.00的样本点与投入产出原始数据集匹配，分别绘制了省域、行业维度下规模以上工业企业工业总产值（期望产出）、化学需氧量和氨氮排放量（非期望产出）的二维前沿面散点图，如图3.2所示。显然，内生方向向量构造的技术前沿面，较外生向量而言向原点"坍缩"，即在化学需氧量排放强度相同的前提下，对氨氮排放强度施加更为严格的减排约束；反之则为在氨氮排放强度相同的前提下，对化学需氧量排放强度施加更为严格的减排约束。这表明，引入内生方向向量，前沿面的构造过程将变为朝着原点方向，依次搜寻更具减排优先度的决策单元以重构技术前沿。

（3）模型检验

区别于通过假设检验、构造统计量以评测参数估计准确性的计量方法，线性规划通过设置约束条件求解目标函数是否存在最优解以判断问题的优化可能性和测度优化空间。Aigner和Chu[25]指出特定生产集合的显著特征体现在这一生产函数的技术参数的估计值中，这些参数估计值的差异体现了生产集合区别于其他生产集合的特殊性。无论是将测度数据集以省域、行业两个维度依次展开平衡面板，还是将环境生产技术前沿面的历遍搜寻方向设置为外生方向向量、内生方向向量，上述实验设计的本质是从不同视角对我国2001—2015年规模以上工业企业生产、排污行为的抽象刻画和信息挖掘，将潜在的微观环境生产函数以二次型参数化的形式作出定量性的解释。这种多维度数据切入视角和多方向历遍搜寻前沿面的建模技术，作为环境生产函数的建模手段，其实质目的在于刻画、呈现我国上述时期工业环境生产行为潜在的、确定的函数关系。因此,若环境生产技术函数与多组参数项在形式上具有一致性,则意味着函数能够有效刻画我国工业生产运行实际并给出定量解释。因此,通过分析表3.6、表3.7各参数项的估计结果及变动,对模型的有效性、敏感性进行检验。

① 模型的有效性检验

参数方向的合理性。表3.6显示,4组期望产出(y_1)的一阶系数均为负值,这表明工业生产总值越高的决策单元,相应决策单元与环境技术前沿面之间的距离越小,生产的环境非效率值越低;4组非期望产出(b_1、b_2)的一阶系数均为正值,表明化学需氧量、氨氮排放量越高,相应的环境无效率值越高;4组资本、劳动、能源投入要素的一阶系数均为正值,表明要素投入越多,生产无效率越高。因此,本书模型投入、产出的估计值系数的方向均符合经济意义。

时间趋势的一致性。环境生产技术方向距离函数建模中设置的时间趋势项(2001—2015年),能够识别因时间变动而带来距离函数值的变动,同个体差异控制项、常数项一起构成了未被投入、产出变量解释的剩余残差。图3.3显示,4组方向向量下的时间趋势项参数在"十五"期间震荡向下波动,"十二五"时期总体呈缓慢上升趋势。其中,省域维度(A、B方向向量)在"十一五"时期变动不明显,较"十五"总体呈现出参数降低的态势,至"十二五"期间则呈现缓慢上扬态势;行业维度(C、D方向向量)下的时间趋势亦于前两个五年规划时期变化不明显,于"十一五"中后期始呈上升趋势。上述4组时间趋势项呈现出相同的总体变动态势,表明本书所建立的模型具有稳定的解释力,能够在数据维度和改进方向变更下获得一致趋势性研究结论。

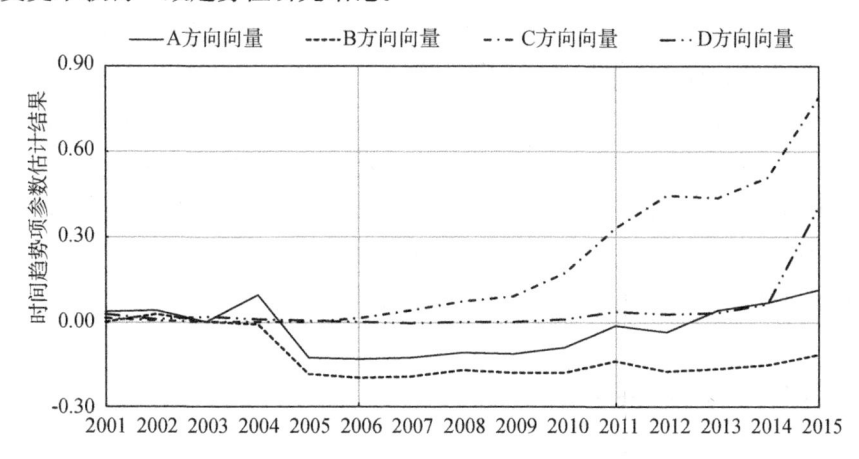

图3.3 方向性产出距离函数时间趋势项估计结果

② 模型的敏感性检验

变更方向向量。模型参数的正负方向对方向距离函数参数化模型的目标值模拟结果，会产生重要的影响。为此本书对省域、行业维度的平衡面板数据分别使用了内生和外生2组向量，以评估方向向量变动对模型求解目标函数最优解的敏感性。

首先，外生向量下省域、行业的目标函数的最优解分别为 99.44、123.42，行业维度目标函数最优解较省域维度高出 24.11%；内生向量下省域、行业的目标函数最优解分别为 142.71、212.73，行业维度目标函数最优解较省域维度高出 49.06%。这表明，更换方向向量不改变省域维度、行业维度数据序列对模型在省域、行业维度上相对关系的解释力。

表3.9 方向性产出距离函数参数化模型敏感性分析

项目	目标函数最优解		参数符号方向改变	
	外生向量下	内生向量下	频数	频率
省域维度	99.44	142.71	11组	34.38%
变动幅度	24.11%	49.06%	共32组参数（不含时间趋势、个体差异参数）	

数据来源：根据表3.6数据整理。

其次，表3.9显示，两维度参数估计结果中，由更换方向向量而带来的参数估计值的正负方向发生变动，分别占到32个代估参数的 34.38%、18.75%，目前学界鲜有关注我国水环境污染物，尤其是将工业源化学需氧量、氨氮纳入环境生产技术建模的研究成果，致使缺少可供参考、对比的经验数据。本书估测得到的参数估值，分别在省域维度、行业维度上保持 65.62%、81.25% 的方向稳定性；在两维度数据序列中，因方向向量变换，导致行业维度目标值最优解高出省域维度最优解目标值的平均幅度为 36.59%。

变更求解算法。如上文所述，本书在模型求解器的设置上选择组合使用 CONOPT、MINOS 对模型进行运算、求解。此外，研究过程中亦使用高性能线性规划问题求解器 CPLEX 作为模型运算结果敏感性的备选方案。测试结果显示，CONOPT、MINOS、CPLEX 对参数估测和目标函数求解的结果具有良好的一致性，变更算法对模型运算结果影响的敏感性较低。

3.3 边际减排成本测度

3.3.1 基于模型参数求解边际减排成本

根据第二章推导的边际减排成本测度方法，使用关于方向性产出距离函数各项变量参数的标定结果,可以求解化学需氧量和氨氮边际减排成本。依据模型理论基础,即环境生产技术理论及相关假设(详见第二章),对上文求解、列示的方向距离函数求解值进行检验。其中,方向性产出距离函数应满足"零结合性"假设(Null-Jointness),使用模型求解获得到函数值对其非负性进行检验。在 450 个省域维度观测值、540 个行业维度观测值中,没有违反假设的样本(如表 3.8 所示,函数最小值均为 0.00)。

在省域维度中,两类方向向量下各有 1 个观测点的期望产出的偏导数(以下简称"分母")为 0.00,致使相应的边际减排成本无意义;行业维度中,则在内生方向向量下,有 4 个观测点的期望产出的偏导数(以下简称"分母")为 0.00,致使相应边际减排成本无法测度。因此,最终保留满足所有假设的样本量,省域维度下分别为 449 个(外生)、449 个(内生);在行业维度中,分别为 540 个(外生)、536 个(内生)。此外,本书参照 Yu 等[65]、魏楚[69]、陈德湖等[71]的研究方法使用投入、产出数据的均值对数据去标准化,得到省域维度、行业维度下边际减排成本测度值序列。

3.3.2 省域维度边际减排成本描述统计

表 3.10 报告了省域维度下化学需氧量和氨氮边际减排成本估计值。在 449 个观测值中,外生向量下 2001—2015 年化学需氧量和氨氮边际减排成本均值分别为 160.88 万元/吨、813.00 万元/吨;内生向量下 2001—2015 年化学需氧量和氨氮边际减排成本均值分别为 1 287.23 万元/吨、0.00 万元/吨。边际减排成本是观测样本在前沿面投影点处斜率的负值,反映每年因减排单位(吨)污染物而放弃的经济产出的价值。

首先,内生向量下,方向函数在目标函数获得最优解释时对氨氮排放量的偏导数估计值为 0.00,意味着氨氮排放量一单位的变动而带来方向距离函数值(非效率值)的改变为 0.00。美国学者 Färe 等[34]在测度固体悬浮物(TSS)边际减排成本时亦发现其减排成本为 0.00 美元/吨,由于化学需氧量、固体悬浮物等流动污染物的排放与处理难以相互剥离,这种"共生"状态使得消减化学需氧量的同时可以减少固体悬浮物的排放,也意味着厂商处理固体悬浮物时的内部成本为 0.00 美元/吨。和夏冰、殷培红[184]认为化学需氧量与氨氮在各工业产业中具有广泛的关联性。鉴于此,在内生向量的作用下,选择大幅度消减化学需氧量的环境生产技术改进策略,使得在消减化学需氧量的同时减少了氨氮的排放,即氨氮的边际减排成本估计值为 0.00 万元/吨。

表 3.10　省域维度化学需氧量和氨氮边际减排成本描述统计

单位：万元人民币

向量	五年规划	变量名	样本数	平均值	中位数	标准差	最小值	最大值
外生方向向量	P10	COD	150	120.77	124.50	37.93	4.37	200.99
		NH_3-N	150	210.70	159.90	180.15	31.21	988.58
	P11	COD	150	145.88	143.11	43.60	6.65	318.85
		NH_3-N	150	571.60	365.69	585.54	79.20	3 064.85
	P12	COD	149	207.00	158.17	78.57	5.00	516.06
		NH_3-N	149	1 658.24	957.30	2352.24	114.54	13 788.53
内生方向向量	P10	COD	150	1 145.45	1 056.77	644.51	549.70	7 546.72
		NH_3-N	150	0.00	0.00	0.00	0.00	0.00
	P11	COD	150	1 252.55	1 143.57	640.19	794.46	8 552.95
		NH_3-N	150	0.00	0.00	0.00	0.00	0.00
	P12	COD	149	1 463.70	1 159.26	1 539.62	631.66	14 268.63
		NH_3-N	149	0.00	0.00	0.00	0.00	0.00

其次,内生方向向量下边际减排成本的估计值明显高于外生方向向量下的估值。一方面,这是由于内生方向向量下,方向距离函数对化学需氧量的偏导数的绝对值大于外生方向向量下偏导数的绝对值,意味着非效率值对污染物排放量的单位变动更为敏感,亦表明收紧并采用严格的化学需氧量减排策略,决策单位为完成污染物消减计划以实现环境合规所付出的内部减排成本更高;另一方面,内生方向向量改变了经济产出与污染物减排间的同比改进关系,观测样本需改进的化学需氧量总量较外生方向向量而言规模更大,使得污染物单位消减所带来的经济产出损失亦随之增长;最后,在 3 个五年规划期间,两种方向向量下污染物边际减排成本均值、中位数等统计指标均呈现逐期增长态势,表明各地区工业生产就均值而言清洁向好。

3.3.3　行业维度边际减排成本描述统计

表 3.11 报告了行业维度下,工业源化学需氧量和氨氮边际减排成本的估计值。首先,在外生方向向量下的 540 个观测样本中,2001—2015 年化学需氧量和氨氮的边际减排成本均值分别为 622.42 万元/吨、10 189.5 万元/吨,两类污染物边际减排成本标准差、极差较大,表明各工业行业间存在明显异质性;其次,在 3 个五年规划中,两类污染物的边际减排成本均值、中位数均呈逐期增长的变动形态,与上文省域维度下两类水污染物边际减排成本逐期变动趋势保持一致。

表 3.11　行业维度化学需氧量和氨氮边际减排成本描述统计

单位：万元人民币

向量	五年规划	变量名	样本数	平均值	中位数	标准差	最小值	最大值
外生方向向量	P10	COD	180	303.74	222.37	274.13	0.00	1 944.51
		NH_3-N	180	4 326.30	2 151.40	4 750.07	5.34	22 766.00
	P11	COD	180	453.88	226.32	580.36	111.65	3791.91
		NH_3-N	180	9 554.73	3 717.88	14 734.01	2.74	132 825.90
	P12	COD	180	1 109.64	239.69	3 868.67	0.00	33 687.24
		NH_3-N	180	16 687.47	4 714.38	27 632.35	0.00	158 759.90
内生方向向量	P10	COD	179	2 852.79	2 222.43	2 009.99	1 900.76	20 739.92
		NH_3-N	179	36 138.35	28 725.08	24 889.65	0.00	268 601.80
	P11	COD	180	4 422.97	2 292.98	6 813.19	1 545.00	71 074.43
		NH_3-N	180	57 281.70	29 696.32	88 237.27	20 009.28	920 482.00
	P12	COD	177	7 129.50	2 402.82	21 559.67	1 188.87	198 513.90
		NH_3-N	177	92 333.80	31 118.83	279 218.40	15 396.99	2 570 000.00

再次，比较各期内生方向向量下的估计值可以发现，内生方向向量采用了更为严格的减排策略，使得各行业污染物内部边际减排成本显著升高。

最后，外生、内生方向向量条件下，两类污染物各期边际减排成本均值、中位数变动趋势保持一致。由于内生方向向量作为本书研究模型估值有效性、敏感性的检测工具，表 3.9 列示的数据表明外生方向向量测度得到的边际减成本序列在时间变动趋势上具有较好的弱敏感性。

鉴于此，后文以外生方向向量估值序列作为分析对象，以进一步分析边际减排成本的时空和内在演变特征。

3.4　本章小结

本章系统介绍了工业水污染物边际减排成本测度的基础工作，并在本书第二章构建的环境生产技术方向性产出距离函数参数化模型（以下简称"模型"）的基础上，通过使用由期望产出（工业总产值序列）、非期望产出（规模以上工业源废水的化学需氧量和氨氮排放量）松弛改进量构造的内生方向向量，规范估计经目标函数优化后在外生和内生方向向量条件下的模型参数化形式，并借鉴 Chambers、Färe 等的研究方法，依次测度 2001—2015 年（"十五"至"十二五"）所选我国 30 个省级行政单位、36 个二位数工业行业的化学需氧量和氨氮边际减排成本，丰富了水环境研究领域的经验数据。主要研究结论如下：

第一，外生、内生方向向量条件下的环境生产技术非效率与技术前沿面重构：外生方向向量条件下，2001—2015年我国省域、行业维度的非效率均值分别为0.22、0.23，均呈现先减后增的U型变动形态，观测期内总体非效率值分别增长了8.70%、8.33%；内生方向向量条件下，松弛改进放宽了期望产出的严格增长约束，允许具备减排优先、让渡经济效益特点的观测点，进入构造环境技术强效率前沿面的决策单元集合，省域维度、行业维度非效率均值变动形态与使用外生方向向量测度结果一致，观测期内总体非效率值分别增长了21.21%、7.55%，表明较前两个五年规划时期，"十二五"期间，我国工业生产技术的水环境效率并不乐观。

第二，外生、内生方向向量条件下的减排策略选择和边际减排成本测度：外生、内生方向向量的差异，其本质是减排策略中经济和环境效益改进，孰为优先的问题。内生方向向量下，工业总产值与化学需氧量改进的方向向量斜率为－8.72（省域维度）、－14.14（行业维度），相比于外生方向向量，内生方向向量在减排策略上体现为让渡经济效益、减排优先，对水污染物的改进约束更为严格。受此影响，厂商为环境合规所付出的内部减排机会成本将随之上升，继而内生方向向量将放大边际减排成本测度结果。样本期内，外生、内生方向向量条件下，两类水污染物各期边际减排成本均值、中位数变动趋势总体保持一致。

第四章

工业水污染物边际减排成本时空差异分析

第三章研究结果表明,样本期内,省域和行业维度两类工业水污染物边际减排成本存在明显的时空异质性。为了呈现边际减排成本的时空差异,反映各主体在不同样本时期内,两类工业水污染物边际减排成本水平的具体特征,本章基于省域和行业两个维度,从时序演化和区域(或行业)差异视角切入,系统分析工业水污染物边际减排成本的变化趋势,为后文研究提供数据支撑。

4.1 省域维度水污染物边际减排成本时空分异

4.1.1 边际减排成本的时序演化

4.1.1.1 全样本时序演化分析

本书边际减排成本衡量了减少一单位水污染物排放,而同时减少工业总产值所产生的收益函数的下降幅度,是一种机会成本。边际减排成本可以作为衡量"绿水青山"和"金山银山"的替代关系,反映了厂商为减少污染排放而产生的内部成本(或"缩产损失"),可以为厂商、政府环保决策提供重要的经验数据参考。

首先,在省域维度下,将所选我国30个省级行政单位划分为4个区域,分别为东部、中部、西部、东北部[①],以2001—2015年工业水污染物化学需氧量、氨氮边际减排成本年均值描述其逐年变动趋势,如图4.1所示。从全国层面看,化学

---

① 根据国家统计局2020年6月发布的《统计制度及分类标准》,东部地区包括北京、天津、河北、上海、江苏、浙江、福建、山东、广东和海南10省(市);中部地区包括山西、安徽、江西、河南、湖北和湖南6省;西部地区包括内蒙古、广西、重庆、四川、贵州、云南、西藏、陕西、甘肃、青海、宁夏和新疆12省(区、市);东北地区包括辽宁、吉林和黑龙江。

需氧量和氨氮边际减排成本大致经历了两个阶段。其一,"十五"和"十一五"期间逐年变动趋势基本一致,两者均缓慢递增。其中,化学需氧量边际减排成本在150.0万元/吨附近波动,氨氮边际减排成本则由2001年的157.0万元/吨增长至2010年的846.5万元/吨。其二,氨氮于"十二五"期间增速提升,由2011年的1 033.90万元/吨迅速增长至2015年的3 473.3万元/吨,而化学需氧量在此时期呈波动增长态势,由2011年的173.10万元/吨缓增至2015年的212.50万元/吨。

从区域角度看,图4.1显示,氨氮边际减排成本的变动,4个区域间的差异保持较为稳定的变化趋势,总体呈现东部和东北部地区高于全国平均水平、中部和西部低于全国平均水平的特征;而化学需氧量边际减排成本的变动,在"十二五"时期呈现出较为明显的区域性差异,主要表现为东北部地区高于全国平均水平,而东部地区则围绕全国平均水平线震荡变动,其中东部地区2015年边际减排成本较上年明显降低,由2014年的348.20万元降低为2015年的121.30万元/吨,降低幅度达65.16%。相较于此,中部和西部地区化学需氧量的边际减排成本变动幅度相对较小,在3个五年规划期间总体低于全国平均水平,呈较为平稳的逐年增长态势。

其次,通过观察各五年规划时期边际减排成本核密度分布(如图4.2所示),化学需氧量和氨氮边际减排成本均呈逐期右偏形态(子图ⅳ、子图ⅷ),表明两类污染物分布密度较高的边际减排成本估值逐期渐增。"十五"期间,化学需氧量、氨氮的边际减排成本分布(子图ⅰ、子图ⅴ)相对集中,并呈现明显右偏特征。其中,2003年7月1日开始施行的《排污费征收使用管理条例》,在提高了排污费的征收标准的同时扩大了排污费征收对象的范围,将个体工商户亦纳入征管之列。本书研究发现,2003年化学需氧量排放强度由2002年的87.57吨/万元降低至65.87吨/万元,推行严格的排污费征收制度使得生产技术变得更为清洁。自"十一五"时期开始,两类污染物均出现多个"次峰"形态,且在"十二五"期间核密度分布"右尾"较长,表明各地区两类污染物边际减排成本分异现象加剧,各地区间的边际减排成本差异较前两个五年规划期间更为突出。鉴于此,因地制宜,具有针对性地研究各地水污染物边际减排成本分异情况,一地一策制定适合本地环境保护实际的环保税额标准显得尤为必要。

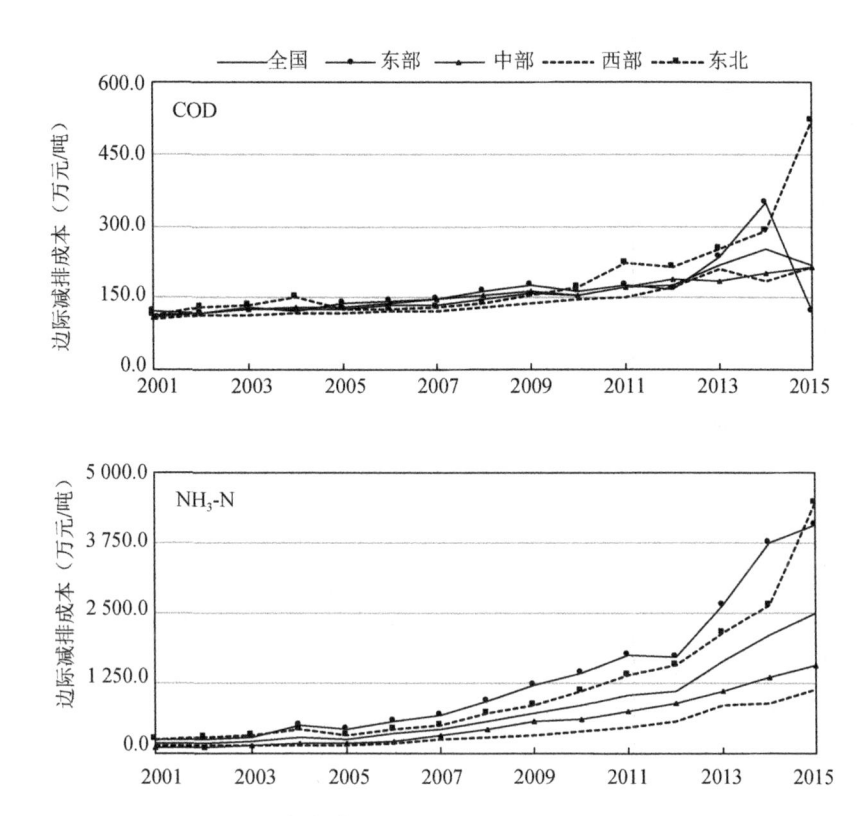

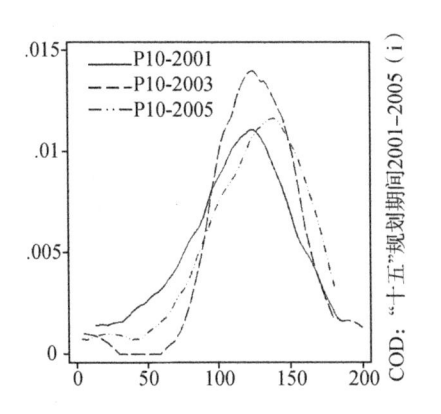

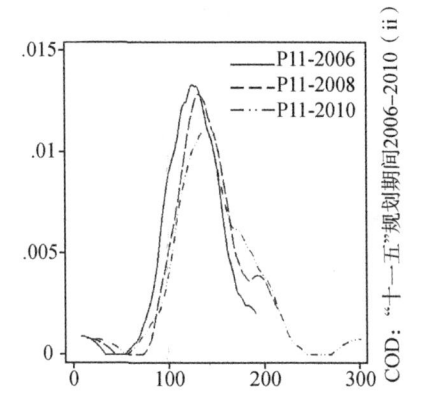

图 4.1　2001—2015 年省域维度化学需氧量和氨氮边际减排成本历年均值

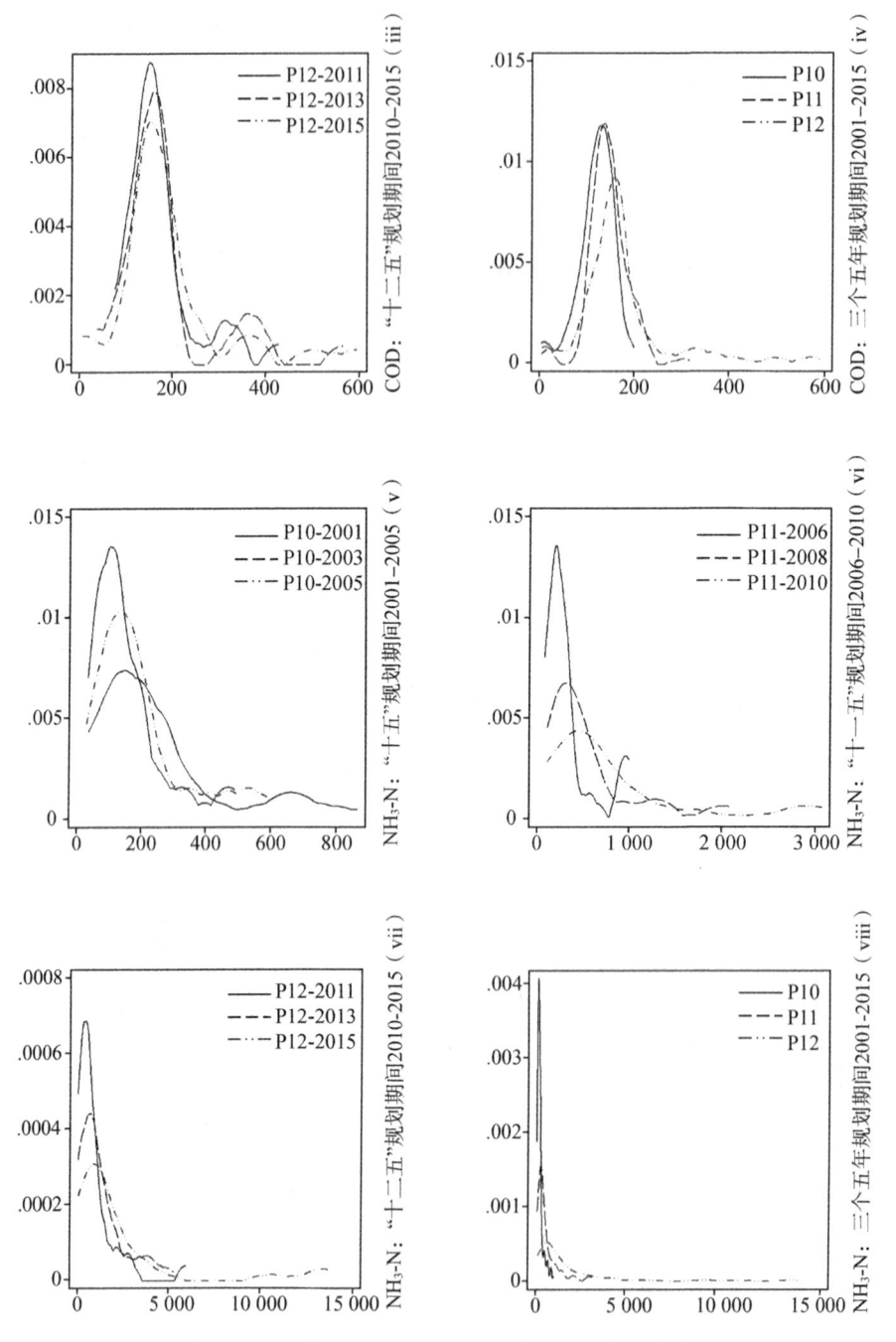

图 4.2 省域维度化学需氧量与氨氮边际减排成本估计值核密度分布

4.1.1.2 分样本时序演化分析

上文中已然指出,边际减排成本"右尾"较长表明地区间存在分异现象且逐期显著。为了能够进一步呈现被"全国"统计口径、均值覆盖的时间趋势性信息,本节采用以省级行政单位为口径刻画两类水污染物逐期边际减排成本变动趋势,结果如图4.3所示。从中可以发现,不同地区两类污染物的时间变动趋势差异较大,以"十二五"作为时期终端、"十五"初期作为始端分析减排成本变动方向,30个省级行政单位中有22个地区的化学需氧量边际减排成本变动趋势为正,变动趋势为负有3个,基本保持不变的地区有5个;30个地区氨氮边际减排成本则均呈震荡上升状态。其中,北京、江苏、广东的化学需氧量边际减排成本呈现明显下降趋势,而天津、安徽、江西、海南、青海的化学需氧量边际减排成本基本保持不变,河北、山西、内蒙古等22个地区则逐年震荡上升。

本书从机会角度定义水污染物的边际减排成本,由于水污染物和经济产出具有联合弱处置性质,因而将水污染物的边际成本定义为减少一单位水污染物排放导致的经济产出的损失,反映了减排行为(清洁生产技术升级)的机会成本。在研究中通常采用平均排放强度来衡量当期生产技术的"清洁程度",本书研究数据显示,2001—2015年各地区化学需氧量排放强度除青海以外,其余地区总体呈逐年下降趋势,其中15年期全国化学需氧量排放强度降低率为15.08%,京、苏、粤年均排放强度降低率分别为18.26%、18.80%、13.72%,表明上述3地在消减化学需氧量排放强度的幅度上,有两地高于全国平均水平,仅广东略低于全国平均水平。随着京、苏、粤3地化学需氧量排放强度的降低,边际减排成本亦呈下降状态,表明通过生产技术的清洁改进并未显著增加3地的经济损失,或者工业厂商内部成本的上升,亦表明此3地具有良好的生产技术减排潜力;反之,排放强度与边际减排成本呈背离形态演变的地区,则意味清洁生产技术升级带来内部成本的增加,厂商在环境合规约束下将面临经济产出损失,技术清洁升级具有一定压力;而对于青海而言,其化学需氧量排放强度逐年增加,生产技术的清洁程度负向变动,而减排成本的变化却不明显,为此需要通过收紧环境规制政策,采用差别化的环境约束来纠正生产行为的负外部性,以实现生产技术的清洁化转型。

此外,本书梳理各地区氨氮排放强度发现,除新疆以外其他省级行政单位数据均呈逐年降低趋势,与化学需氧量类似,表明新疆在氨氮排放领域应采取更加具有针对性的减排方案;而其余各地区边际减排成本日趋升高。

水污染物减排成本的时空演变和环境税收政策研究

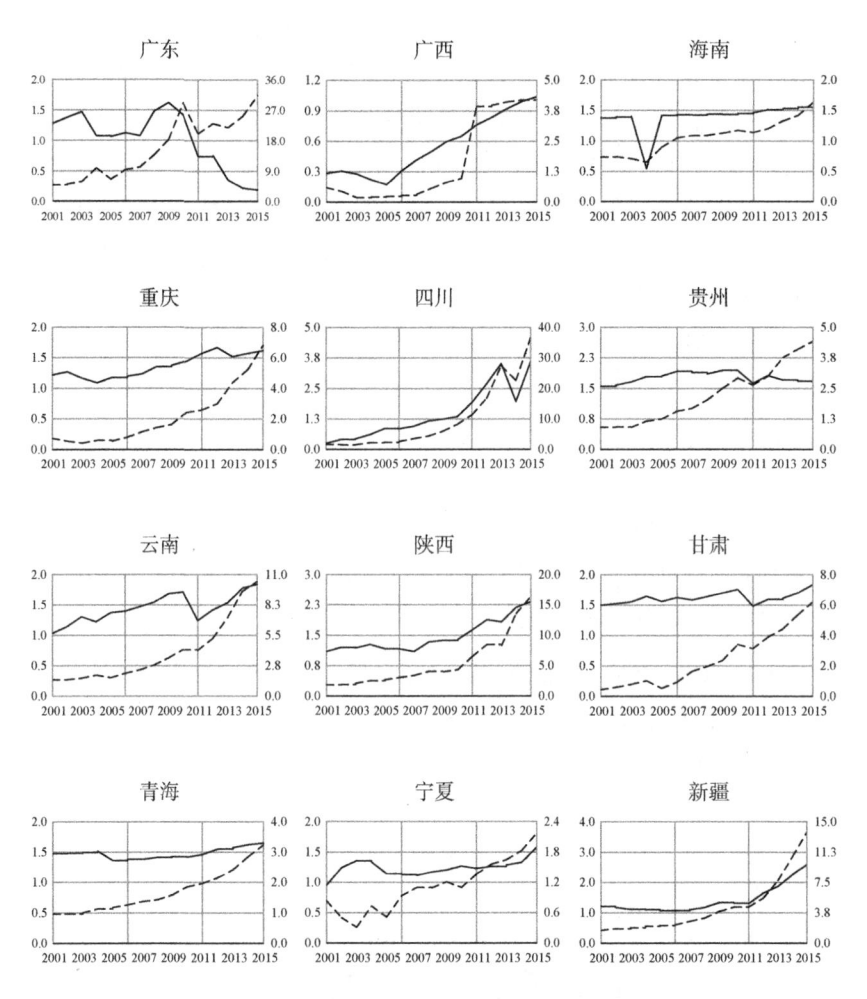

图 4.3　2001—2015 年各地区化学需氧量与氨氮边际减排成本变动趋势

注释：主纵坐标（左）与"—"为化学需氧量边际减排成本（万元/吨）；
　　　次纵坐标（右）与"---"为氨氮边际减排成本（万元/吨）。

4.1.2　边际减排成本的区域差异

4.1.2.1　全样本区域差异分析

将所选我国 30 个省级行政单位按照东、中、西、东北部划分为 4 个区域，刻画两类污染物历年边际减排成本均值变动情况（如图 4.1 所示），从中可以看出 4 区域围绕全国均值水平附近震荡，且随时间变化偏离均值的趋势渐显，表明减排成本在区域间存在着一定差异，其中，化学需氧量、氨氮排放总量分别自"十二五""十一五"始差异逐渐显著。首先，对于化学需氧量而言，2010 年以后东北地区总体高于其他 3 个区域以及全国平均水平，于 2015 年达 523.50 万元/吨；中部和西部区域则相对低于全国平均水平；尽管东部区域长期在全国平均水平附近震荡，2012年始有超越全国均值的发展趋势，但2015年却呈现明显下降状态，当期边际减排成本降至中、西部和全国均值水平以下，2015年边际减排成本仅为121.30万元/吨，同期中、西部减排成本则分别为212.70万元/吨、212.50万元/吨。其次，区别于化学需氧量的区域分异形态，氨氮减排成本的区域差异总体较为稳定，东部、东北部区域高于全国平均水平，而中部和西部地区则相对低于全国均值水平。其中，2015年东北部区域超出东部减排成本均值8.98%，当期达4 438.10万元/吨，东部地区减排成本则为4 072.30万元/吨。这种日渐显现的区域差异，亦与前文中两类污染物边际减排成本核密度分布"右尾"较长的研究结论相契合。

4.1.2.2 分样本区域差异分析

基于上节中边际减排成本区域分异的判断，为了分析各区域、各地区间减排成本的差异，本节采用中位数、均值两项统计指标，分项列示各地区边际减排成本排序情况（按区域内部边际减排成本降序排列），如表4.1所示。

表4.1　2001—2015年按区域划分各地化学需氧量、氨氮边际减排成本对比

区域划分	化学需氧量边际减排成本(万元/吨)				氨氮边际减排成本(万元/吨)			
	中位数		平均数		中位数		平均数	
东部	上海	193.0	河北	453.6	江苏*	2 074.1	山东*	3 196.7
	河北*	161.8	上海*	187.3	山东*	1 941.4	江苏*	3 066.2
	天津*	155.4	天津	156.2	广东*	1 378.1	河北*	2 189.3
	山东	152.9	山东	151.0	上海*	1 229.0	广东*	1 563.8
	北京*	147.5	福建	146.9	浙江*	795.0	上海*	1 160.0
	福建*	144.2	北京*	145.8	河北*	415.5	浙江*	875.3
	海南	144.2	海南	140.4	天津	377.7	天津	531.0
	广东	107.8	浙江	102.2	福建	357.8	福建	435.5
	浙江*	100.9	广东*	101.7	北京	241.5	北京	260.1
	江苏	91.8	江苏	85.7	海南	109.9	海南	107.2
中部	山西	209.6	山西	261.3	湖北*	747.1	河南*	837.1
	湖北	161.8	湖北	167.2	山西*	485.2	山西*	769.5
	安徽	153.2	安徽	150.7	河南*	474.0	湖北*	725.8
	河南	128.6	河南	124.8	安徽	388.7	安徽	466.2
	江西	119.4	江西	119.7	湖南	203.4	湖南	278.5
	湖南	108.6	湖南	105.0	江西	182.3	江西	224.1

076

(续表)

区域划分	化学需氧量边际减排成本(万元/吨)				氨氮边际减排成本(万元/吨)			
	中位数		平均数		中位数		平均数	
西部	贵州*	178.8	内蒙古*	211.3	内蒙古*	513.9	四川*	991.8
	内蒙古*	163.6	贵州*	176.1	四川*	438.2	内蒙古*	719.4
	甘肃	161.0	甘肃	161.8	陕西	396.7	陕西	551.5
	青海	148.0	青海	148.1	新疆	307.8	新疆	454.1
	云南*	141.4	陕西*	147.5	云南	281.4	云南	395.8
	重庆*	135.6	四川*	145.4	广西*	208.7	甘肃*	244.3
	陕西	133.2	云南	144.6	贵州	201.9	广西	229.8
	宁夏*	124.2	新疆*	142.2	甘肃	196.1	贵州	224.8
	新疆	121.2	重庆	136.6	重庆	143.0	重庆	215.3
	四川*	116.6	宁夏*	124.0	青海	142.5	青海	168.9
	广西	14.1	广西	40.0	宁夏	109.6	宁夏	112.5
东北	辽宁	175.8	辽宁	275.4	辽宁	1224.0	辽宁	2305.5
	黑龙江	146.8	黑龙江	162.3	黑龙江	479.3	黑龙江	643.5
	吉林	123.2	吉林	137.7	吉林	368.6	吉林	497.1

注释:"＊"表示均值、中位数于区域内部排位发生异动;虚线"―――"为各区域均值中位数标识。

(1) 化学需氧量边际减排成本空间差异

从均值角度看,东部区域河北边际减排成本最高,达453.60万元/吨,其次为东北区域的辽宁275.40万元/吨,以及中部区域的山西和西部区域的内蒙古,其减排成本分别为261.30万元/吨、211.30万元/吨。从各省级行政单位边际减排成本逐期空间分布状况层面看,山西三期减排成本较同期其他地区而言,均位居第一层级;辽宁减排成本呈逐期增长态势,并于"十二五"期间同山西位居全国第一层级;内蒙古与河北变动则相对稳定。从均值序列的中位数来看,首先为东北区域黑龙江,其边际减排成本为162.30万元/吨;其次为中部的安徽150.70万元/吨、河南123.7万元/吨;东部和西部的差异相对较小,依次为四川、北京、福建,其减排成本列属145.40万元/吨~146.90万元/吨之区间;除四川以外,5地边际减排成本层级逐期下调,表明其减排成本增长速率放缓。

观察中位数以上各区域内地区分布,总体而言东部3地(冀、鲁、津)减排成本较西部4地(黔、甘、青、陕)高4.08%,其中河北、山东边际减排成本层级震荡下调,天津层级逐期下调,这意味着尽管减排成本均值相对较高,但其增速总体呈放缓趋势;中部湖北、西部贵州、甘肃、青海、陕西亦显放缓迹象。从中位数以下的地区分布来看,西部5地(滇、新、渝、宁、桂)均值较东部4地(琼、浙、粤、苏)高出9.28%,西部和东部地区边际减排成本均值分别为117.48万元/吨、107.5万元/吨;中部(湘、赣)2地和东北吉林则分别为105.00万元/吨、119.70万元/吨,除云南以外,其余11地减排成本层级逐期下调,表明边际减排成本增速放缓,且同第一层级的山西、辽宁两地间的差距逐渐增大。

(2) 氨氮边际减排成本空间差异

表4.1显示,氨氮边际减排成本在区域间具有明显的差异,总体呈现自东向西,减排成本渐次降低的趋势。首先,东部3地(鲁、苏、冀)和东北部的辽宁减排成本均在2 000.00万元/吨以上,东部超1 000.00万元/吨的地区另有粤、沪两地,上述东部5地减排成本均值达2 235.20万元/吨;此外,中部河南、西部四川的均值分别以837.10万元/吨、991.90万元/吨位居各区域首位。其次,从均值序列中位数角度看,东部的浙江,东北的黑龙江,中部的湖北、安徽显著地高于西部的甘肃,此4地除安徽减排成本较低为466.2万元/吨外,其余列居中位数的3个地区均超过600.00万元/吨,减排成本均值达748.20万元/吨。再次,观察中、西两区域中位数以上地区,中部1地,即山西减排成本为769.50万元/吨,高于西部4地(蒙、陕、新、滇)均值530.20万元/吨。最后,中位数以下的地区分布,亦呈减排成本西向渐减趋势,东部4地(浙、津、闽、京)与东北部的吉林减排成本均值为525.48万元/吨,中部1地湖南减排成本为278.50万元/吨,中部4地(桂、黔、渝、青)均值则相对较低,减排成本均值为209.70万元/吨。

同总体变动趋势不同的是,在列居各区域末位的3地中,中部的江西减排成本以224.10万元/吨略高于另外2地,西部的宁夏和东部的海南减排成本则依次为112.50万元/吨、107.20万元/吨。本书研究显示,氨氮边际减排成本在空间上呈现出西向渐减的分布态势。总体看,东部的山东、江苏,东北部的辽宁,中部的安徽、山西、河南,西部的内蒙古和云南减排成本层级逐期上调,东部区域的浙江、西部的陕西则呈逐期震荡上调态势,表明上述地区氨氮边际减排成本增速较快。此外,东部的天津、河北、广东,东北的吉林,中部的湖北和西部的新疆,各期层级则相对处于高位稳定状态;而中部的江西、湖南,西部贵州、广西、云南、重庆、宁夏、甘肃、青海的各期层级则处于相对低位的稳定状态。最后,仅有东部的福建层级逐期下调,氨氮减排成本增速渐期放缓,这种增速上的特征与化学需氧量边际减排成本的各期空间形态形成鲜明的对比。为进一步分析化学需氧量和氨氮水污染物的区域性差异和变动幅度,下节将借助泰尔指数(Theil Index)衡量边际减排成本的区域性差异。

4.1.2.3 空间差异的泰尔指数分解

(1) 泰尔指数与指数分解

泰尔指数(Theil Index)亦称泰尔熵标准(Theil's Entropy Measure),是由学者亨利·泰尔(Henri Theil)于1967年为测度经济个体收入水平差异而提出的统计量。泰尔指数可以分层次测度区域总体差异水平,即将这种总体差异程度分解为来自区域内的差异、区域间的差异,继而揭示两种差异对总体差异的贡献程度和各自变动幅度,在经济、教育资源配置的区域公平性、城乡收入差异、经济增长的空间异质性等领域广泛应用。泰尔指数的取值区间为[0,1],数值越大意味着差异越大,相反则表明差异越小。根据本书研究特征,将泰尔指数与分解定义如下:

设集合G在时期t包含n个样本,n个样本可以被分成K个群组,即按照分组标准,可以将集合G^t分成k个子集g_k^t,其中$k=1,2,\cdots,K$。

定义子集g_k^t的样本个数为n_k^t,则式4-1如下所示:

$$\sum_{k=1}^{K} n_k^t = n, k = 1, \cdots, K \tag{4-1}$$

定义$y_i^{r,t}$为观测样本i在时期t,水污染物r的边际减排成本占当期该类水污染物边际减排成本总和的份额;$y_k^{r,t}$为区域k在时期t,k区域中的水污染物r边际减排成本占当期该类水污染物边际减排成本总和的份额。记区域总差异、区域间差异、区域内差异、组内差异分别为$T_o^{r,t}$、$T_b^{r,t}$、$T_w^{r,t}$、$T_k^{r,t}$,则有式4-2至式4-4:

$$T_o^{r,t} = T_b^{r,t} + T_w^{r,t} = \sum_{k=1}^{K}\left(y_i^{r,t} \cdot \ln\frac{y_k^{r,t}}{n_k^t/n}\right) + \sum_{k=1}^{K} y_k^{r,t} \cdot \left(\sum_{i \in g_k^t} \frac{y_i^{r,t}}{y_k^{r,t}} \cdot \ln\frac{y_i^{r,t}/y_k^{r,t}}{1/n_k^t}\right) \tag{4-2}$$

其中,$T_b^{r,t} = \sum_{k=1}^{K}\left(y_k^{r,t} \cdot \ln\frac{y_k^{r,t}}{n_k^t/n}\right) \quad T_w^{r,t} = \sum_{k=1}^{K} y_k^{r,t} \cdot \left(\sum_{i \in g_k^t} \frac{y_i^{r,t}}{y_k^{r,t}} \cdot \ln\frac{y_i^{r,t}/y_k^{r,t}}{1/n_k^t}\right)$

$$\tag{4-3}$$

$$T_k^{r,t} = \sum_{i \in g_k^t}\left(\frac{y_i^{r,t}}{y_k^{r,t}} \cdot \ln\frac{y_i^{r,t}/y_k^{r,t}}{1/n_k^t}\right), k = 1, 2, \cdots, K \tag{4-4}$$

在此基础上,本书使用各区域内组间差异占区域间差距的比重表示区域内差异的贡献率,记为$D_k^{r,t}$;此外,记区域间差异贡献率、区域内差异贡献率分别为$D_b^{r,t}$、$D_w^{r,t}$,则有式4-5如下所示:

$$D_k^{r,t} = T_k^{r,t}/T_w^{r,t},\ D_b^{r,t} = T_b^{r,t}/T_o^{r,t},\ D_w^{r,t} = T_w^{r,t}/T_o^{r,t} \qquad (4-5)$$

本书中,时期变量 t 最大值为 15(时间维度自 2001 至 2015 年);n 取值为 450(450 个观测样本);K 取值为 4(划分为 4 个区域);n_k^r 取值分别为 10(东部区域)、11(中部区域)、6(西部区域)和 3(东北部区域);r 包含化学需氧量和氨氮两种水污染物。基于上述设定,本书得到两类污染物区域性差异及逐年演化趋势如下文所述。

(2) 两类水污染物边际减排成本区域差异分解

图 4.4 显示,化学需氧量和氨氮边际减排成本,在区域总体差异演化趋势上具有不同特征。其中,化学需氧量的区域总体差异总体呈上升的趋势,2001—2010 年间变动趋势较为平缓,自 2011 年始上升趋势逐渐加快,2015 年区域总体差异为 0.73;而氨氮的区域总体差异则演化趋势总体分为 3 个阶段,2001—2005 年泰尔指数逐年上升,2006—2009 年区域额总体差异基本保持平稳,自 2010 年始,泰尔指数则呈现缓慢的下降趋势,2015 年泰尔指数为 0.33,与 2003 年的泰尔指数 0.30 持平,这表明氨氮边际减排成本的区域差异,在"十二五"期间相对较小,而化学需氧量边际减排成本的区域差异则持续增大。

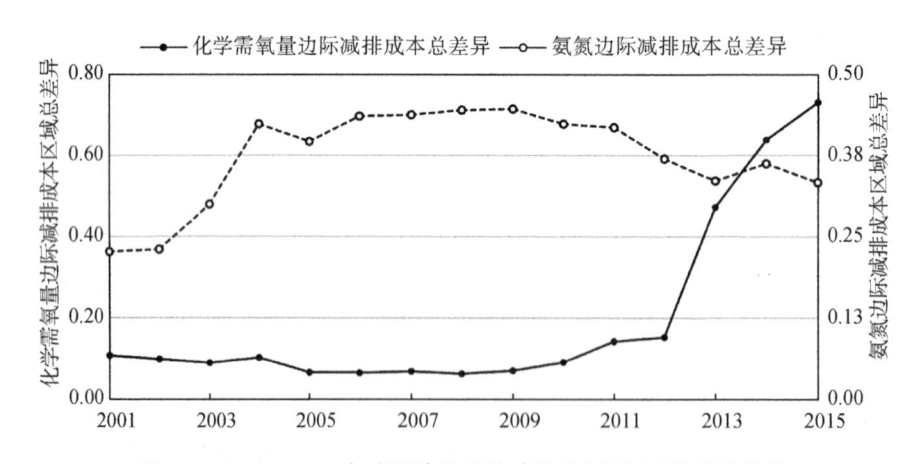

图 4.4 2001—2015 年水污染物边际减排成本区域总体差异趋势

表 4.2 2001—2015 年化学需氧量边际减排成本区域差异分解

年份	总差异	区域内差异		区域间差异		区域贡献率(%)			
		数值	贡献率	数值	贡献率	东部	中部	西部	东北部
2001	0.106 0	0.070 7	66.65	0.035 4	33.35	49.13	14.69	33.71	2.48
2002	0.096 9	0.059 8	61.70	0.037 1	38.30	5.80	1.83	42.47	49.90
2003	0.087 8	0.057 5	65.47	0.030 3	34.53	35.14	3.78	48.20	12.88

(续表)

年份	总差异	区域内差异		区域间差异		区域贡献率(%)			
		数值	贡献率	数值	贡献率	东部	中部	西部	东北部
2004	0.1011	0.0622	61.58	0.0388	38.42	11.46	11.68	36.11	40.75
2005	0.0641	0.0442	68.97	0.0199	31.03	43.31	8.40	44.40	3.89
2006	0.0629	0.0433	68.91	0.0195	31.09	39.58	12.47	40.64	7.32
2007	0.0667	0.0428	64.17	0.0239	35.83	34.30	17.95	42.20	5.55
2008	0.0608	0.0386	63.55	0.0222	36.45	44.11	8.47	41.80	5.62
2009	0.0685	0.0448	65.48	0.0236	34.52	45.84	7.06	45.88	1.23
2010	0.0892	0.0519	58.17	0.0373	41.83	28.50	3.02	48.31	20.17
2011	0.1410	0.0806	57.16	0.0604	42.84	10.35	2.86	45.91	40.88
2012	0.1513	0.1010	66.74	0.0503	33.26	23.67	18.83	24.00	33.51
2013	0.4711	0.3291	69.85	0.1420	30.15	34.33	32.92	14.09	18.65
2014	0.6365	0.5380	84.53	0.0984	15.47	51.59	12.81	29.83	5.77
2015	0.7289	0.5446	74.71	0.1843	25.29	24.67	14.51	26.65	34.17

两类水污染物边际减排成本在总体区域差异上的分异,其形成原因亦有所不同。表4.2显示,化学需氧量的区域总体差异,可以分解为区域内差异、区域间差异,前者反映了由构成区域的内部省级行政单位带来的差异量,后者则反映了东、中、西和东北部区域层面间的差异程度。具体来看,区域内差异的贡献率逐年增大,且均在60.00%以上,2015年区域内差异达74.71%,而同年区域内差异的贡献率仅为25.29%。这表明化学需氧量减排成本总体差异主要来自区域内差异,而区域间的差异则相对有限,且这种内外差异的背离程度逐期加强。总体差异中,来自东部和西部的差异对总体差异贡献率较大,其次为东北部和中部区域。

表4.3列示了氨氮边际减排成本历年区域差异及分解构成数据。相较于化学需氧量,尽管氨氮边际减排成本的总体差异亦主要来自区域内差异,但区域内差异呈先升后降的趋势,特别是在2014年区域内差异达到最低水平,当期泰尔指数为0.5086,而区域间差异泰尔指数则为0.4914。这表明,区别于化学需氧量,自"十二五"时期开始,氨氮的总体区域差异呈下降趋势,其中区域内的差异较前两个五年规划相对收缩回调,而来自区域间的差异则逐渐增大。在总体差异中,表现出与化学需氧量相似的区域贡献特征,即来自东部和西部的差异对总体差异贡献率较大,其次则为东北部和中部区域。

表 4.3　2001—2015 年氨氮边际减排成本区域差异分解

年份	总差异	区域内差异 数值	贡献率	区域间差异 数值	贡献率	区域贡献率(%) 东部	中部	西部	东北部
2001	0.225 6	0.139 5	61.81	0.086 2	38.19	43.00	17.68	21.35	17.97
2002	0.229 5	0.138 6	60.40	0.090 9	39.60	38.02	16.49	22.42	23.07
2003	0.299 1	0.200 6	67.08	0.098 5	32.92	42.45	13.69	25.09	18.77
2004	0.422 5	0.271 5	64.25	0.151 0	35.75	55.28	11.97	23.87	8.88
2005	0.395 3	0.269 0	68.06	0.126 3	31.94	56.65	12.81	24.33	6.22
2006	0.434 4	0.308 5	71.02	0.125 9	28.98	57.54	11.79	25.27	5.41
2007	0.436 5	0.321 8	73.71	0.114 8	26.29	57.68	10.67	26.81	4.83
2008	0.443 8	0.316 1	71.23	0.127 7	28.77	58.05	8.72	27.63	5.59
2009	0.445 5	0.302 2	67.82	0.143 4	32.18	60.78	8.36	26.97	3.89
2010	0.422 4	0.278 7	65.98	0.143 7	34.02	57.86	9.88	25.88	6.38
2011	0.417 2	0.263 4	63.13	0.153 8	36.87	57.60	9.40	25.69	7.31
2012	0.369 2	0.259 8	70.36	0.109 4	29.64	51.22	8.72	28.79	11.27
2013	0.335 0	0.213 0	63.58	0.122 0	36.42	55.00	10.97	26.21	7.81
2014	0.361 5	0.183 9	50.86	0.177 6	49.14	60.77	10.23	23.88	5.12
2015	0.332 7	0.185 4	55.74	0.147 2	44.26	42.06	10.80	25.01	22.12

综上，各地区工业源化学需氧量与氨氮的边际减排成本具有相异的时序演化趋势和区域分布特征，但总体时序变动反映出两类水污染物边际减排成本呈上升态势，意味着越来越多的地区工业生产技术变得更为"清洁"，但亦表明为达到环境规制外部约束要求所付出的内部机会成本也日益增长；部分地区边际减排成本呈逐期下降态势，这种与排放强度同向互动的变动形态，表明此类地区为减排而付出的机会成本相对有限，较其他地区而言具有进一步减排的潜力和空间，亦提示边际减排成本与排放强度之间存在非线性的变动关系。此外，两类水污染物显著的区域异质现象，表明各地区在水污染减排技术上具有明显区域性差异，总体呈东高、西低的分布形态；同时，对比各地区 3 个五年规划时期空间分布演化发现，较多地区的化学需氧量边际减排成本呈层级逐期下调态势，这意味着在减排成本绝对数逐期上升的前提下，越来越多的地区减排成本增速日显乏力，其减排成本逐期失去区域间显著高位的列居特征；而氨氮则相对呈相反的变动形态，尤以东部区域为最，表明该区域所涉省(市)生产技术相比其他区域更具清洁性。

4.2 行业维度水污染物边际减排成本时空分异

4.2.1 边际减排成本的时序演化

4.2.1.1 全样本时序演化分析

通过测度 36 个二位数规模以上工业行业的水污染物边际减排成本,图 4.5 显示,化学需氧量和氨氮减排成本总体变动趋势大致经历了两个阶段。首先,化学需氧量减排成本在 2001—2011 年期间增速较为平缓,其后增速则显著加快,由 2011 年的 572.98 万元/吨快速增长至 2015 年的 1 512.15 万元/吨,其间平均增速达 24.53%,"十二五"时期增速较前两个五年规划时期增长了 7.58%。其次,氨氮边际减排成本增长提速早于化学需氧量边际减排成本,自 2007 年始,氨氮边际减排成本呈波动增长态势,由 2007 年的 7 334.30 万元/吨增长至 2014 年的 20 449.10 万元/吨,2015 年略有下降,当年氨氮边际减排成本为 19 876.13 万元/吨;2001—2007 年减排成本平均增速为 12.70%,而 2007—2015 年增速降低了 1.24%。

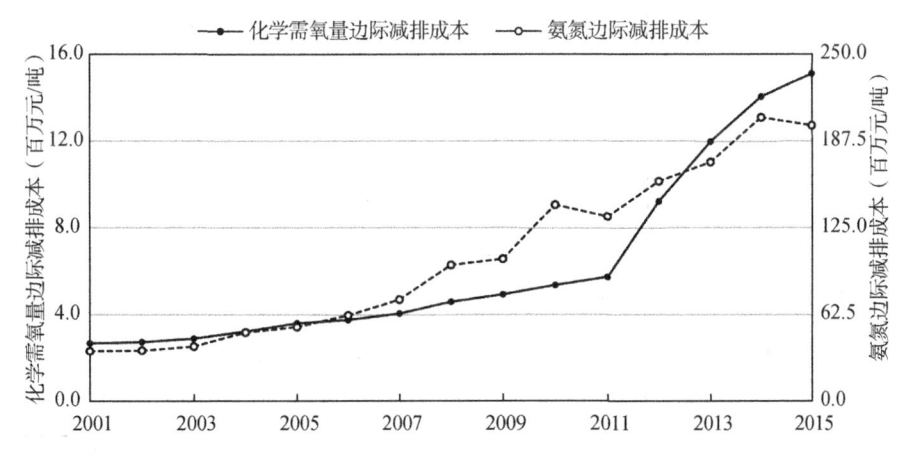

图 4.5 2001—2015 年行业维度化学需氧量和氨氮边际减排成本历年均值

从各个五年规划的时期角度看,图 4.6 为 3 个五年规划时期两类水污染物边际减排成本的核密度的分布情况,首先可以看出化学需氧量和氨氮核密度峰值逐期右偏,表明减排成本呈逐期增长态势,然而 2015 年氨氮减排成本峰度较 2013 年略有回调(如子图ⅶ所示)。其次,化学需氧量和氨氮边际减排成本"右尾"较长。其中,化学需氧量在前两个五年规划时期的"右尾"中存在多个"次峰",这表明化学需氧量的边际减排成本在高位段,具有分散分布和局部集聚并存的特征。

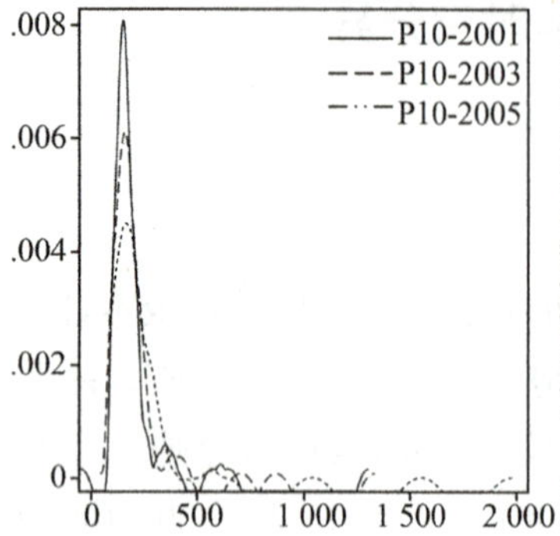

COD：“十五”规划期间2001-2005（i）

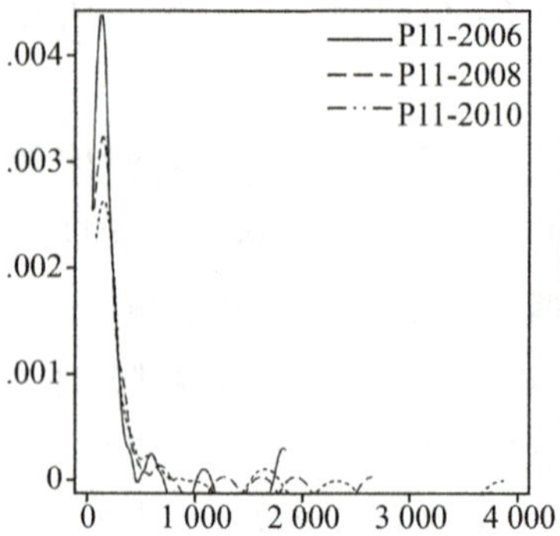

COD：“十一五”规划期间2006-2010（ii）

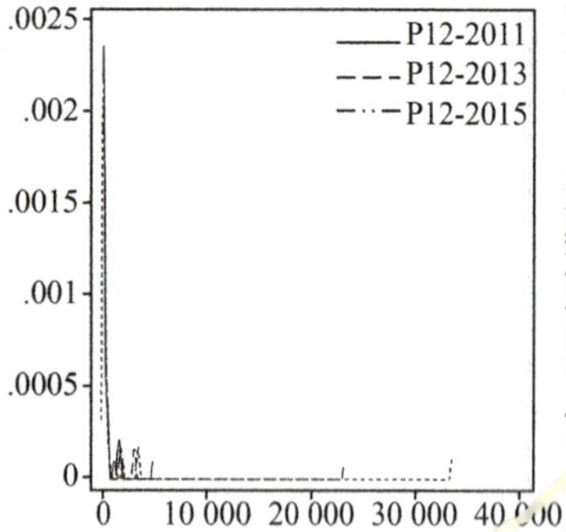

COD：“十二五”规划期间2010-2015（iii）

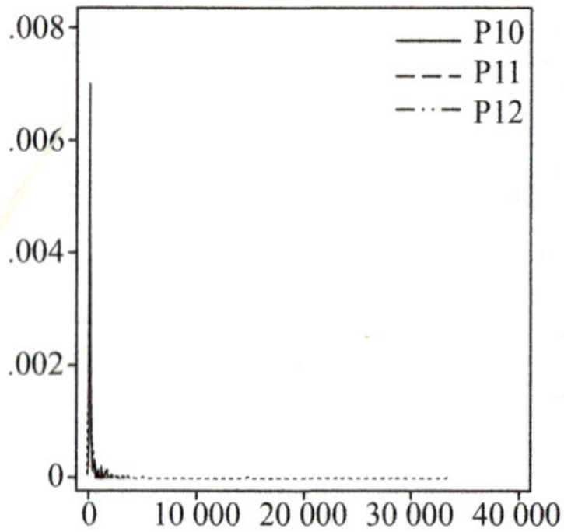

COD：三个五年规划期间2010-2015（iv）

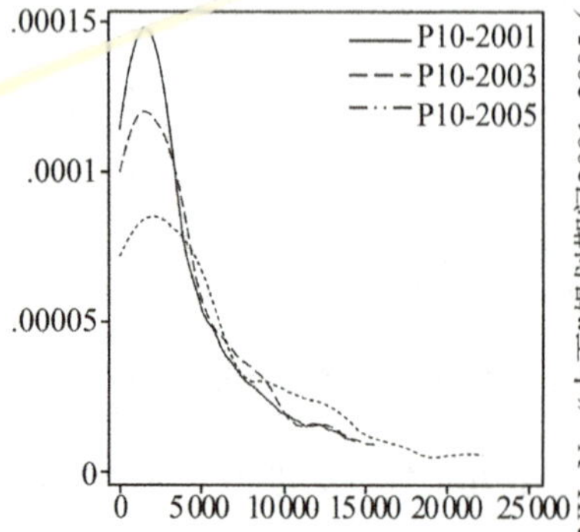

NH_3-N：“十五”规划期间2001-2005（v）

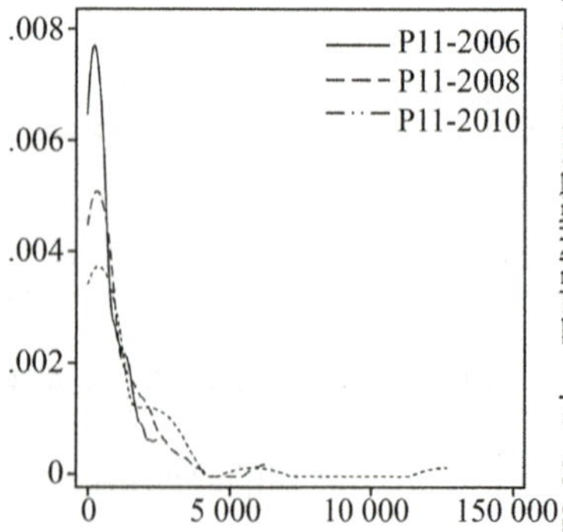

NH_3-N：“十一五”规划期间2006-2010（vi）

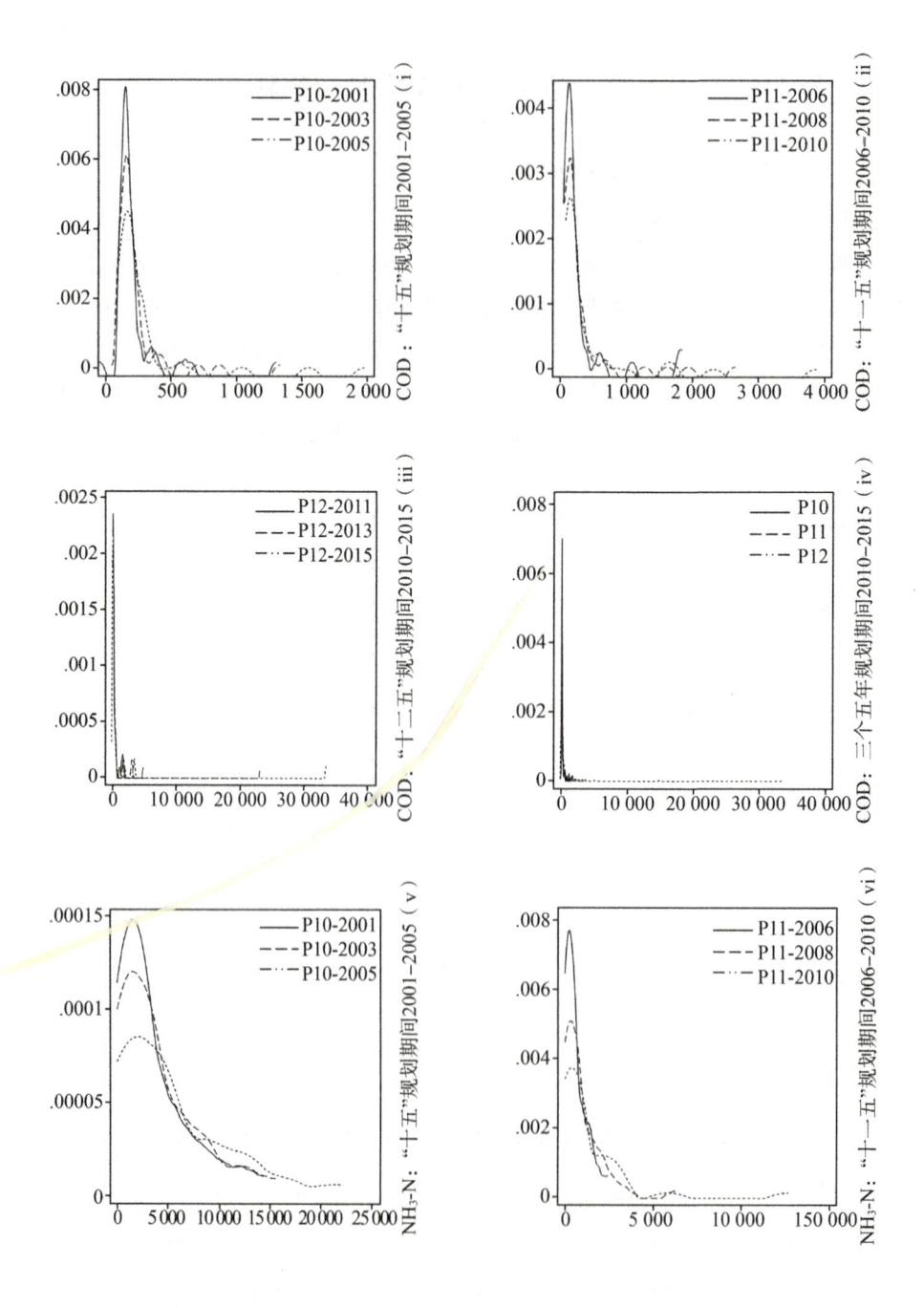

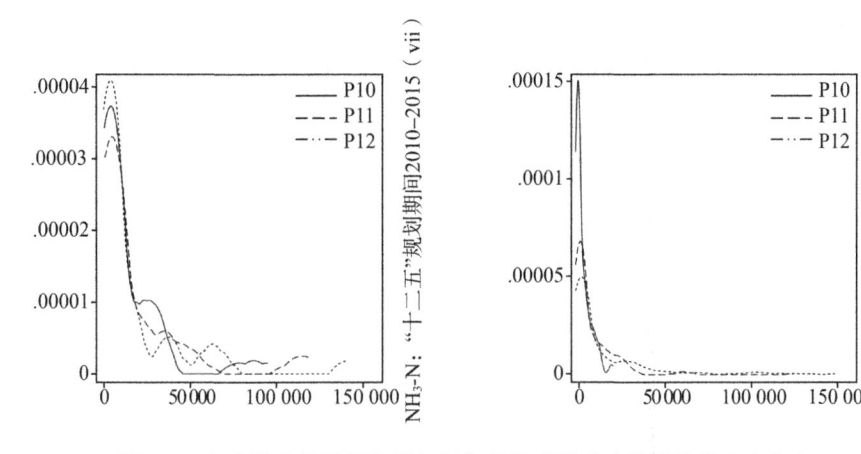

图 4.6　行业维度化学需氧量与氨氮边际减排成本估计值核密度分布

相较于此,同时期氨氮减排成本亦呈现"右尾"较长的特征,但"多峰"形态尚不明显。然而至"十二五"期间,氨氮亦呈现"右尾""多峰"并存特征,提示行业间氨氮减排成本分异加强,并存在多个局部高密度集聚的减排成本区间。最后,比较三个五年规划核密度分布(子图 iv、子图 viii),化学需氧量减排成本 3 期核密度分布重叠性较为明显,且这种密集分布的特征逐期加强,氨氮减排成本则相对不明显。这种集中分布与"右尾多峰"偏态并存的特征,表明随时间的变动,尽管化学需氧量减排成本总体渐呈明显的集聚趋势,但减排成本的行业异质性亦伴随增强,而这种内嵌在工业行业间且日益显著的技术绿化内部成本差异,亦表明各工业行业在减排难度与减排潜力、减排机会成本与减排补偿,亟待通过分析各工业行业减排成本的行业特征以揭示其内在变动与演化特征。

4.2.1.2　分样本时序演化分析

本节进一步考察不同工业行业化学需氧量和氨氮边际减排成本随时间的演化趋势,趋势变动形态如图 4.7 所示。从中可以发现,不同行业两类水污染物的时间趋势展现出较大的差异,以"十二五"作为时期终端、"十五"初期作为始端测度减排成本变动方向,其中 36 个行业的化学需氧量减排成本中,有 19 个行业变化趋势为正,有 3 个行业(分别为油气开采、化学纤维制造以及电力、热力生产和供应)变化趋势为负,13 个行业变化较为平稳,而有 1 个行业,即纺织业呈先增后减的变动形态;在 36 个行业的氨氮减排成本中,则有 33 个行业变化趋势为正,1 个行业(造纸及纸制品)为负,2 个行业(纺织、其他制造)呈先增后减形态。总体来看,有 91.67%的行业的氨氮减排成本呈总体逐期上升趋势;而化学需氧量减排成本呈上升趋势的行业占比为 52.78%,另外有 36.11%的行业,其化学

需氧量减排成本变动趋势总体保持不变。

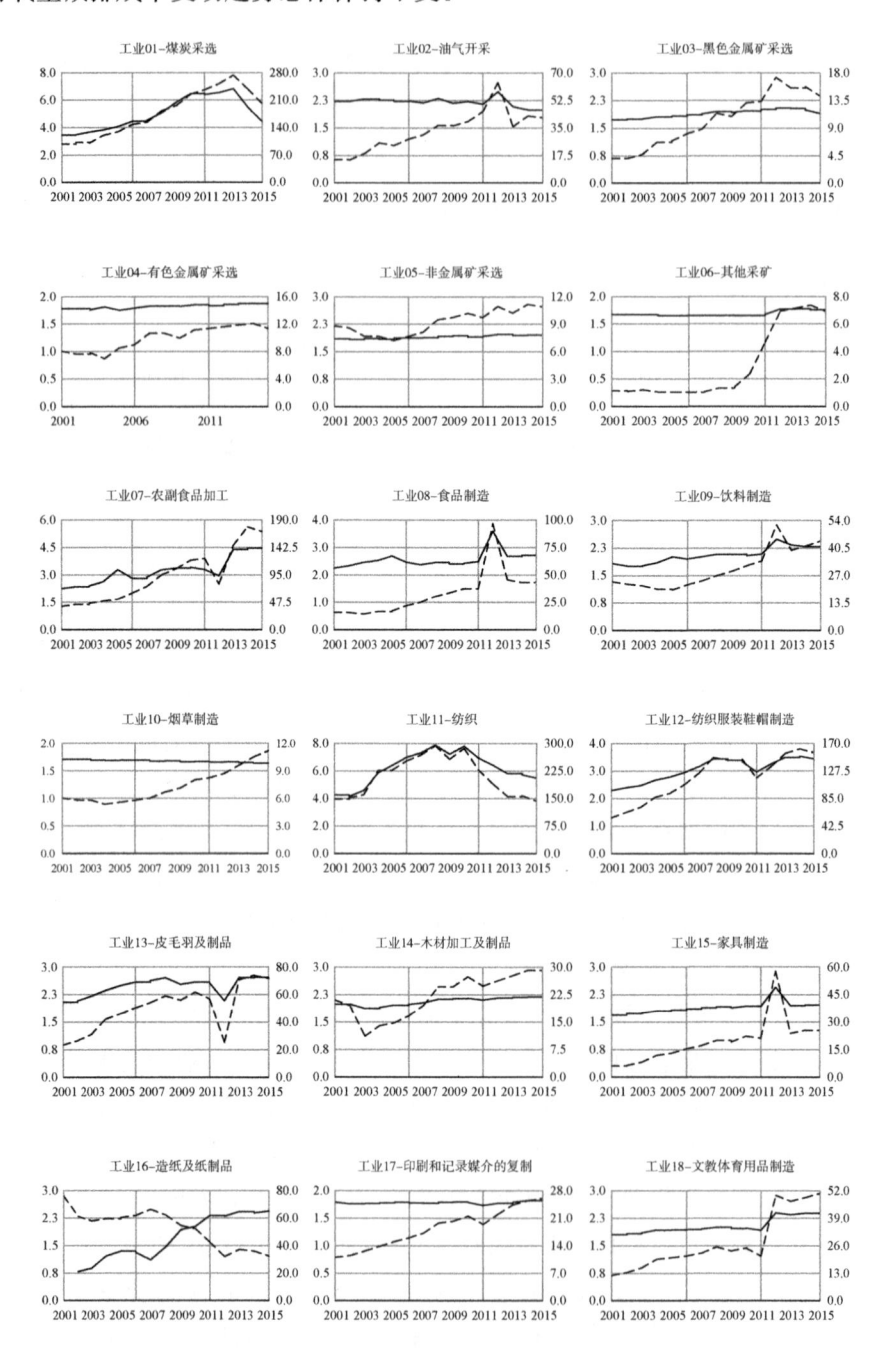

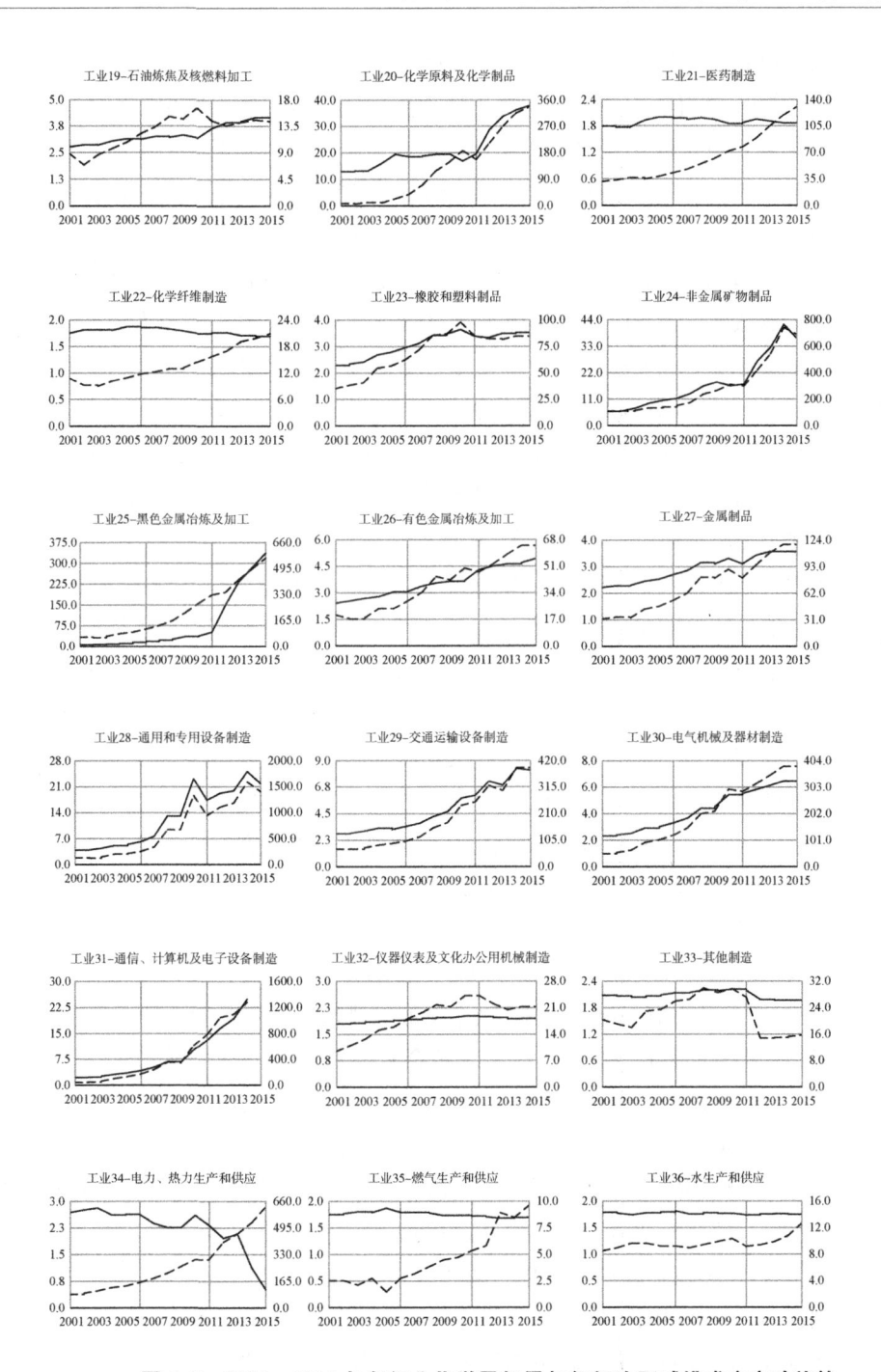

图 4.7　2001—2015 年各行业化学需氧量与氨氮边际减排成本变动趋势

注释：主纵坐标（左）与"—"为化学需氧量边际减排成本（万元/吨）；
　　　次纵坐标（右）与"---"为氨氮边际减排成本（万元/吨）。

当观察到边际减排成本呈现下降趋势时,则意味着在其他条件不变的前提下,同样减少一单位水污染物排放,所导致的经济产出的下降幅度在逐渐变小,即减少排放一单位的污染物排放所放弃的期望产出的经济价值(机会成本)逐渐减小。基于此,由于本书将期望产出(即工业总产值)序列进行了价格平减,排除了价格波动对减排成本带来的影响。因此,边际减排成本的下降可以近似地视为生产技术清洁度下降。反之,边际减排成本的上升则表明生产技术的环境友好程度得到改善。在36个工业行业中,共有4个行业的化学需氧量或氨氮减排成本呈下降趋势,分别为油气开采、造纸及纸制品、化学纤维制造,以及电力、热力生产和供应。其中,造纸及纸制品列属于2015年国务院发布的《水污染防治行动计划》中的水污染"专项整治十大重点行业",是水污染排放重点监管行业,其氨氮减排成本逐期渐呈下降趋势,表明造纸行业存在生产技术的绿化程度同其他行业相较仍显不足的可能。而油气开采、化学纤维制造以及电力、热力生产和供应,此3行业化学需氧量减排成本均呈现下降趋势,则可视为生产技术的清洁化程度有待改善。值得注意的是,在36个行业中,纺织亦属于水污染重点监管的行业,以"十一五"中期为分界点,两类水污染物的减排成本均呈先增后减趋势。这表明,尽管前期纺织行业在控制水污染物的排放中取得一定进展,但"十一五"中后期则相对呈现出减排后劲不足的迹象。然而,边际减排成本的降低,表明该行业为减排而付出的经济损失相对有限,具备进一步提升生产技术绿化程度的潜力。此外,从历年《国民经济行业分类》解构其他制造业,即内含工艺品制造、废弃资源综合利用、金属制品、机械和设备修理,以及尚未进一步细分的其他制造业(详见第四章表4.1),其氨氮减排成本亦与纺织行业具有相似演化形态,严格管控水污染物排放、提升生产技术的绿化程度亦属该行业领域环境监管的重点。

在19个化学需氧量减排成本、33个氨氮减排成本变动趋势为正的行业中,尽管矿采与矿物制品类行业(煤炭采选、黑色金属矿采选、有色金属矿采选、非金属矿物制品)、食品类制造行业(农副食品加工、食品制造),以及设备制造类行业(通用和专用设备制造、交通运输设备制造)两类污染物总体呈逐年上升趋势,但煤炭采选、非金属矿物制品、通用和专用设备制造、交通运输设备制造的化学需氧量减排成本在"十二五"期末初显下降的痕迹;而同时期氨氮减排成本显露下降迹象的行业则包括煤炭、黑色金属矿和有色金属矿采选、非金属矿物制品、农副食品加工和食品制造、通用和专用设备制造、交通运输设备制造。造成这种现象的原因可能有以下两点:(1)随着环境规制政策力度的逐渐加强,使得上述所涉行业的水污染物边际减排成本有所上升,但外部政策约束并不能保证此类行业的技术绿化进步始终整体快于其他行业,而这种动态的技术进步调整,使得上述所涉行业的减排成本存在一定程度的波动。(2)农副产品加工、有色金属行业属于水污染物监管重点,在相对有力的外部约束下,两类水污染物中仅有氨氮的减排成本初显下降趋势,尽管化学需氧量和氨氮的消减在减排技术上具有一定的协同性,但学者 Färe 等的研究[34]指出生产技术工艺环节间亦存在减排强度和减排潜力的差异,而这种微观的减排技术差异,对化学需氧量和氨氮减排成本呈现背离型变动形态产生一定程度的影响。

综上,36 个工业行业边际减排成本的时间趋势演化形态具有显著的异质性,其中完全相异的变动形态或者同一形态下不同时期的阶段性变动特征,尤其是"十二五"末期的演化趋势,反映了各工业生产技术的清洁程度和进一步实施技术绿化的改进潜力,同时这种差异亦存在于两种水污染物之中,为生态环境监管部门、工业生产厂商就减排政策调整和环境合规改进决策提供经验数据支持。

4.2.2 边际减排成本的行业差异

4.2.2.1 化学需氧量边际减排成本行业差异分析

表 4.4 列示了 2001—2015 年 36 个两位数工业行业化学需氧量边际减排成本均值和中位数,数据显示各行业化学需氧量减排成本具有明显差异。

首先从均值角度看,其中减排成本最高的行业为黑色金属冶炼及加工,观测期内减排成本均值为 306.00 万元/吨。此外,化学原料及化学制品制造、非金属矿物制品、通用和专用设备制造减排成本均值均在 1 000.00 万元/吨以上;400.00 万

表 4.4 各工业行业化学需氧量边际减排成本均值和中位数

均值降序排列;单位:100 万元/吨

工业行业	均值	中位数	工业行业	均值	中位数
黑色金属冶炼及加工	83.06	26.30	油气采选	2.20	2.22
化学原料及化学制品制造	21.63	19.43	其他制造	2.09	2.08
非金属矿物制品	17.94	16.39	木材加工及制品	2.06	2.10
通用和专用设备制造	12.62	13.08	饮料制造	2.06	2.05
通信、计算机及电子设备制造	9.54	6.53	文教体育用品制造	2.05	1.96
纺织	6.18	6.40	仪器仪表及文化办公用机械制造	1.92	1.94
煤炭采选	4.98	4.53	家具制造	1.90	1.89
交通运输设备制造	4.90	4.25	黑色金属矿采选	1.90	1.90
电气机械及器材制造	4.31	4.40	非金属矿采选	1.90	1.90
有色金属冶炼及加工	3.59	3.55	医药制造	1.89	1.91
石油炼焦及核燃料加工	3.38	3.22	有色金属矿采选	1.82	1.83

(续表)

工业行业	均值	中位数	工业行业	均值	中位数
农副食品加工	3.22	3.28	化学纤维制造	1.79	1.79
橡胶和塑料制品	3.09	3.33	印刷业和记录媒介的复制	1.78	1.79
纺织服装鞋帽制造	3.03	3.15	水生产和供应	1.77	1.77
金属制品	2.94	3.10	燃气生产和供应	1.75	1.75
食品制造	2.58	2.47	其他采矿	1.69	1.68
皮毛羽及制品	2.47	2.57	烟草制品	1.67	1.67
电力、热力生产和供应	2.24	2.38	造纸及纸制品	1.60	1.47

元至1 000.00万元区间的工业行业有5个，分别为通信、计算机及电子设备制造，纺织，煤炭采选，交通运输设备制造以及电气机械及器材制造；200.00万元至400.00万元区间的行业有14个，占比38.89%。其中，有色金属冶炼及加工，石油炼焦及核燃料加工，农副食品加工，橡胶和塑料制品以及纺织服装鞋帽制造等5个行业的减排成本在300.00万元/吨以上，另有9个行业在200.00万元/吨以上，至此200.00万元/吨以上的行业共有23个，占全工业行业的63.89%。均值在100.00万元/吨至200.00万元/吨区间的行业共有14个，占全工业行业的36.11%，其中列属水污染"专项整治十大重点行业"名录的行业有医药制造、有色金属矿采选、造纸及纸制品，其减排成本均值分别为191.00万元/吨、183.00万元/吨、1.47万元/吨，此3个行业减排成本相对较低，生产技术的清洁化程度有待进一步提升。

其次从中位数角度看，观测期内36个两位数工业行业中位数均值为450.00万元/吨，观测各工业行业边际减排成本中位数偏离450.00万元/吨的离散程度（如图4.8所示），列居中位数均值以上的行业共有7个，仅占全工业行业的19.44%，这些行业包括煤炭采选、纺织、化学原料及化学制品制造、非金属矿物制品、黑色金属冶炼及加工、通用和专用设备制造，以及通信、计算机及电子设备制造，其中仅有纺织、化学原料及化学制品制造列属水污染重点监管对象；相较于此，另有80.56%的行业列居中位数均值以下水平，涵盖了其余8类水污染重点监管的工业行业，涉及金属制品、有色金属矿采(冶炼和加工)、造纸及纸制品、石油炼焦及核燃料加工、医药制造、农副食品加工、纺织服装鞋帽制造以及皮毛羽及制品。这表明，我国工业行业间存在着一定潜在的减排空间，少数减排机会成本与减排压力较大的行业，可以将减排目标向机会成本相对较小的行业转移；而减排成本中位数以下区段，由于其减排成本相对有限，且80.00%的水污染重点监管行业分布于此，使得进一步收紧水环境政策，加快提升该区段内行业生产

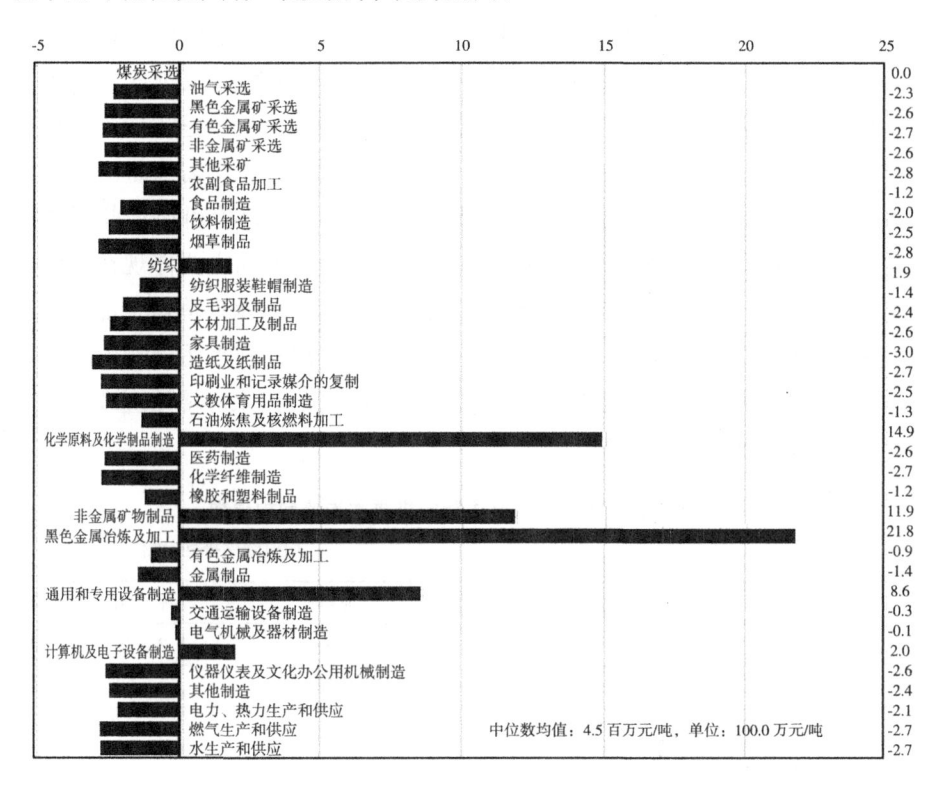

技术的绿化程度具有一定的成本提升空间。

行业	值
煤炭采选	0.0
油气采选	-2.3
黑色金属矿采选	-2.6
有色金属矿采选	-2.7
非金属矿采选	-2.6
其他采矿	-2.8
农副食品加工	-1.2
食品制造	-2.0
饮料制造	-2.5
烟草制品	-2.8
纺织	1.9
纺织服装鞋帽制造	-1.4
皮毛羽及制品	-2.4
木材加工及制品	-2.6
家具制造	-3.0
造纸及纸制品	-2.7
印刷业和记录媒介的复制	-2.5
文教体育用品制造	-1.3
石油炼焦及核燃料加工	14.9
化学原料及化学制品制造	-2.6
医药制造	-2.7
化学纤维制造	-1.2
橡胶和塑料制品	11.9
非金属矿物制品	21.8
黑色金属冶炼及加工	-0.9
有色金属冶炼及加工	-1.4
金属制品	8.6
通用和专用设备制造	-0.3
交通运输设备制造	-0.1
电气机械及器材制造	2.0
计算机及电子设备制造	-2.6
仪器仪表及文化办公用机械制造	-2.4
其他制造	-2.1
电力、热力生产和供应	-2.7
燃气生产和供应	-2.7
水生产和供应	-2.7

中位数均值：4.5 百万元/吨，单位：100.0 万元/吨

图 4.8 各工业行业化学需氧量边际减排成本中位数离散程度对比

4.2.2.2 氨氮边际减排成本行业差异分析

表 4.5 列示了 36 个工业行业氨氮边际减排成本年均估计值以及各行业序列的中位数，首先与化学需氧量边际减排成本相比，减排成本列居前 30% 的 11 个行业中，补增行业 2 个，即电力、热力生产和供应，以及纺织服装鞋帽制造；有色金属冶炼及加工、石油炼焦及核燃料加工的氨氮减排成本则未进入区段，其余 9 个行业的氨氮减排成本仍列居相对高位，所涉行业包括通用和专用设备制造、非金属矿物制品、黑色金属冶炼及加工、纺织、电气机械及器材制造、交通运输设备制造、煤炭采选、化学原料及化学制品制造，以及通信、计算机及电子设备制造。其次，减排成本在 3 000.00 万元/吨至 9 500.00 万元/吨区间的工业行业共计 11 个，至此 3 000.00 万元/吨以上的工业占到全部工业行业的 61.11%。在减排成本列居前 30% 至 61.11% 区段的行业中，较化学需氧量减排成本同区段行业补增 3 个，分别为医药制造、造纸及纸制品、有色金属冶炼及加工，木材加工及制品的氨氮减排成本则相对较低，跌入后 38.89% 区段。在氨氮减排成本后

15位的行业中,有6个行业减排成本在1 000.00万元/吨以下,占到全工业行业的六分之一,较化学需氧量减排成本同区段行业,补增有色金属矿采选、非金属矿采选2个行业,其余4个行业则保持一致,同时此6个行业减排成本均值为715.33万元/吨,仅为前六分之一行业减排成本均值的1.96%,这表明不同行业间的氨氮减排成本具有明显的差异。鉴于此,尽管氨氮与化学需氧量减排成本在各区段的行业分布结构上具有一定的相似性,但各区段亦有部分减排成本在两类水污染物间具有显著的行业特征,这种区段污染物变动主要体现在造纸及纸制品以及电力、热力生产和供应等8个行业之中。为此,水环境监管部门不仅应关注到不同行业在减排潜力和难度上的差异,亦应注意到水污染物消减过程中,同一行业内的不同水污染物减排成本存在着的异质性,水环境治理政策亟待分类施策、精准放矢。

表4.5 各工业行业氨氮边际减排成本均值和中位数

均值降序排列;单位:100万元/吨

工业行业	平均数	中位数	工业行业	平均数	中位数
通用和专用设备制造	687.86	670.58	油气采选	33.28	35.98
通信、计算机及电子设备制造	501.73	341.32	食品制造	32.92	30.36
非金属矿物制品	295.71	236.49	饮料制造	30.35	26.98
电力、热力生产和供应	264.90	214.46	文教体育用品制造	27.78	22.54
黑色金属冶炼及加工	226.97	164.06	其他制造	22.17	22.95
纺织	209.30	226.53	木材加工及制品	22.01	24.62
电气机械及器材制造	203.04	201.14	家具制造	19.51	19.13
交通运输设备制造	189.16	154.03	仪器仪表及文化办公用机械制造	18.57	20.46
煤炭采选	177.20	182.55	印刷业和记录媒介的复制	18.43	19.47
化学原料及化学制品制造	128.12	118.83	化学纤维制造	13.84	12.97
纺织服装鞋帽制造	117.25	123.66	石油炼焦及核燃料加工	12.52	13.58
农副食品加工	92.73	79.58	黑色金属矿采选	10.33	10.9
金属制品	71.69	79.36	有色金属矿采选	9.89	10.62
橡胶和塑料制品	69.87	81.53	水生产和供应	9.72	9.43
医药制造	65.12	54.81	非金属矿采选	9.20	9.51
造纸及纸制品	52.91	58.02	烟草制品	7.35	6.67
皮毛羽及制品	49.97	54.15	燃气生产和供应	4.58	3.84
有色金属冶炼及加工	39.30	42.3	其他采矿	2.18	0.09

其次,从减排成本中位数角度观察各行业较中位数均值的离散程度(如图

4.9所示),可以发现共有 11 个行业减排成本中位数在均值水平以上,其中通用和专用设备制造行业,以及通信、计算机和电子设备制造离散程度较为明显,并显著地提高了全工业行业减排成本中位数的均值水平,在测度口径中剔除上述两行业后,其余 34 个行业的中位数均值则降为 7 523.00 万元/吨,较全行业中位数均值下降了 19.96%;此外,较 7 个化学需氧量减排成本均值以上行业而言,氨氮减排成本分布结构在保留化学需氧量该区段全部行业的基础上,补增 4 个行业,分别为纺织服装鞋帽制造、交通运输设备制造、电气机械及器材制造,以及电力、热力生产和供应。至此,氨氮中位数均值以上行业占全工业行业总数的 30.56%。那么,占全行业 69.44% 的列居中位数均值水平以下的行业,其边际减排成本中位数均值为 3 321.00 万元/吨,仅为全样本中位数均值的 35.55%,高位列居的 11 个行业中位数均值的 11.51%。由此可以看出,各工业行业的氨氮减排成本存在着显著的差异,尤以通用和专用设备制造、以及通信、计算机及电子设备制造行业为最,亦表明较中位数均值水平以下行业而言,此 11 个均值以上行业的生产技术更为清洁,但进一步实施减排的空间和潜力则相对有限,而占全工业行业 69.44% 的 25 个减排成本中位数均值以下工业部门,具有相对较大的减排潜力,亦应成为减排目标转移与环境监管的重点关注对象。

行业	数值
煤炭采取	88.6
油气采选	-58.0
黑色金属矿采选	-83.1
有色金属矿采选	-83.4
非金属矿采选	-84.5
其他采矿	-93.9
农副食品加工	-14.4
食品制造	-63.6
饮料制造	-67.0
烟草制品	-87.3
纺织	132.5
纺织服装鞋帽制造	23.7
皮毛羽及制品	-39.8
木材加工及制品	-69.4
家具制造	-74.9
造纸及纸制品	-36.0
印刷业和记录媒介的复制	-74.9
文教体育用品制造	-36.0
石油炼焦及核燃料加工	-74.5
化学原料及化学制品制造	-71.4
医药制造	-80.4
化学纤维制造	24.8
橡胶和塑料制品	-39.2
非金属矿物制品	-81.0
黑色金属冶炼及加工	-12.5
有色金属冶炼及加工	142.5
金属制品	70.1
通用和专用设备制造	-51.7
交通运输设备制造	-14.6
电气机械及器材制造	576.6
通信、计算机和电子设备制造	60.0
仪器仪表及文化办公用机械制造	107.2
其他制造	247.3
电力、热力生产和供应	-71.0
燃气生产和供应	120.5
水生产和供应	-90.1
	-84.6

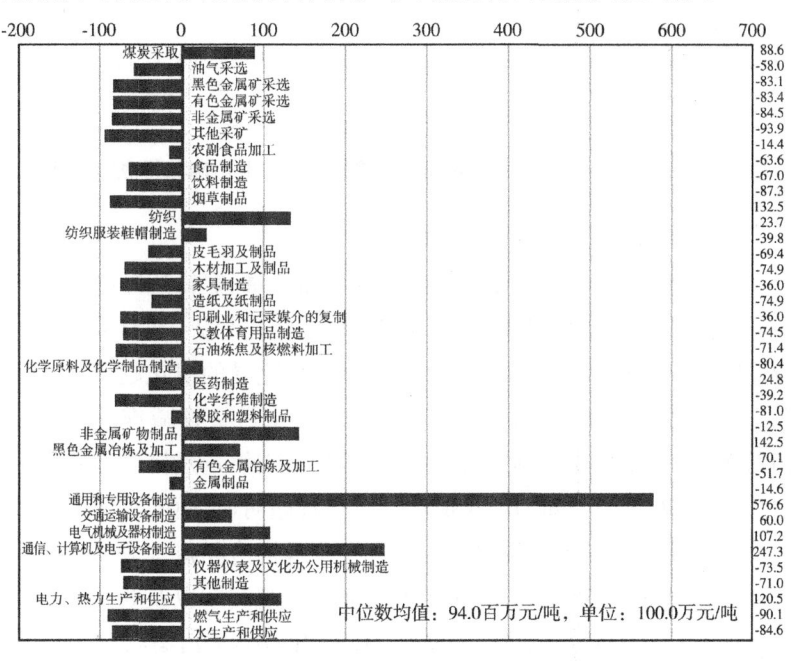

中位数均值: 94.0 百万元/吨, 单位: 100.0 万元/吨

图 4.9 各工业行业氨氮边际减排成本中位数离散程度对比

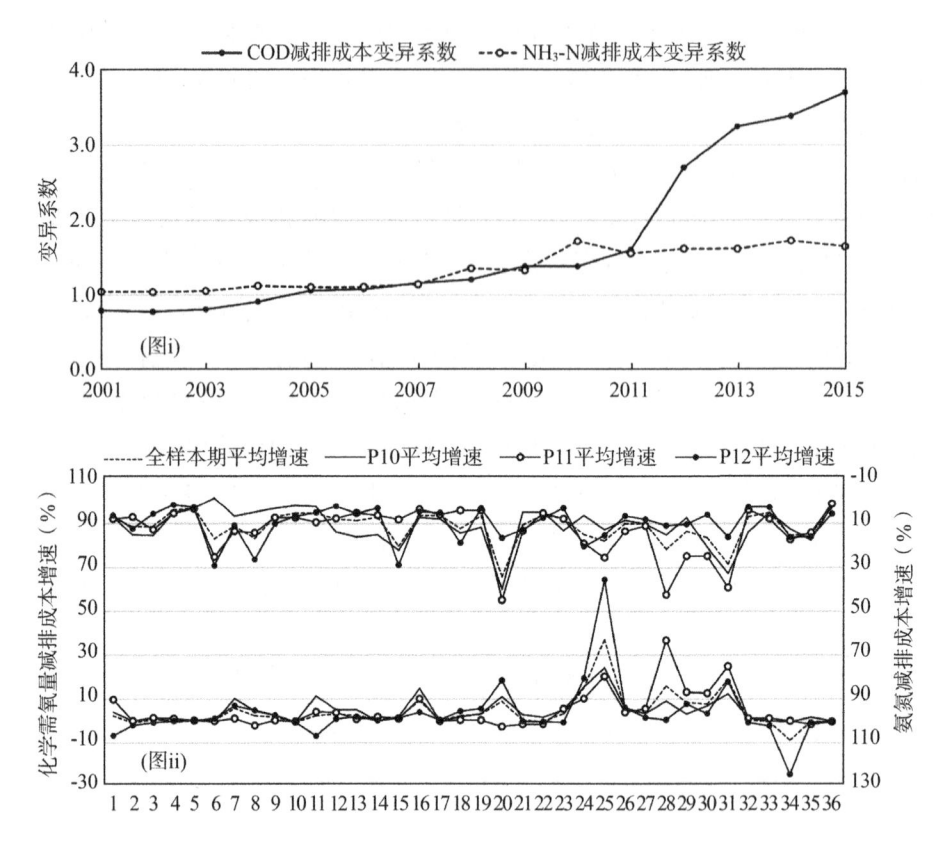

注释:1~36 为工业行业代码,对照关系详见表 3.1;P10、P11、P12 分别代表"十五""十一五""十二五"时期。

图 4.10　历年边际减排成本行业间差异演化与各行业边际减排成本增速对比

4.2.2.3　边际减排成本的行业间差异演化

上文中,已然发现不同工业行业间的化学需氧量、氨氮边际减排成本具有显著的差异,为了衡量不同行业间的这种差异程度演化趋势,本节采用了两类水污染物行业间边际减排成本的变异系数来刻画这种差异的演化趋势(如图 4.10 的子图 i)。可以看出,"十五"和"十一五"期间两类水污染物减排成本在行业间的差异相对保持一致的变动趋势,自 2011 年始化学需氧量减排成本变异系数呈显著的增长态势,表明行业间的减排成本差异化日趋明显,而同时期氨氮减排成本的变异系数变动则相对平缓很多。为了进一步解构边际减排成本行业间的变动差异,图 4.10(子图 ii)刻画了 36 个工业行业在全观测期以及 3 个五年规划期间减排成本增速均值的异动幅度。首先,总体来看两类水污染物减排成本增速峰值出现的行业,在类别上具有一定相似性,全行业化学需氧量、氨氮边际减排成本年均增长率为 4.23%、12.05%。其中,工业行业 20(化学原料及化学制品)、

25(黑色金属冶炼及加工)、28(通用和专用设备制造)、31(通信、计算机及电子设备制造)减排成本增幅相对较高,上述4个行业化学需氧量和氨氮的减排成本年均增长率分别为20.14%、29.78%;而工业行业5(非金属矿采选)、17(印刷业和记录媒介的复制)、22(化学纤维制造)、36(燃气生产和供应)等行业两类水污染物的减排成本变动幅度相对较小。其次,"十二五"期间亦有部分行业减排成本增速较往期下调,提示生产技术绿化程度较全工业行业有降低的迹象,例如化学需氧量减排成本增速明显下降的有工业行业1(煤炭采选)、11(纺织)、16(造纸及纸制品)、28(通用和专用设备制造)、34(电力、热力生产和供应)等;而氨氮减排成本增速明显下降的行业,包括工业行业3(黑色金属矿采选)、12(纺织服装鞋帽制造)、20(化学原料及化学制品制造)、30(电气机械及器材制造)、31(通信、计算机及电子设备制造)等。这种边际减排成本在水污染物间、行业间逐期明显的差异性,提示工业水污染治理应立足工业行业实际、统筹减排目标,开发减排潜力、疏解减排压力,使水污染物减排兼顾效率与行业内公平。边际减排成本测度和时空分异,能够为生态环境监管和工业厂商决策提供经验数据支撑。

综上,工业行业化学需氧量、氨氮的边际减排成本具有明显的行业异质性,这种差异体现在不同时期阶段以及不同工业部门之中。首先,两类水污染物减排成本在观测期总体呈逐期增长趋势,"十二五"期间化学需氧量减排成本增速较氨氮减排成本相对要高,受此影响36个工业行业间化学需氧量减排成本的差异性亦日趋显著,而氨氮减排成本行业差异变动则相对平缓。其次,各行业间的边际减排成本差异较大,尤以列居两类水污染物中位数均值以上行业为最,表明此类行业生产技术较为清洁,但减排潜力相对有限且行业数占比相对较小,仅为全行业的16.67%(COD)以及30.56%(NH_3-N)。相较于此,约有76.39%的工业行业减排成本处于相对较低水平,表明我国水污染减排仍存在一定改进潜力,为进一步收紧水环境政策,加快提升生产技术的绿化程度创造了有利的基础条件。

4.3 本章小结

本章在测度2001—2015年("十五"至"十二五")所选的我国30个省级行政单位、36个二位数工业行业的化学需氧量和氨氮边际减排成本的基础上,分析这两种水污染物在时间维度、省域维度、行业维度上的差异性,系统总结工业水污染物边际减排成本的变化趋势,后文研究提供数据支撑。主要研究结论如下:

第一,省域维度水污染物边际减排成本变化的时间特征:首先,全国层面化学需氧量和氨氮边际减排成本年均值分别为160.88万元/吨、813.00万元/吨，总体呈逐年上升趋势，"十二五"较前两个五年规划上升趋势更为明显。其次，所选我国30个省级行政单位中，化学需氧量边际减排成本呈下降趋势的有3个，分别为北京、江苏、广东，而天津、河北等27个地区呈上升或保持基本不变形态；各地氨氮边际减排成本均总体呈上升趋势。最后，除青海、新疆2地以外，观测期内其余28个地区水污染排放强度均逐年下降，若生产技术清洁改进暂未带来经济损失或内部减排机会成本增长，表明该地区具有一定生产技术减排潜力，这些地区包括北京、江苏、广东；反之，若排放强度与边际减排成本呈背离演化形态，则意味生产技术清洁化升级将增加厂商内部减排成本，表明该地区减排潜力相对有限。

第二，省域维度水污染物边际减排成本变化的空间特征：首先，全国层面化学需氧量、氨氮减排成本总体呈东高西低、北高南低的空间分布特征，但两种水污染物边际减排成本在观测期内的演化特征具有较为明显的空间异质性。其次，化学需氧量减排成本方面，四大区域各有1地分居年均值前4位，包括东部的河北(453.60万元/吨)、东北的辽宁(275.40万元/吨)、中部的山西(261.30万元/吨)、西部的内蒙古(211.3万元/吨)，且该4地在3个五年规划期间高位列居相对稳定；但减排成本均值较低的区段则呈现中部区域较高、两翼较低的分布形态，例如中部末位的湖南(105.00万元/吨)，东部的江苏(85.70万元/吨)和西部的广西(40.00万元/吨)。再次，氨氮减排成本方面，四大区域呈显著的西向渐减的分布特征，东部边际减排成本均值为1 338.51万元/吨、东北部为1 148.70万元/吨、中部为550.20万元/吨、西部为391.65万元/吨。最后，观测期内两类水污染物减排成本的差异日趋明显，其中化学需氧量减排成本的差异主要体现为，区域内部各地减排成本的两极化，即各地同本区域中减排成本列居第一、二层级省(市)间的差异；氨氮减排成本则兼有上述区域内差异的同时，其东高西低的区域间差异日趋明显。

第三，行业维度水污染物边际减排成本变化的时间特征：首先，36个二位数工业行业的化学需氧量和氨氮边际减排成本年均值分别为622.42万元/吨、10 189.5万元/吨，两种水污染物自"十一五"始总体呈明显的增长趋势。其次，化学需氧量边际减排成本方面，52.78%的行业减排成本总体日趋增长，36.11%变动趋势较为平稳，3个行业的边际减排成本逐期下降，分别为油气开采、化学纤维制造、电力和热力的生产与供应。再次，氨氮边际减排成本方面，91.67%行业呈总体逐期上升趋势，1个行业即造纸及纸制品呈下降趋势，较化学需氧量减排成本演化形态具有明显差异。最后，纺织、其他制造行业水污染减物排成本呈先增后减形态，拐点均位于"十一五"中后期。

第四，工业部门水污染物边际减排成本变化的行业特征：首先，36个二位数工业行业间的边际减排成本差异较大，尤以列居两种水污染物减排成本中位数均值以上行业为最。其中，化学需氧量减排成本较高的行业占比16.67%，氨氮为30.56%；"双高行业"有7个，包括煤炭采选、纺织、化学原料及化学制品制造、非金属矿物制品、黑色金属冶炼及加工、通用和专用设备制造，以及通信、计算机及电子设备制造。其次，两种水污染物约有76.39%的工业行业减排成本处于相对较低水平，表明我国工业行业间存在着一定潜在减排空间，减排机会成本较大的行业，可以将减排目标向减排机会成本相对较小的行业转移。最后，化学需氧量减排成本行业间的差异较氨氮而言更为日趋明显，提示工业水污染物治理应立足行业实际、统筹目标、精准发力，规范测度减排潜力、协同疏解减排压力，使工业水污染物减排更加兼顾效率和公平。

第五章

工业水污染物边际减排成本驱动因素分析

第四章边际减排成本时空差异分析结果表明,我国各地区化学需氧量和氨氮边际减排成本存在明显的空间异质性;样本期内,我国30个省级行政单位的两类工业水污染物边际减排成本差异逐年扩大。什么因素驱使我国各地区工业水污染物边际减排成本呈现差异性?不同因素对工业水污染物边际减排成本的影响程度如何?在工业水污染物边际减排成本存在空间相关性的前提下,各类因素是否存在空间溢出效应驱动地区间边际减排成本的异质性?回答上述问题,有助于厘清工业水污染物边际减排成本时空差异的内在机理,基于驱动因素拟合的边际减排成本曲线,能够直观地反映出各地区工业水污染物进一步实施减排的潜在空间和治污难度,对政府完善环境规制政策、提升环境科学治理能力具有重要的现实意义。

本章使用传统计量模型,基于第四章工业水污染物化学需氧量、氨氮边际减排成本测度数据,从排放强度等经济、社会影响因素和空间溢出效用两个视角切入,探究驱动工业水污染物边际减排成本异质性的内在机理。

5.1 变量选取和数据来源

5.1.1 工业水污染物排放强度

5.1.1.1 排放强度的变动幅度

污染物平均排放强度是衡量生产技术"清洁"程度的重要指标,反映了单位工业总产值所排放的污染物总量。本节考察了2001—2015年(3个五年规划)期间我国规模以上工业企业废水化学需氧量、氨氮排放强度如表5.1所示(工业行业水污染物排放强度与时序演化见附录8和附录9)。观测期内,我国各地区化学需氧量和氨氮年均排放强度分别为33.45吨/亿元、2.34吨/亿元,但各地区年均排放强度差异较大。表5.1显示,排放强度最高的广西达180.81吨/亿元(化学需氧量)、9.45吨/亿元(氨氮),而排放强度最低的北京则仅为1.49吨/亿元(化学需氧量)、0.24吨/亿元(氨氮)。从排放强度变动幅度角度看,3个五年规划期间,除贵州、新疆、青海以外,其余地区两种水污染物的排放强度均呈总体下降趋势,广西、四川、湖南等地初期排放强度较高,排污消减幅度较大;然而,宁夏、新疆、内蒙古排污消减变动幅度不明显。

表5.1　2001—2015年我国各地区水污染物排放强度与年均变动幅度

地区	年均排放强度(吨/亿元) COD	年均排放强度(吨/亿元) NH₃-N	年均总变动幅度(%)	排放强度年均变动(%) COD	排放强度年均变动(%) NH₃-N	地区	年均排放强度(吨/亿元) COD	年均排放强度(吨/亿元) NH₃-N	年均总变动幅度(%)	排放强度年均变动(%) COD	排放强度年均变动(%) NH₃-N
广西	180.81	9.45	-23.94	-24.58	-23.30	山西	31.80	2.59	-16.50	-16.93	-16.07
四川	53.70	3.13	-23.59	-24.50	-22.67	辽宁	16.46	1.14	-14.51	-17.50	-11.53
河南	28.61	2.98	-23.41	-22.95	-23.87	天津	4.77	0.48	-13.61	-15.93	-11.30
安徽	22.45	3.31	-23.35	-21.65	-25.05	内蒙古	41.50	3.03	-12.86	-19.13	-6.59
山东	11.75	0.81	-23.34	-23.53	-23.15	宁夏	130.68	8.61	-11.96	-20.27	-3.66
河北	29.19	2.53	-22.66	-21.81	-23.52	广东	5.87	0.25	-11.51	-13.72	-9.66
重庆	30.34	2.92	-21.97	-21.34	-22.61	陕西	35.21	0.87	-11.45	-17.22	-5.68
北京	1.49	0.24	-21.52	-18.26	-24.78	云南	39.24	1.17	-10.64	-9.70	-11.58
湖北	22.55	3.06	-21.11	-20.38	-21.84	甘肃	21.75	6.00	-8.86	-7.65	-10.07
湖南	48.06	6.10	-20.63	-23.95	-17.32	黑龙江	25.85	1.20	-7.44	-11.41	-3.47
浙江	10.71	1.37	-19.70	-16.97	-22.42	上海	1.92	0.18	-3.29	0.41	-6.98
福建	9.82	0.90	-19.69	-18.74	-20.65	海南	22.93	0.76	-2.33	-1.69	-2.98
江西	26.89	1.57	-18.27	-20.77	-15.76	贵州	14.89	1.05	1.03	-1.65	3.71
吉林	26.89	0.99	-17.44	-19.99	-14.88	新疆	68.00	2.18	4.51	0.50	8.52
江苏	7.87	0.46	-16.93	-18.80	-15.06	青海	31.60	1.24	12.21	17.76	6.67

注释:以"年均总变动幅度(%)"降序排列;数据来源:手工整理。

5.1.1.2　排放强度的时序演化

首先,尽管2001—2015年我国两种工业水污染物排放强度总体呈下降趋势,但各地区的变动形态亦有明显差别。图5.1显示,除青海和新疆两地外,观测期内28个地区的两种水污染物排放强度呈震荡下降趋势,"十五"和"十一五"期间排放强度下降幅较"十二五"相对明显,且青海和新疆水污染物排放强度拐点位于"十二五"期间。本书研究数据显示,全国2001—2010年化学需氧量排放强度年均降低幅度为 26.53%,2011—2015 年均降幅为 3.37%;相较于此,2001—2010 年氨氮排放强度年均降低幅度为 10.40%,2011—2015 年均降幅为 7.04%,降低幅度的时期阶段特征较为明显。这表明,观测期内我国 93.33% 的地区两种工业水污染物排放总体呈逐年改善态势,但排放强度的下降幅度日趋减小,亦提示工业生产技术的减排面临一定程度的压力;从时期阶段上看,排放强度下降幅度日趋放缓,主要出现在"十二五"时期。

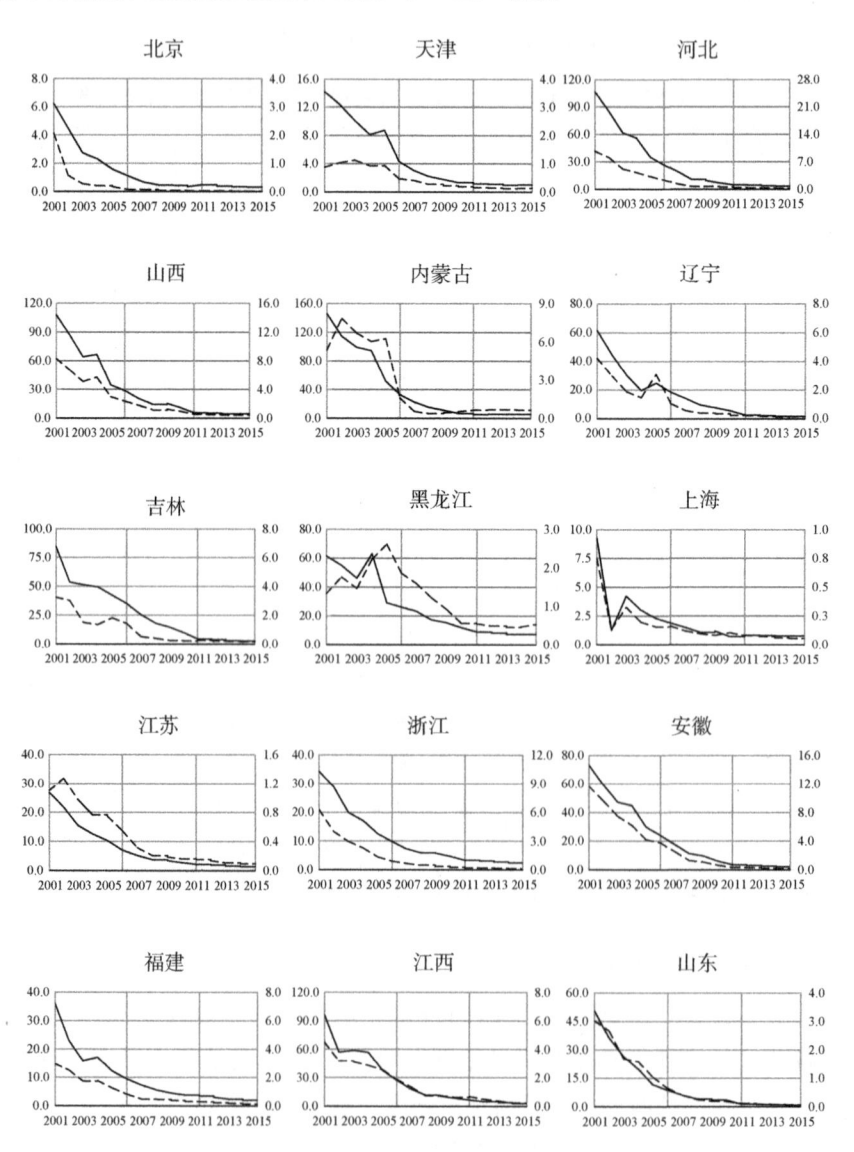

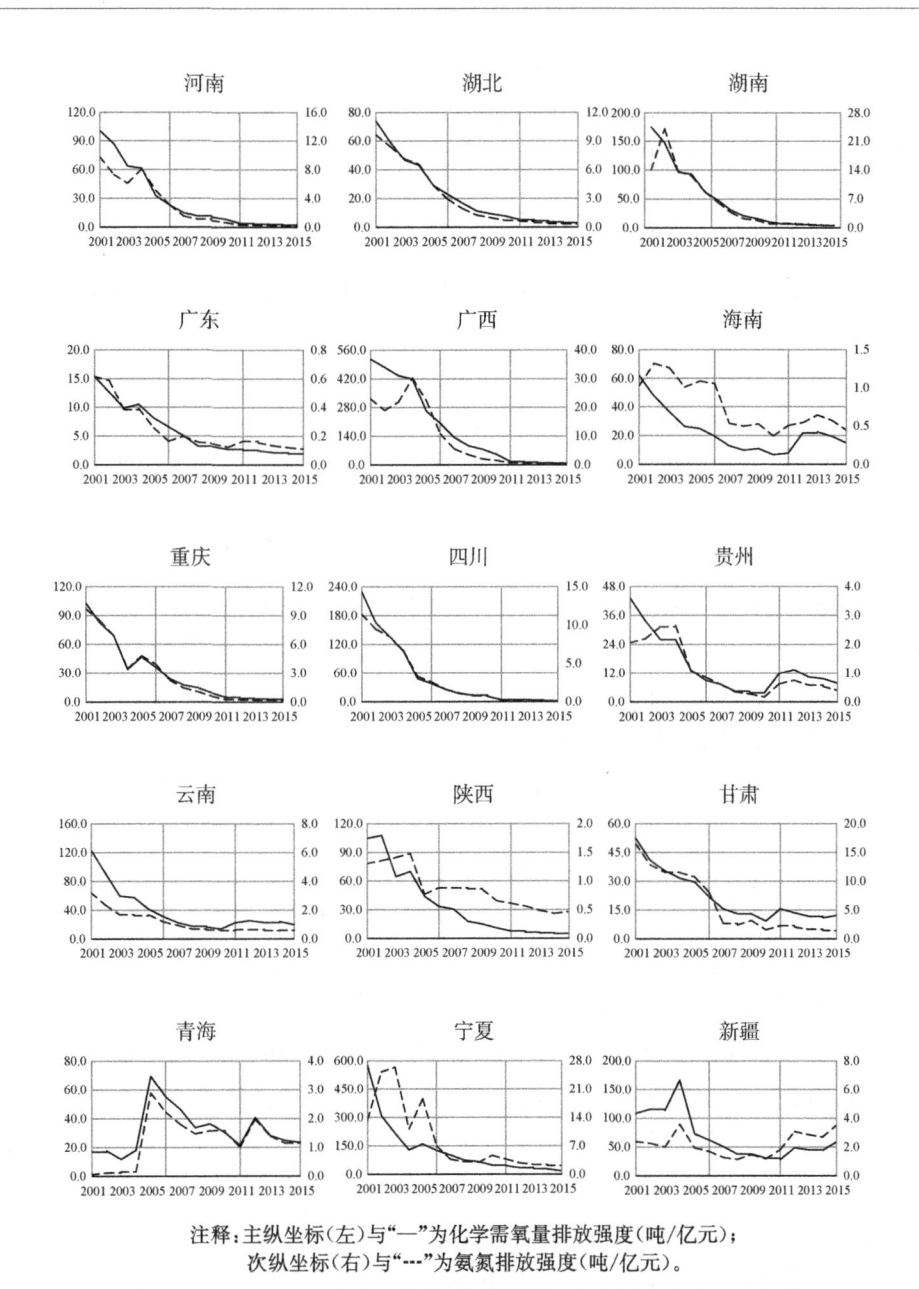

注释：主纵坐标(左)与"—"为化学需氧量排放强度(吨/亿元)；
次纵坐标(右)与"---"为氨氮排放强度(吨/亿元)。

图 5.1　2001—2015 年各地区化学需氧量与氨氮排放强度变动趋势

其次，本书第四章提及，水污染物边际减排成本总体呈下降趋势的地区，涉及北京、江苏、广东。考察上述地区的排放强度发现，尽管广东年均排放强度为11.69%，较北京和江苏两地而言相对较低，但此 3 地两类水污染物排放强度总体呈逐年下降趋势，与其逐年降低的边际减排成本呈同向递减变动形态；此外，如图 5.1 所示,2015 年青海的化学需氧量、氨氮排放强度分别较 2001 年增长了 38.50%、16.92%;2015 年新疆的氨氮排放强度较 2001 年增长了 48.00%,青海和新疆的两类水污染物边际减排成本呈逐年上升趋势,其排放强度与边际减排成本之间呈同向递增变动形态。

最后,2001—2015 年我国 36 个二位数工业行业亦存在水污染物排放强度、边际减排成本同向变动形态特征,包括同向递减的油气开采、化学纤维制造以及电力、热力生产和供应、纺织等;同向递增的行业有纺织服装鞋帽制造、金属制品仪器仪表及文化办公用机械制造、金属制品等。可见,上述地区、行业明显区别于边际减排成本与排放强度总体呈背离型的变动趋势,提示水污染物排放强度和边际减排成本间可能存在着非线性的变动关系。

5.1.1.3 排放强度和边际减排成本

第四章研究结果表明,观测期内我国工业源化学需氧量、氨氮边际减排成本具有明显的地区、行业异质性,意味着我国各地区、各工业行业的水污染物边际减排成本差异较大。为解释这种差异的成因,需从理论和实证经验角度出发,寻找可能的影响因素。

已有研究文献指出,污染物减排存在着规模效应,即污染物减排初期,污染物排放强度与减排的边际成本呈正相关,但随着污染物排放强度的不断消减,减排的成本优势将逐渐消失,实现进一步减排的机会成本逐渐增大,污染减排将变得更加困难(污染物边际减排成本逐渐升高)。例如,魏楚等[69]基于参数化的方向性距离函数模型估计了我国 2001—2008 年 104 个地级市的二氧化碳边际减排成本,研究结果表明地区边际减排成本与单位 GDP 二氧化碳排放强度之间呈"U 形"曲线关系;Du 等[75]采用参数化的方向性距离函数估计了中国各省级行政单位二氧化碳边际减排成本,并通过二次项、对数型、指数型、幂函数型 4 种函数形式,拟合了二氧化碳边际减排成本曲线,其中二次项函数拟合的边际减排成本曲线亦呈"U 形";Xie 等[64]测度了我国 2003—2012 年省级行政单位的工业废水化学需氧量和氨氮边际减排成本,并在此基础上分析了边际减排成本差异的影响因素,研究结果表明水污染物排放强度与边际减排成本之间具有显著的负向关系;此外 Zhou 等[185]在研究二氧化碳排放强度和边际减排成本的关系亦有相似发现。

鉴于此,本书对化学需氧量、氨氮平均排放强度和边际减排成本间的线性和二次关系进行初步拟合,如图 5.2 所示。对排放强度和边际减排成本间进行线性拟合,可以清楚地看到,随着两种工业水污染物排放强度的不断增加,即单位工业总产值排放的工业水污染物总量越来越多,所对应的边际减排成本呈逐渐减少的变动形态；然而,二次拟合曲线却提示排放强度和边际减排成本之间并非完全的线性关系,其间亦有存在非线性的"U形"可能。

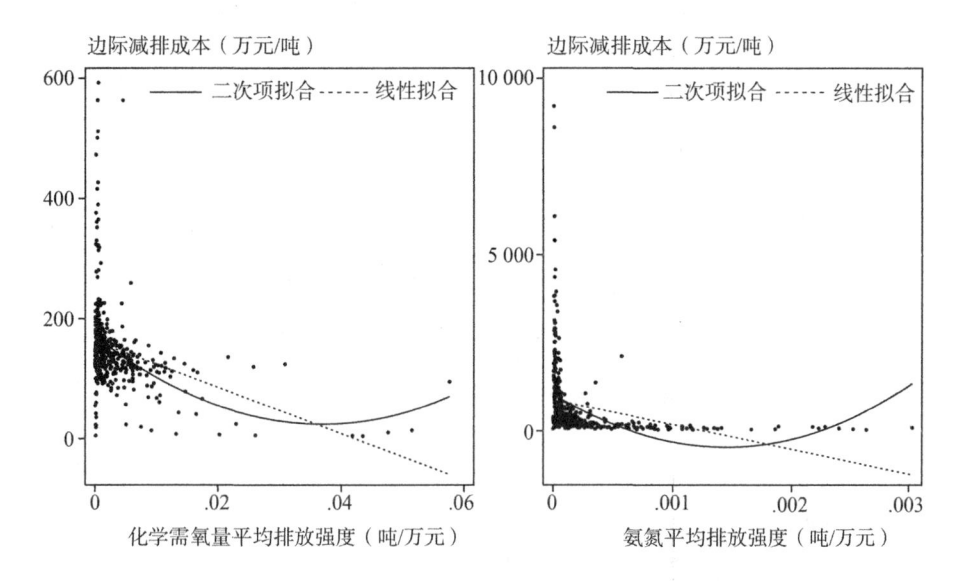

图 5.2 2001—2015 各地区水污染物排放强度和边际减排成本散点分布

基于本书相关文献综述可以发现,目前关于污染物边际减排成本驱动因素的研究仍相对不足,水污染物方面的经验证据尤甚。因此,为进一步揭示边际减排成本差异的驱动因素和可能存在的空间溢出效用,根据上文关于工业水污染物边际减排成本和排放强度关系的初步判定,下节在回顾文献的基础上,提取在分析边际减排成本和排放强度变动关系时,需控制的经济、社会、禀赋等影响因素。

5.1.2 控制变量选取

回顾国内外文献可以发现,目前研究水污染物边际减排成本影响因素的文献相对较少。水污染物治理的内部成本问题涵盖了经济、社会、生态等各方面,结合本书对水污染物边际减排成本的定义可知,边际减排成本是决策单元在技术前沿面上的投影点,是非期望产出和期望产出边际环境技术非效率之比的相反数。而在取相反数之前的边际环境技术非效率之比,亦指两种不同性质产出的边际转换率,代表了减少一单位非期望产出需要同时减少期望产出的水平[58]。

为此,结合边际减排成本的含义、测度变量体系和本书第四章区域边际减排成本时空异质性的分析结论,有关区域工业水资源效率影响因素的研究和讨论(如表 5.2 所示),并在魏楚和沈满洪[255]关于用水端水资源效率影响因素研究的

表5.2　控制变量、代理变量文献回顾一览

变量	代理变量	变量所属文献
水资源禀赋	人均水资源总量	丁绪辉等[77]（2018），鲍超等[186]（2016），任俊霖等[187]（2016），佟金萍等[188]（2015），杨骞等[190]（2015） 姜蓓蕾等[78]（2014），李静等[84]（2014），马海良等[191]（2012），钱文婧等[192]（2011），张力小等[193]（2010） 李世祥等[194]（2008），朱启荣[195]（2007），速水佑次郎等[196]（2000），魏楚等[189]（2014）
	水资源总量	雷玉桃等[197][198]（2017,2015）
经济发展水平	人均GDP	丁绪辉等[77]（2018），汪克亮等[200]（2017），Xie 等[64]（2017），任俊霖等[187]（2016） 陈关聚等[201]（2013），马海良等[191]（2012），孙爱军等[202]（2010），王群伟等[203]（2010） Mills 等[204]（2009），孙才志等[205]（2009），李世祥等[194]（2008）
工业化程度	第二产业GDP比重	卢洪友等[206]（2020），雷玉桃等[198]（2017），鲍超等[186]（2016），李静等[84]（2014），陈关聚等[201]（2013） 钱文婧等[192]（2011），廖虎昌[207]（2011）
工业用水强度	单位产值耗水量	刘钢等[199]（2018），汪克亮等[200]（2017），鲍超等[186]（2016），任俊霖等[187]（2016），李静等[84]（2014）
	人均耗水量	陈关聚等[201]（2013）
	用水结构	雷玉桃等[197]（2015）
技术进步水平	R&D经费投入GDP比重	卢洪友等[206]（2020），雷玉桃等[198]（2017），汪克亮等[200]（2017） 姜蓓蕾等[78]（2014），解伏菊等[208]（2010）
	技术效率指数	李世祥等[194]（2008），孙爱军等[202]（2007）
环境规制强度	排污费收入	卢洪友等[206]（2020），汪克亮等[200]（2017）
	废水排放量	杨骞等[190]（2015），姜蓓蕾等[78]（2014）
	污染治理投资	李静等[84]（2014）
	政府环境类支出占一般预算支出比重	丁绪辉等[77]（2018），马海良等[191]（2012）

基础上，进一步提出除工业水污染物排放强度以外，影响区域工业水污染物边际减排成本的6类因素，即水资源禀赋、经济发展水平、工业化程度、工业用水强度、技术进步水平、环境规制强度，如图5.3所示。

第五章 工业水污染物边际减排成本驱动因素分析

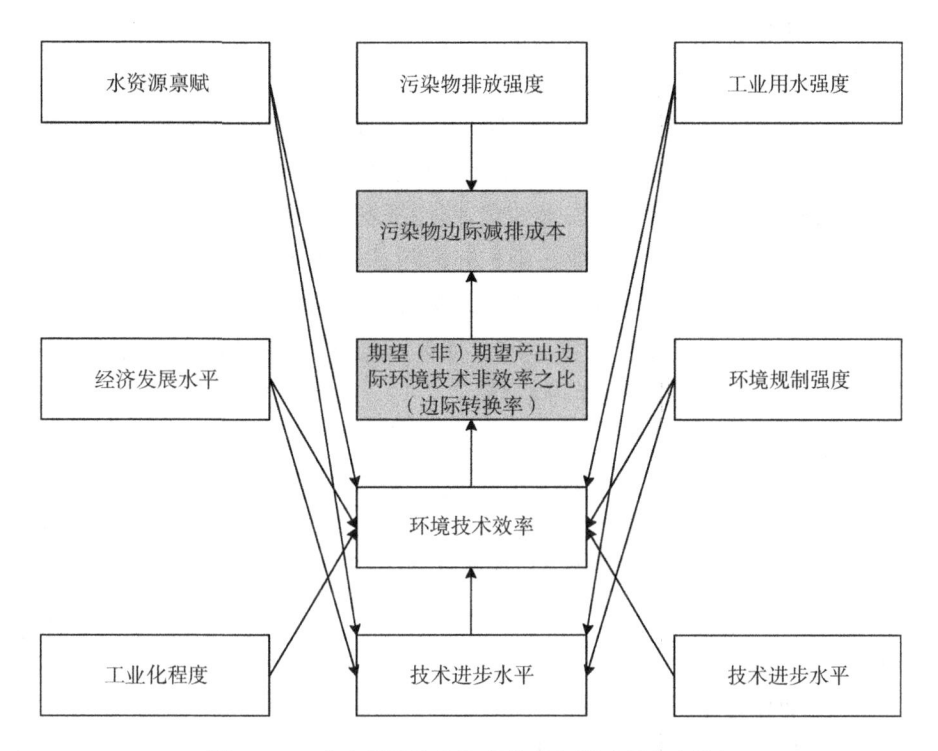

图 5.3 工业水污染物边际减排成本驱动因素变量组

（1）水资源禀赋

自然资源禀赋衡量了经济体自然资源的先天优势程度[85]。作为工业生产活动的基本投入要素，自然资源对经济体的发展颇为重要。然而，现实中丰裕的自然资源对经济主体的发展却存在着"挤出"和"掣肘"现象。自 Auty[209]、Sachs 和 Warner[210]提出"资源诅咒"以来，这种"资源诅咒"经济发展的表现已被扩展到多个方面，国内外学者亦开始关注自然资源禀赋与生产效率间的变动关系。已有研究发现[79]，资源丰裕程度与生产效率之间在 5% 的显著水平上呈负相关性，这意味着自然资源的先天优势却带来了较低的经济发展质量。进一步延展开来，聚焦水资源禀赋对工业用水效率的影响可以发现，水资源禀赋与用水效率间亦在 1% 的显著水平上呈负相关性[77]，即水资源越丰富的区域，水资源匮乏压力相对较少，当地生产活动节水意识相对薄弱，对水资源的集约开发与高效利用的重视程度相对不足，致使工业生产节水和治污技术较为落后，进而对工业生产排污的边际减排成本产生影响。鉴于此，本书选择参照丁绪辉等[77]、鲍超等[186]的研究方式，选择人均水资源总量作为水资源禀赋对水污染物边际减排成本影响的代理变量。

(2) 经济发展水平

环境库兹涅兹曲线拟合了经济发展与环境污染之间的倒"U型"关系[79][80],表征经济主体在不同发展阶段,经济发展与环境之间存在着阶段性特征。由于经济发展初期侧重于增长的规模和速度,粗放型增长方式导致废水、废气、废渣没有得到有效收集和妥善处置,使经济发展表现出"高速度、高消耗、高污染、低效益"的特征;随着工业污染积弊渐深、生态危机事件频发,经济发展逐渐开始关注增长规模和质量的协调性,工业积累带来的经济财富为通过加快产业转型和治污技术升级提供了丰厚的基础资源支撑,继而随着经济发展水平的进一步提高,环境污染逐渐呈下降趋势。

因此,不同发展阶段和发展水平的经济主体,其在水资源开发利用效率、工业生产设备环境友好程度等方面有所差异[192],经济发展水平的不同亦会导致居民在教育水平、节水意识等个体思想层面的差异[211],而这些因素均会对工业生产的用水效率产生影响,进而传递并影响工业水污染物的边际减排成本。鉴于此,本书将参照李静等[84]的研究方法,选择人均GDP作为衡量经济发展水平的代理变量。

(3) 工业化程度

工业化程度一般指工业产值占生产总值的比重,用来反映工业产出对经济增长的贡献程度。在产业结构中,由于污染密集型产业集中于第二产业,工业化程度较高意味着工业产值在生产总值中的份额较大,在环境生产技术不变的条件下,工业化程度较高的经济主体,其生产行为负外部性,较工业化程度低的经济主体而言要相对较高,生态环境被污染和破坏的风险亦随之上升[109]。

自Krugman提出"中心外围理论"以来,产业结构的空间布局成为学界关注的要点,已有研究表明,产业分层集聚的现象亦出现在我国城市化的过程之中[81],第二产业的空间溢出效应有向中、西部地区分布的倾向,第三产业则向东部中心城市集聚[82]。同时,由于地方政府竞争,各地区第二产业的实际税率、财政政策等亦有所差别,有学者基于此发现我国水污染密集型行业,在空间布局上存在向河流中上游省份转移"回流"现象[109];相较于河流上游城市而言,河流下游的东部城市第三产业集聚程度相对较高[212],更有利于降低单位工业产值的污染排放[86]。由此可见,产业结构中工业行业所占的比重,即工业化程度的高低将对用水效率产生影响,在传递作用的驱动下,进而对工业废水排污的边际减排成本产生影响。鉴于此,本书参考雷玉桃等[198]、陈关聚等[201]的研究方法,选择工业总产值占GDP比重作为工业化程度的代理变量。

(4) 工业用水强度

工业用水强度可以用来衡量工业经济发展对水资源的消耗程度,通过单位工业产值耗水量、人均耗水量、工业用水结构等指标来反映,工业用水强度越高,工业用水效率越低,工业发展付出的水资源代价也就越大。研究显示,一方面,工业用水强度的降低能够改善工业用水效率[205];另一方面,工业用水强度亦是工业节水技术水平的体现[83],单位产值用水量越低,用水效率越高[84]。由此可见,工业用水强度对工业用水效率具有直接的影响,并通过体现节水技术的先进水平影响生产技术、工业的水资源消耗程度。鉴于此,参考汪克亮等[200]的研究方法,选取单位工业产值耗水量作为工业用水强度的代理变量。

(5) 技术进步水平

科学技术是第一生产力。Hicks-neutral(希克斯中性)条件下的技术进步亦被称之为全要素生产率[213]。内生增长理论认为,技术进步是资源效率提升的主要途径[87],污染排放将随生产技术升级逐渐减少。学界将技术创新的途径分为两种,即自主创新和技术引进,其中前者是指经济主体通过投入资本、劳动力等要素资源以获得新技术的创新行为,有研究显示自主创新和技术引进对绿色增长指数具有正向影响,且自主创新的推动作用更大[214];自主创新在不同地区、产业所起到的影响亦有所差别[215]。从企业内在的生态系统来看,自主创新是其重要的组成部分[216],有利于提升技术进步水平并进而提高资源的利用效率[217],其中自主创新中研发投入的促进作用更为明显[218];相反,技术引进对创新能力提升的作用则相对复杂,例如利用外资引进技术、购买技术则分别对创新能力具有促进、抑制作用[219]。因此,企业通过生产技术革新,提升生产技术的清洁化程度和资源利用效率,改变了落后生产技术条件下既定的期望产出与非期望产出的边际转换率,进而对污染物的边际减排成本变动产生影响。回顾现有文献,卢洪友等[206]、姜蓓蕾等[78]、解伏菊等[208]采用R&D经费投入占生产总值比重作为衡量技术水平的代理变量。鉴于此,本书亦采用相同的研究方法,以R&D经费投入占生产总值比重作为技术进步中自主创新的代理变量。

(6) 环境规制强度

环境规制强度体现了政府对环境保护的意志取向和施政力度,我国环境规制工具主要分为两种,即费用型环境规制和投资性环境规制。前者是指政府通过颁布环境保护政策,对污染物排放企业的排污行为征收排污费或者环保税,从而对其排污行为实施经济惩罚;后者是指政府为引进、建造、维修环境污染治理设施项目的投资,为保护农、林、水生态环境等划拨的公共财政支出,以及为符合环境保护标准的企业拨付的经济补贴等。关于环境规制与微观企业经济运行间的关系,国内外学者主要持两类观点。第一类是"波特假说",认为尽管环境规制短期内造成企业利润损失,但合理的环境规制能够促使企业投入更多的研发、技改资金,对现有生产方式、工艺进行改造和升级,资源高质量使用使得企业的清洁生产技术水平提高,所生产的清洁产品在同质化竞争的市场中形成较为明显的错位优势,在完全竞争的短期均衡条件下,边际成本随产量规模的扩大呈递减变化趋势。第二类是"抑制假说",当环境规制超出企业可接受的一定水平时,环境规制将加重企业的生产负担,例如因环境合规标准提升而引发的企业内部边际成本和平均成本的骤然增加,进而导致企业经营利润下降。因此,环境规制和边际减排成本间的影响不是线性的,而可能具有一定阶段性特征。鉴于此,本书基于环境规制的两种主要表现形式,选择各地区排污费收入占当年全国排污费总收入的比重,以及当年工业污染治理完成投资,分别作为费用型环境规制、投资性环境规制的代理变量。

基于上文的变量说明,相应代理变量定义与说明如表 5.3 所示。

表 5.3 工业水污染物边际减排成本驱动因素代理变量定义和说明

变量名	简称	代理变量定义	单位
边际减排成本_化学需氧量	MAC_{COD}	ln(化学需氧量边际减排成本)	万元/吨
边际减排成本_氨氮	MAC_{NH}	ln(氨氮边际减排成本)	万元/吨
排放强度_化学需氧量	EI_{COD}	单位工业总产值工业水污染物 COD 排放量	吨/万元
排放强度_氨氮	EI_{NH}	单位工业总产值工业水污染物 NH_3-N 排放量	吨/万元
经济发展水平	EL	人均 GDP	万元/人
工业化程度	$DIND$	工业总产值占 GDP 比重	%
工业用水强度	IWI	单位工业总产值耗水量	m³/万元
技术进步水平	RDG	R&D 经费投入占 GDP 比重	%
环境规制-排污费收入	$ESCP$	各地区排污费收入占当年排污费总收入比重	%
环境规制-工业污染治理完成投资	$EIPI$	ln(工业污染治理完成投资)	万元
水资源禀赋	WE	ln(人均水资源总量)	m³/人

5.1.3 数据基础

5.1.3.1 变量数据来源

基于本书第三章及本章关于研究对象时间维度、省域维度的设定,选取

2001—2015年中国30个省级行政单位的工业水污染物边际减排成本、工业水污染物排放强度,以及7项区域边际减排成本影响因素构建平衡(短)面板,分别对区域工业源化学需氧量边际减排成本曲线、区域工业源氨氮边际减排成本曲线进行拟合。被解释变量、解释变量数据来源,如表5.4所示。

表5.4 工业水污染物边际减排成本驱动因素数据来源

变量名	数据来源	
边际减排成本_化学需氧量	基于本书第三章相关内容,测度的外生方向向量条件下两种工业水污染物边际减排成本。	
边际减排成本_氨氮		
排放强度_化学需氧量	各省工业总产值、工业源废水化学需氧量排放量、工业源废水氨氮排放量数据来源与本书第四章相关数据来源一致。	
排放强度_氨氮		
经济发展水平	各省年末总人口;各省生产总值	《中国统计鉴》
工业化程度	各省工业总产值;各省生产总值	《中国工业统计年鉴》
工业用水强度	各省工业耗水总量;各省工业总产值	《中国工业统计年鉴》
技术进步水平	各省R&D经费投入;各省生产总值	《中国统计年鉴》
环境规制_排污费收入	各省排污费收入	《中国环境统计年鉴》
环境规制_工业污染治理投资	各省当期工业污染治理完成投资	《中国环境统计年鉴》
水资源禀赋	各省年末总人口;各省水资源总量	《中国统计年鉴》

5.1.3.2 变量检验和描述统计

根据本书第四章关于省域维度下化学需氧量、氨氮边际减排成本的分析,各地区两类水污染物边际减排成本差异较大,参照魏楚等[69]、Du等[75]研究方法,对两类水污染物边际减排成本序列取对数以平滑这种差异对曲线拟合带来的影响,各代理变量的描述性统计如表5.5所示。此外,本书所构建的平衡(短)面板,样本数为450个,其中截面(Panel, N)30个,时间长度(Period, T)为15年。根据谨慎性原则,本书对构成平衡面板的11个变量进行单位根检验(适用于短面板的HT检验),以及面板协整检验(Pedroni协整检验)。检验结果显示,除技术进步在5%的水平上拒绝HT单位根检验原假设①以外(一阶差分后显著拒绝原假设),其余变量均在1%的水平上拒绝原假设,表明面板数据序列平稳。最后,协整检验的结果显示,本书构建的平衡面板中各变量间具有稳定的协整关系,变量单位根检验和面板协整检验结果见附录10。

---

① HT单位根零假设为,序列存在单位根;备择假设为,序列平稳。

表 5.5　工业水污染物边际减排成本驱动因素代理变量描述性统计

代理变量	样本数	均值	标准差	最小值	最大值	中位数
MAC_{COD}	450	4.88	0.60	1.47	7.06	4.96
MAC_{NH}	450	5.96	1.13	3.44	9.53	5.83
EI_{COD}	450	3.38E−03	6.31E−03	2.72E−05	5.77E−02	1.32E−03
EI_{NH}	450	2.36E−04	4.09E−04	1.19E−06	3.03E−03	8.76E−05
EL	450	2.80	2.14	0.28	11.11	2.21
DIND	450	47.38	8.00	19.68	67.03	48.76
IWI	450	120.04	106.96	6.28	592.98	79.80
RDG	450	1.26	1.02	0.15	6.01	0.99
ESCP	450	3.33	2.70	0.12	15.90	2.37
EIPI	450	11.51	1.14	6.99	14.16	11.68
WE	450	7.03	1.24	4.29	9.69	7.38

5.2　驱动因素计量模型构建

5.2.1　模型构建

基于工业水污染物减排中可能存在的规模效应，以及上文提到的有关变量的分析和定义，分别设定了用于拟合区域工业源废水化学需氧量边际减排成本曲线、区域工业源废水氨氮边际减排成本曲线的模型，如式(5-1)和式(5-2)所示：

$$MAC_{COD,k,t} = c + f(EI_{COD,k,t}) + \beta_1 WE_{k,t} + \beta_2 EL_{k,t} + \beta_3 DIND_{k,t} + \beta_4 IWI_{k,t}$$
$$+ \beta_5 RDG_{k,t} + \beta_6 ESCP_{k,t} + \beta_7 EIPI_{k,t} + u_k + v_t + \varepsilon_{k,t} \quad (5-1)$$

$$MAC_{NH,k,t} = c + f(EI_{NK,k,t}) + \beta_1 WE_{k,t} + \beta_2 EL_{k,t} + \beta_3 DIND_{k,t} + \beta_4 IWI_{k,t}$$
$$+ \beta_5 RDG_{k,t} + \beta_6 ESCP_{k,t} + \beta_7 EIPI_{k,t} + u_k + v_t + \varepsilon_{k,t} \quad (5-2)$$

其中，$f(x)$ 项用来捕捉排放强度的一次项、二次项同边际减排成本间的变动关系；$MAC_{COD,k,t}$、$MAC_{NH,k,t}$ 分别为本书第三章求解的 2001—2015 年我国各省级行政单位两类水污染物边际减排成本的对数，u_k 代表地区的个体效应，v_t 代表时间效应，$\varepsilon_{k,t}$ 为随机误差，k 和 t 分别表示不同地区不同年度的对应取值，地区编码方式与第三章保持一致。

5.2.2　模型适用性检验

基于上述计量模型设定，分别对模型 5-1、模型 5-2 实施 Hausman 检验和

LM检验。检验结果显示,两个模型分别在1.0%的水平上拒绝原假设,表示固定效应模型更符合边际减排成本曲线拟合的要求;另外,LM检验显示模型5-1和模型5-2应同时控制个体、时间效应,检验结果如表5.6所示。

表5.6 工业水污染物边际减排成本驱动因素计量模型检验

计量模型	检验统计量	P值	模型选择
Hausman检验			
5-1	22.59	0.00	拒绝原假设,选择固定效应模型
5-2	27.62	0.00	拒绝原假设,选择固定效应模型
LM检验			
5-1	14.83	0.39	不拒绝原假设,选择双向固定效应模型
5-2	17.05	0.20	不拒绝原假设,选择双向固定效应模型

5.3 实证结果和稳健性检验

5.3.1 边际减排成本驱动因素实证结果

5.3.1.1 化学需氧量边际减排成本驱动因素识别

通过使用最小二乘法,对影响化学需氧量边际减排成本的各解释变量逐步回归(如表5.7所示)可以发现,在不同控制变量下,化学需氧量边际减排成本同排放强度之间的二次函数关系十分稳健,即表5.7第(1)列至第(9)列中,化学需氧量排放强度二次项均显著为负,一次项显著为正,表明排放强度同边际减排成本之间存在着显著的"U型"关系,意味着减排初期存在着规模效应,边际减排成本随着排放强度的降低亦逐步减少,但进一步减排,边际减排成本则随之呈上升趋势,减排的压力亦随之增加。观察除化学需氧量排放强度以外的解释变量,第(3)列中,经济发展水平(EL)的估计参数在5%的水平上显著为正,且这种负向关系在逐步回归中弹性渐强,表明经济发展水平越高的地区,其边际减排成本越低,经济发展水平同边际减排成本正向变动关系的实证发现与Xie等[64]的研究结果一致;第(4)列工业化程度(DIND)系数为正,但统计上并不显著;第(5)列加入工业用水强度(IWI),其系数显著为正,表明工业用水强度越高的地区,边际减排成本越高;第(6)列的技术进步水平(RDG)系数在5%的水平上显著为正,表明技术进步与边际减排成本呈正向变动关系;第(7)至第(9)列,依次加入排污费收入占比(ES-CP)、工业治理投资(EIPI)和人均水资源总量(WE),其系数均在统计上不显著,即并未识别出这些变量显著影响化学需氧量边际减排成本的效应。

表 5.7 工业源废水化学需氧量边际减排成本曲线拟合（COD，OLS）

解释变量	(1)	(2)	(3)	(4)	(5)	(6)	(7)	(8)	(9)
EI_{COD}	−85,198.8*** (−12.18)	−99,841.9*** (−9.74)	−92,068.0*** (−8.65)	−90,566.5*** (−8.12)	−83,141.1*** (−7.63)	−81,619.9*** (−7.52)	−80,410.0*** (−7.33)	−79,312.6*** (−7.16)	−79,280.1*** (−7.15)
EI_{COD}^2	1 126,112.0*** (7.27)	1 320,766.0*** (6.88)	1 217,569.0*** (6.24)	1 197,638.0*** (5.99)	1 031,574.0*** (5.25)	1 018,760.0*** (5.21)	995,617.4*** (5.03)	976,736.1*** (4.89)	973,433.9*** (4.87)
EL			0.075 0** (2.53)	0.073 1** (2.44)	0.142 5*** (4.49)	0.099 5*** (2.71)	0.100 7*** (2.74)	0.101 4*** (2.76)	0.102 2*** (2.78)
DIND				0.104 2 (0.45)	0.009 6 (1.92)	0.061 0 (1.18)	0.005 4 (1.02)	0.005 7 (1.07)	0.005 8 (1.09)
IWI					0.002 3*** (5.20)	0.002 1*** (4.65)	0.002 1*** (4.63)	0.002 1*** (4.62)	0.002 1*** (4.65)
RDG						0.220 6** (2.31)	0.214 5** (2.24)	0.221 9** (2.30)	0.220 0** (2.31)
ESCP							0.012 7 (0.77)	0.015 0 (0.90)	0.015 2 (0.90)
EIPI								−0.027 9 (−0.72)	−0.028 9 (−0.74)
WE									−0.047 2 (−0.64)
Constant	5,118.5*** (215.15)	5,320.5*** (58.43)	5,333.2*** (58.87)	4,926.3*** (5.48)	4,336.1*** (14.31)	4,684.0*** (13.91)	4,666.9*** (13.82)	4,941.3*** (9.69)	4,599.9*** (6.22)
个体效应	有	有	有	有	有	有	有	有	有
时间效应	无	有	有	有	有	有	有	有	有
Observations	450	450	450	450	450	450	450	450	450
Adjusted R^2	0.28	0.29	0.30	0.30	0.12	0.08	0.08	0.08	0.06
AIC	310.77	323.94	318.84	320.33	293.01	289.04	290.37	291.78	293.32
BIC	323.10	393.80	392.80	398.40	375.20	375.33	380.77	386.30	391.95

注释：***、**、*分别表示在1%、5%和10%水平上显著；括号"()"中为t统计量值。

第五章 工业水污染物边际减排成本驱动因素分析

表 5.8 工业源废水氨氮边际减排成本曲线拟合（NH_3-N，OLS）

解释变量	(1)	(2)	(3)	(4)	(5)	(6)	(7)	(8)	(9)
EI_{NH}	-3 843.28***	-1 366.69***	-1 452.89***	-1 462.15***	-1 476.77***	-1 368.75***	-1 324.27***	-1 281.35***	-1 280.62***
	(-20.85)	(-9.45)	(-9.78)	(-9.75)	(-10.26)	(-9.48)	(-9.18)	(-8.73)	(-8.72)
EI_{NH}^2	1 220 434.00***	469 654.40***	489 211.90***	490 914.60***	474 920.10***	441 346.00***	423 600.50***	408 931.80***	409 234.90***
	(14.53)	(8.39)	(8.69)	(8.70)	(8.75)	(8.16)	(7.83)	(7.45)	(7.45)
EL			0.062 9**	0.061 2**	0.003 3	0.075 9**	0.079 7**	0.082 3**	0.081 9**
			(2.31)	(2.21)	(0.11)	(2.24)	(2.37)	(2.45)	(2.43)
$DIND$				0.002 2	0.003 2	0.009 5**	0.007 0	0.007 5	0.007 5
				(0.49)	(0.73)	(2.06)	(1.51)	(1.62)	(1.61)
IWI					0.002 4***	0.002 7***	0.002 6***	0.002 6***	0.002 6***
					(5.93)	(6.65)	(6.57)	(6.53)	(6.30)
RDG						0.335 4***	0.359 6***	0.351 3***	0.352 3***
						(3.84)	(4.12)	(4.02)	(4.03)
$ESCP$							0.038 0***	0.042 6***	0.042 6***
							(2.59)	(2.85)	(2.84)
$EIPI$								-0.054 1	-0.053 5
								(-1.55)	(-1.53)
WE									-0.029 7
									(-0.45)
Constant	6.592 2***	5.368 8***	5.351 7***	5.454 6***	4.686 5***	4.064 4***	4.027 0***	4.554 9***	4.769 2***
	(169.59)	(66.16)	(66.03)	(24.13)	(18.54)	(13.70)	(13.65)	(10.10)	(7.26)
个体效应	有	有	有	有	有	有	有	有	有
时间效应	无	有	有	有	有	有	有	有	有
Observations	450	450	450	450	450	450	450	450	450
Adjusted R^2	0.42	0.54	0.58	0.57	0.47	0.49	0.55	0.52	0.53
AIC	211.45	248.21	244.28	246.01	210.23	195.95	190.45	189.75	191.52
BIC	309.78	318.06	318.25	324.09	292.41	282.25	280.85	284.27	290.15

注释：***，**，*分别表示在1%、5%和10%水平上显著；括号"()"中为t统计量值。

综上,在最小二乘法下的模型(1)至模型(9)中,化学需氧量边际减排成本同排放强度显著负相关,同经济发展水平、技术进步水平、工业用水强度显著正相关。其中,这种污染物排放强度负相关性的实证结果,在以选取空气污染物(例如二氧化碳、二氧化硫、细微固体颗粒物等)为研究对象的文献中亦有一致的经验证据,例如高鹏飞等[220]、袁鹏等[67]、魏楚[69]、Du等[75]。

5.3.1.2 氨氮边际减排成本驱动因素识别

拟合氨氮边际减排成本曲线(如表5.8所示)可以发现,氨氮排放强度二次项显著为负、一次项显著为正,意味着排放强度同氨氮边际减排成本之间亦存在着显著的U型关系。观察其他解释变量可以发现:其中,经济发展水平(EL)的估计参数在5%的水平上显著为正;尽管第(4)列工业化程度(DIND)系数为正,但仅在模型(6)中以5%水平显著,表明工业化程度越高,边际减排成本越高;第(5)列、第(6)列中的工业用水强度、技术进步对边际减排成本的影响效应与模型5-1的发现一致;第(7)列的排污费收入占比(ESCP)在1%的水平上显著为正,表明地区排污费收入占当年排污费总收入的比重越高,氨氮边际减排成本越高,这一效应区别于化学需氧量边际减排成本的研究发现;最后,氨氮边际减排成本曲线模型下,亦未发现工业治理投资(EIPI)和人均水资源总量(WE)对边际减排成本的影响效应。

综上,氨氮边际减排成本同排放强度显著负相关,同经济发展水平、技术进步水平、工业用水强度、排污费收入占比显著正相关,而工业化程度仅在模型(6)中显著,其影响效用的显著性有待通过稳健性检验作进一步判断。目前研究工业水污染物边际减排成本影响因素的文献相对较少,Xie等[64]将人均GDP(经济发展水平)作为控制变量时亦发现,其对化学需氧量边际减排成本、氨氮边际减排成本的影响效用有所不同,表明水污染物边际减排成本影响因素存在共性的同时亦兼有差异,与本书上述实证发现一致。

5.3.2 稳健性检验

通过第四章省域维度化学需氧量、氨氮边际减排成本时空分异发现,各地区两类水污染物边际减排成本存在较大差异。异方差检验显示(见表5.9),模型5-1和模型5-2均在1%的水平上显著拒绝不存在异方差的原假设。为了克服异方差以及可能的序列自相关性对解释边际减排成本驱动因素带来的影响,本节进一步采用广义最小二乘法(GLS)对异方差和序列自相关进行同时控制,双向固定效应模型下化学需氧量、氨氮边际减排成本参数估计结果分别如表5.10、5.11所示。

表 5.9　边际减排成本曲线拟合模型异方差检验

计量模型	检验统计量	P 值	检验结果
5-1	35 571.64	0.00	拒绝原假设,存在异方差
5-2	1 494.65	0.00	拒绝原假设,存在异方差

表 5.10 显示,在保留最小二乘法识别因素的基础上,第(6)列和第(7)列进一步识别出排污费收入占比对化学需氧量边际减排成本的正向影响效应,并在 5%的水平上显著;表 5.11 显示,第(8)列识别出工业化强度的正向作用,以及水资源禀赋对氨氮边际减排成本的负向效应,即工业化强度越高、人均水资源量越少,氨氮边际减排成本越高。综上,化学需氧量边际减排成本同排放强度显著负相关,同经济发展水平、技术进步水平、工业用水强度、环境规制(排污费收入占比)显著正相关;氨氮边际减排成本同排放强度显著负相关,同经济发展水平、技术进步水平、工业化程度、工业用水强度、环境规制(排污费收入占比)显著正相关。

表 5.10 稳健性检验（COD，GLS）

解释变量	(1)	(2)	(3)	(4)	(5)	(6)	(7)	(8)
EI_{COD}	−47.319 3*** (−7.46)	−29.384 5*** (−11.24)	−27.591 8*** (−10.19)	−32.827 9*** (−7.62)	−36.127 7*** (−8.61)	−34.898 6*** (−6.42)	−35.921 2*** (−6.43)	−33.638 9*** (−6.40)
EI_{COD}^2	659.778 3*** (3.98)	315.421 9*** (8.89)	289.614 6*** (7.79)	473.107 5*** (4.14)	473.325 9*** (4.46)	489.201 4*** (3.54)	505.445 5*** (3.59)	450.494 0*** (3.16)
EL		0.126 9*** (4.46)	0.126 2*** (4.28)	0.162 0*** (5.37)	0.182 4*** (10.93)	0.156 3*** (4.23)	0.154 5*** (4.15)	0.132 3*** (3.26)
DIND			0.003 6 (1.12)	0.009 8*** (3.04)	0.005 1 (1.51)	0.004 4 (1.32)	0.004 7 (1.38)	0.007 3 (1.71)
IWI				0.002 0*** (7.71)	0.002 3*** (10.08)	0.002 1*** (11.18)	0.002 1*** (11.04)	0.001 9*** (5.88)
RDG					0.138 8*** (2.91)	0.216 9*** (3.35)	0.235 0*** (3.50)	0.216 9*** (3.35)
ESCP						0.024 9** (2.40)	0.024 7** (2.31)	0.022 0** (2.55)
EIPI							0.004 3 (0.34)	0.009 9 (0.83)
WE								−0.020 4 (−1.12)
Constant	3.499 8*** (10.91)	3.341 0*** (10.03)	3.177 7*** (8.81)	2.176 9*** (5.79)	3.603 7*** (8.77)	2.309 2*** (6.44)	2.272 5*** (5.96)	2.061 8*** (4.62)
个体效应	有	有	有	有	有	有	有	有
时间效应	有	有	有	有	有	有	有	有
Observations	450	450	450	450	450	450	450	450
Wald chi²	1 006.05	1 788.03	1 607.11	2 667.56	4 877.60	4 154.42	4 024.29	2 666.07

注释：***、**、* 分别表示在 1%、5% 和 10% 水平上显著；括号"()"中为 z 统计量值。

第五章　工业水污染物边际减排成本驱动因素分析

表 5.11　稳健性检验（NH_3-N, GLS）

解释变量	(1)	(2)	(3)	(4)	(5)	(6)	(7)	(8)
EI_{NH}	−524.091 7***	−587.686 5***	−579.249 5***	−616.686 4***	−613.216***	−581.406 1***	−542.018 3***	−572.777 3***
	(−5.25)	(−5.41)	(−5.31)	(−6.52)	(−10.34)	(−8.97)	(−7.53)	(−8.01)
EI_{NH}^2	89 743.400**	106 836.500***	104 687.500***	100 108.200***	111 587.000***	99 108.830***	89 703.790***	102 683.800***
	(2.83)	(3.13)	(3.04)	(3.35)	(5.43)	(4.47)	(3.74)	(4.27)
EL		0.045 3**	0.043 2*	0.000 5	0.071 3***	0.076 0***	0.081 9***	0.077 3***
		(2.03)	(1.70)	(0.02)	(3.66)	(3.43)	(3.30)	(3.12)
DIND			0.000 1	0.008 0**	0.012 8***	0.010 9***	0.010 1***	0.010 3***
			(0.02)	(2.23)	(3.99)	(3.36)	(2.99)	(3.13)
IWI				0.002 3***	0.002 5***	0.002 5***	0.002 4***	0.002 5***
				(8.45)	(14.66)	(14.47)	(12.99)	(13.53)
RDG					0.217 6***	0.227 1***	0.214 7***	0.204 3***
					(5.03)	(5.14)	(4.49)	(4.30)
ESCP						0.027 8***	0.026 9***	0.024 7**
						(2.97)	(2.69)	(2.50)
EIPI							0.001 9	0.000 9
							(0.13)	(0.06)
WE								−0.049 0**
								(−2.52)
Constant	6.473 0***	4.046 8***	4.045 0***	4.199 0***	4.844 3***	4.886 8***	3.904 8***	3.977 8***
	(24.84)	(20.78)	(15.91)	(12.87)	(12.73)	(12.88)	(11.14)	(15.53)
个体效应	有	有	有	有	有	有	有	有
时间效应	有	有	有	有	有	有	有	有
Observations	450	450	450	450	450	450	450	450
Wald chi²	22 127.56	23 690.03	23 773.90	45 057.48	9 430.79	9 536.04	9 271.13	9 465.95

注释：***、**、*分别表示在1%、5%和10%水平上显著；括号()中为z统计量值。

117

5.3.3 驱动因素分析和边际减排成本曲线

5.3.3.1 边际减排成本驱动因素分析

(1) 排放强度的驱动效应

使用普通最小二乘法估计模型参数,实证结果显示两类工业水污染物排放强度的一次项、二次项,分别与其对应的边际减排成本呈显著负相关、正相关,考虑到该显著结果可能受到来自回归模型残差项中空间自相关性以及异方差、序列自相关的影响,通过空间杜宾模型和广义最小二乘法估参后发现,工业水污染物排放强度的一次项、二次项的显著水平和参数方向保持平稳。实证结果表明,样本期内,两类工业水污染物的减排存在着规模效应,即在污染物减排初期,此时排放强度水平较高,实施减排具有一定成本优势,其减排的边际成本将逐渐降低。但随着污染物排放强度的持续消减,在越过排放强度的"U型"拐点水平后,边际减排成本与排放强度之间将呈负相关,进一步实现水污染物减排的机会成本随之增加,减排的潜力将缩减,难度将上升。

本章第一节数据显示,我国各地区和行业在水污染物排放强度上存在着明显的空间差异,例如在化学需氧量方面,广西的排放强度高达180.81吨/亿元,而排放强度最低的北京仅为1.49吨/亿元,前者是后者的121.35倍。排放强度在各地区呈现的差异,驱动边际减排成本呈现明显的空间异质性。因此,各地边际减排成本的差异根植于地区自身工业生产运行的排污实际,技术的优化升级将推动生产持续向环境友好方向改进,减排的边际成本将不断增加,即减排的机会成本和难度将日趋增大,排污配额将成为一种更为稀缺的权属资源,亦提示价格型规制手段(如环保税),若仍采取较低水平的税额标准,将影响环境规制效果,无法持续、有效倒逼厂商参与治污减排。

(2) 经济发展和技术进步的驱动效应

基于传统计量模型的估参结果表明,经济发展和技术进步水平对工业水污染物边际减排成本产生显著的直接性正向影响。受益于工业生产成果带来的经济财富积累,为通过加快产业转型和治污技术升级提供了丰厚的基础资源支撑。关于环境库兹涅茨曲线的研究认为,随着经济发展水平的进一步提高,发挥生产技术的"波特效应"使得环境污染逐渐呈下降趋势。工业生产技术环境友好程度的改善,生产的环境效率得到提高,期望产出对化学需氧量、氨氮等非期望产出的边际转换率随之上升,即生产同等规模工业产成品所排放的化学需氧量、氨氮总体规模缩减,这将驱动化学需氧量、氨氮边际减排成本逐步抬升。

从生产技术角度上看,工业生产技术的提升将带来用水强度下降,并逐步推高边际减排成本,笔者掌握的数据显示,我国各省级行政单位工业用水强度由2001年的256.02立方米/万元下降为2015年的38.41立方米/万元,年均降幅达12.54%。然而,回归结果支持了工业用水强度与边际减排成本之间存在着正相关。从生产成本角度看,我国水资源价格形成机制日趋完善,水资源价格是体现资源稀缺性和调控生产用水向集约化转变的政策工具。我国各地逐步上调了工业生产等非居民生活用水价格。例如,边际减排成本水平较高的河北省,省会城市石家庄于2017年分三阶段调升供水销售价格,非居民用水的销售价格由5.33元/立方米逐步调升为2020年的8.94元/立方米,上涨幅度达67.73%;江苏南京的非居民用水销售价格则由2007年的3.00元/立方米上调至2017年的3.82元/立方米,价格涨幅27.33%;2020年广东广州拟将非居民用水价格调升至4.54元/立方米,较现行价格涨幅达31.21%。在非期望产出总规模不变的条件下,受工业用水成本抬升影响,工业生产总值随用水成本向产成品价格转移而逐步上涨,亦将驱动期望产出对化学需氧量、氨氮等非期望产出的边际转换率上升,继而推动边际减排成本水平上升。工业用水成本较低的地区,一定程度具有减排的边际成本优势,这亦与资源禀赋(人均水资源总量)估参方向为负的实证迹象相吻合(然而人均水资源总量参数未通过10%水平显著性检验)。因此,治污减排工作应着重关注经济发展和技术水平仍相对落后的地区,更有针对性地推动清洁技术转移和传统生产方式改造,加快实施差别化的减排配额制度向边际减排成本水平较低、用水价格较低的地区倾斜,从具有减排成本优势的地区先行入手,完善生产技术改造奖优罚劣制度,推动实现我国化学需氧量和氨氮排放的总体规模持续削减。

(3)环境规制政策强度的驱动效应

实证结果表明,排污收费规模占财政收入的比重对边际减排成本具有显著的直接性正向影响,而以污染治理完成投资来刻画环境规制力度的变量却未获得实证上的经验支持。前者数据表明,采取更为严格环境规制力度的地区,化学需氧量、氨氮边际减排成本水平将更高。为了发挥环境规制工具的治理效果,高水平的边际减排成本表征排污权属日趋稀缺,环保税额标准应适度提标,减排的机会经济成本将越来越大,进一步实现水污染物减排的难度将上升,减排空间随之缩减。为此,在完善相应的价格型环境规制政策时,对于边际减排成本水平较高的地区,应前置评估当地现行的环境规制力度,例如关注各地现行环保税额执行标准的相对水平,厘清各地环保税收规模占本地财政收入比重的相对水平等。在此基础上,对于环境规制力度仍相对薄弱(例如现行环保税额标准较低、环保税占财政收入比重较低),且边际减排成本却相对较高的地区,宜适度提升该地环保税额执行标准、排污权交易价格。

(4) 边际减排成本的空间溢出效应

Moran's I 检验和空间杜宾模型实证表明,样本期内,我国各地工业水污染物氨氮边际减排成本具有显著的正向空间相关性,即氨氮边际减排成本的变动,受到了来自其他区位的氨氮边际减排成本的正向影响(空间外溢性),驱动呈现"高—高集聚"和"低—低集聚"的空间分布特征。这种对其他区位边际减排成本产生的间接影响,还来自水污染物排放强度(EI)、经济发展水平(EL)和技术进步水平(RDG)。在氨氮边际减排成本上存在的地区性"局部俱乐部收敛"特征,表明地理距离上的空间优势,使得地区之间逐渐形成密切的经济关联,技术知识外溢,能够带动周邻地区生产技术实施清洁化改造,并呈现出氨氮边际减排成本水平在空间趋同,即局部"高—高集聚"。氨氮边际减排成本在空间中所呈现的规律性分布特征,提示应对不同地区实施差别化的环境规制力度,边际减排成本水平整体较低、减排潜力更大、减排机会成本较小的区域承担更多减排任务。

5.3.3.2 边际减排成本曲线拟合

基于上节稳健性检验参数估计结果可以发现,广义最小二乘法下含有控制变量的化学需氧量边际减排成本拟合模型(5),其 Wald 检验统计量为 4 877.60,其所包含的变量分别为排放强度、经济发展水平、工业用水强度和技术进步,较好地提高了模型的拟合效果,因此较其他 6 个含有控制变量的计量模型 Wald 统计量值最高;同理,氨氮边际减排成本曲线拟合模型(6)拟合效果最好,其Wald 检验统计量为 9 536.04,包含变量 6 个,即排放强度、经济发展水平、工业化程度、工业用水强度、技术进步、排污费收费占比。此外,考虑到空间效应模型在边际减排成本直接驱动因素方面的实证发现与基于最小二乘法和广义最小二乘法的实证结果具有一致性。因此,本节从回归的拟合效果最优角度出发,选择广义最小二乘法下化学需氧量边际减排成本拟合模型(5)、氨氮边际减排成本拟合模型(6)估计所得变量参数,分别拟合两种水污染物边际减排成本曲线,如图5.4 所示。

图 5.4 显示,化学需氧量、氨氮排放强度同相应的边际减排成本之间呈现出"U"型变动关系,其临界点(拐点)分别为 0.038 吨/万元(381.64 吨/亿元)、0.003吨/万元(29.33 吨/亿元),平均来说当地区水污染物排放强度高于该临界点时,水污染物减排具有一定成本优势,即边际减排成本将随着排放强度的降低呈现下降趋势;当排放强度低于上述临界点时,进一步减排的经济代价将逐渐增加,即边际减排成本呈上升趋势。本章第一节数据显示,2001—2015 年我国 30

个省级行政单位化学需氧量、氨氮平均排放强度分别为33.45吨/亿元、2.34吨/亿元,远低于两种水污染物排放强度临界点,表明各地进一步实施水污染物减排,其相应的边际减排成本将随着上升。例如广西化学需氧量减排初期,边际减排成本随排放强度降低而逐渐减小,但自2005年始减排成本则逐渐呈递增态势。

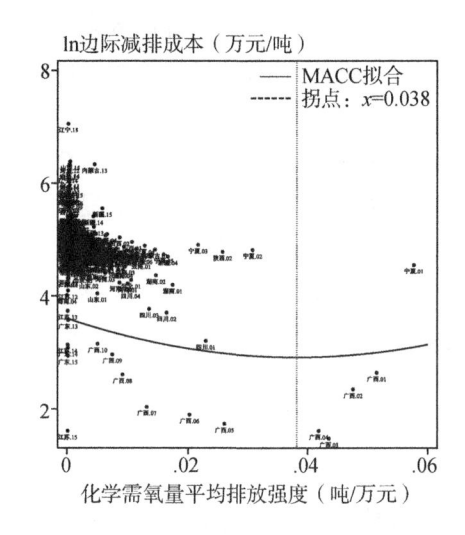

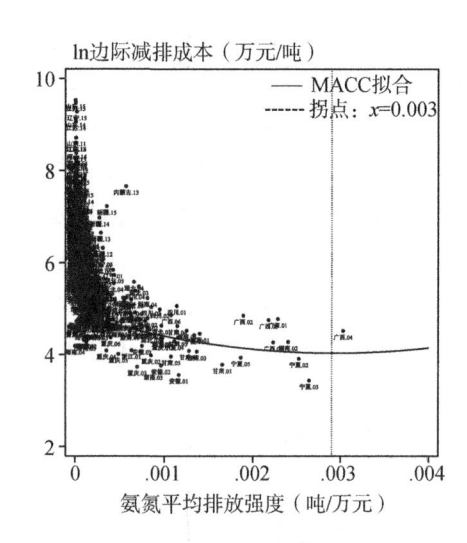

图5.4　2001—2015各地区水污染物边际减排成本曲线拟合①

边际减排成本曲线的"U"型变动关系,为环境监管决策者提供了识别水污染物减排机会的政策工具。图5.4显示,我国各地区主要分布于边际减排成本曲线左侧,表明进一步实施减排,水污染物的边际减排成本将逐步增大。那么位于曲线临界点左侧的地区,较处在曲线临界点右侧的地区而言,前者污染物排放强度更低、生产技术更为清洁,而后者则污染物排放强度相对较高,生产技术清洁化的改进潜力更大;相对位于边际减排成本曲线上方的地区,较处在边际减排成本曲线下方的地区而言,前者边际减排成本更高,减排经济代价较大,而后者则边际减排成本相对较低,减排经济代价相对较小。例如,化学需氧量边际减排成本曲线(图5.4)中,2015年江苏和广东的化学需氧量排放强度分别为1.37吨/亿元、1.75吨/亿元,排放强度间的差异相对较小,但广东的化学需氧量边际减排成本明显地高于江苏,这意味着同等排污强度条件下,江苏在内部治污成本方面更具优势,进一步减排的潜力相对较大;而2015年新疆化学需氧量排放强

---

① 边际减排成本曲线简称MACC;散点图数据标签命名方式为"省级行政单位名称.年份",例如"北京.01"表示2001年北京由边际减排成本和排放强度构成的样本点。

度为58.68吨/亿元,明显高于2015年化学需氧量平均排放强度(7.41吨/亿元),因此新疆应着重借鉴辽宁、山西等同期排放强度较低地区的环境治理经验,大力消减排污水平,提升生产技术水环境清洁程度。因此,在边际减排成本曲线自右下方向左上方的变动过程中,表征减排潜力逐步降低、减排经济代价逐渐升高。

综上,区域水污染物边际减排成本曲线,建立了一套内含我国各地区水污染物边际减排成本、排放强度并反映其时空差异的参照系,直观地呈现了各地区水污染物边际减排成本(实际内部减排成本)间存在着的绝对数差异,结合各地区现行环保税额水平,有助于科学评估水污染物环保税额调标空间和难度;为统筹分配各地方水污染物减排目标,以及建立水污染物排放权市场交易系统,提供了基础的减排潜力识别机制;为地方进一步推进水污染物治理工作,提供了可供对标、看齐的省(市)参考系,使环境规制能够更好地发挥其"波特效应",促进工业生产技术的废水排污强度绿化升级、全面推进控污减排工作向纵深方向发展。

5.4 本章小结

基于本书第四章研究发现,我国各省级行政单位工业水污染物化学需氧量和氨氮的边际减排成本具有明显的空间异质性。为解释此差异成因,本章在全面呈现2001—2015年我国各地区工业水污染物排放强度变化趋势的基础上,尝试从污染物减排的规模效应、距离函数同收益函数的对偶关系角度出发,将工业水污染物排放强度以及水资源禀赋、经济发展水平等7类控制变量和空间效应纳入边际减排成本驱动因素分析模型,为厘清工业水污染物边际减排成本的驱动因素提供了一个分析框架。主要研究结论如下:

第一,水污染物排放强度演化特征:污染物平均排放强度反映了单位工业总产值所排放的污染物总量,是衡量生产技术"清洁"程度的重要指标。2001—2015年我国两种工业水污染物排放强度总体呈下降趋势,但"十二五"期间下降趋势放缓,我国各地区工业生产技术的水环境清洁程度总体呈逐年改善状态。

第二,水污染物边际减排成本驱动因素:两种水污染物边际减排成本均同排放强度显著负相关,同经济发展水平、技术进步水平、工业用水强度、环境规制(排污费收入占比)显著正相关;氨氮边际减排成本具有显著的正向空间相关性,即氨氮边际减排成本的变动,受到了来自其他区位的氨氮边际减排成本的正向影响(空间外溢性),驱动呈现"高—高集聚"和"低—低集聚"的空间分布特征。

第三,水污染物边际减排成本曲线和政策含义:工业水污染物化学需氧量和氨氮排放强度分别同两者的边际减排成本呈显著且稳健的"U"型变动关系,排放强度拐点分别为 0.038 吨/万元(381.64 吨/亿元)、0.003 吨/万元(29.33 吨/亿元)。表明我国工业水污染物减排存在着规模效应。目前,我国各地区水污染物排放强度明显低于拐点水平,各地区广泛分布于边际减排成本曲线左侧,意味着若进一步实施环境规制,水污染物边际减排成本将随排放强度的降低而逐渐增高。水污染物边际减排成本曲线的"U"型变动关系,为环境监管决策者提供了识别水污染物减排机会的政策工具。水污染物边际减排成本曲线,能够直观呈现各地区内部实际减排成本间的差异,并识别各地区水污染物排放强度,有助于科学评估各地区水污染物环保税额调标空间和难度,即在边际减排成本曲线自右下方向左上方的逐渐变动的过程中,表征减排潜力将逐步降低,而减排经济代价将逐步升高。

第六章

工业水污染物边际减排成本和环境规制政策

有效的环境保护税额标准不应低于污染物的边际减排成本,否则厂商将继续排放污染,导致环境保护税的环境治理有效性降低。因此,工业水污染物边际减排成本测度是判断水污染物减排成本、减排压力和减排空间的基础性工作,可以为我国价格型环境规制政策的完善,提供经验数据和决策参考。第一,本章以价格型环境规制政策(原排污费制度和现行环境保护税)为分析对象,全面梳理我国价格型环境规制政策历史沿革,结合绪论文献综述和本章中外环保税收规模对比的研究发现,系统认识"费改税"改革红利和仍存在的不足。第二,引入绿色发展理论和新结构主义理论,基于上文关于边际减排成本测度、时空异质性和时空差异驱动因素的研究发现,从工业水污染物排放强度、边际减排成本和生态文明统筹协调机制3个层面总结政策启示,以推动我国环境保护税改革,适配经济社会发展全面绿色转型。

6.1 我国价格型环境规制政策现状

6.1.1 我国排污收费和环保税制度

在对环保政策、费税法规等相关文献研究,以及我国环保税政策沿革历史分析的基础上,本书将中华人民共和国环保税发展归纳为以下5个时期,分别为环境保护思想启蒙时期、排污费制度形成时期、排污费完善发展时期、排污费全面实行时期和费改税新政实施时期。

6.1.1.1 环保思想的启蒙(1949—1973年)

中华人民共和国成立之初,为了打破工业"一穷二白"的极端落后局面,尽快建立独立的工业和国民经济体系成为国家的重要任务之一[221]。由于工业生产规模相对有限,以及环境纳污染空间较大,我国"多快好省"式经济建设与环境保护之间的矛盾尚不突出[222]。此时期,国家出于防范物质匮乏与环境污染威胁人民生存的目的,1956年,国家卫生部、建委联合出台《工业企业设计暂行卫生标准》,对工业企业的环境保护方面作出要求,例如在水土保持、森林和野生生物保护等方面提出了一些原始性的环境保护要求和相关法规,这表明国民经济建设中开始出现一些环境保护的思想。第一个五年规划期间,通过规划和修建树林隔离带,将工业生产区和人民生活区分离,以减轻工业污染物对居民的直接影响;修建污水净化、烟尘消除等156项大中型工业污染集中式处理设备,以应对工业生产带来的环境污染[223]。

然而,"大跃进"时期片面强调工业产出与增长速率而忽视经济质量的提高,诸如"大炼钢铁"等粗放型经济增长方式,导致废水、废气、废渣没有得到有效收集和妥善处置,中国工业表现出"高速度、高消耗、高污染、低效益"的特征[224]。需要注意的是,环境污染的时空滞后与雪球效应,使得环境非友好型的生产行为所带来的生态危机,表现出渐进式外溢和累积式爆发的特点[225]。第四个五年规划期间,小煤矿、小钢铁、小化肥、小水泥和小机械等"五小工业"持续发展,加之在中华人民共和国成立初期"变消费城市为生产城市"口号[295]的持续引导下,大量城市建设了一批污染型工业企业,环境污染与生态破坏迅速由发生期恶化至爆发期。例如,1972年我国发生大连湾污染事件、蓟运河污染事件、北京官厅水库污染死鱼事件,松花江出现与日本类似的水俣病征兆等。

在环境保护思想相对真空的工业快速上升期,生态平衡与经济增长之间的矛盾开始显现。凌承纬[226]认为,20世纪60年代之前的中国,鲜有"环境保护"与"生态文明"等关键词显现于同时期出版的报刊书籍、工具书中。他提出,我国环境保护意识的启蒙源于1972年在斯德哥尔摩召开的联合国人类环境会议,《人民日报》为此刊文并首次出现了与保护环境相关的报道[227]。1973年,第一次全国环境保护会议通过的《关于保护和改善环境的若干规定(试行草案)》,明确规定了"全面规划,合理布局,综合利用,化害为利,依靠群众,大家动手,保护环境,造福人民"的环境保护方针和"三同时"制度。我国逐渐开始意识到科学对待经济发展与环境保护之间关系的重要性。总的来看,以费税政策作为调节生态与经济增长关系的工具,此时期这类财政政策尚不多见。尽管国家在一些文件中提出环境保护应纳入国民经济发展计划,但其未能有效付诸实践,且收效难以当下立显。吴敬琏认为,偏倚于发展重工业、牺牲资源环境的粗放型增长方式,虽然一定程度改善了工业生产资料匮乏的紧张局面,但长期以来污染的放任自流和蔓延滋长,为日后生态环境危机埋下了隐患[1]。

6.1.1.2 排污费制度形成(1974—1983年)

工业污染积弊渐深、生态危机事件频仍,表明我国的环境问题已经到了危急关头。1974年5月,国务院成立"环境保护领导小组办公室"(以下简称"领导小组")。1978年12月,邓小平同志在十一届三中全会召开前的中共中央工作会议的闭幕会上指出,"应该集中力量制定必要的法律,例如森林法、草原法、环境保护法等",明确提出了保护环境的立法要求。领导小组于同年按照"谁污染,谁治理"的原则[228],提出"向排污单位实行排放污染物的收费制度"的设想。1979年9月,五届全国人大常委会第十一次会议颁布了《中华人民共和国环境保护法(试行)》,标志着我国环境保护正式走向了法治化道路,并以法律形式设立排污费制度。同发达资本主义国家相比,日本于1967年、美国于1970年、英国于1974年、法国于1976年颁布保护环境的相关法律。凌承纬认为,尽管同时期我国环境保护法仍有较大完善空间,就立法时间而言,我国环境保护法立法时间并未落后太多[93]。1982年2月,国务院出台《征收排污费暂行办法》,对排污费的征收对象、征收程序、征收标准以及相关配套管理措施进行了规定。同年5月,国务院撤销环境保护领导小组办公室,原机构并入新成立的中华人民共和国城乡建设环境保护部,成为该部委的环境保护局。同年12月通过的《中华人民共和国宪法》第二十六条规定,"国家保护和改善生活环境和生态环境,防治污染和其他公害",改善生态环境成为治理国家的重要方针。1983年12月,第二次全国环境保护会议在北京召开,时任国务院副总理李鹏在会议上宣布,"保护环境是我国必须长期坚持的一项基本国策",但尚未明文法定。1990年出台的《国务院关于进一步加强环境保护工作的决定》(国发[1990]65号)规定,"保护和改善生产环境与生态环境、防治污染和其他公害,是我国的一项基本国策"。次年,基本国策亦见于《国民经济和社会发展十年规划和"八五"计划纲要》。决定实施"预防为主,防治结合"、"谁污染,谁治理"和"强化环境管理"三大政策。基本国策的确立,使环境保护从社会发展的边缘地带转移到了中心位置。同时,逐步完善排污收费制度与国民经济发展相协调,成为国家相关财政工作改革的重点。

6.1.1.3 排污费完善发展(1984—1999年)

1984年5月,国务院建设部、财政部出台《征收超标准排污费财务管理和会计核算办法》,统一规范了地方排污费资金预算管理、预算科目、核算方法与收支结算制度。同月,六届全国人大常委会第五次会议通过了《中华人民共和国水污染防治法》,其中第15条规定了对超出国家或地方规定的污染物排放标准的行为,缴纳超标准排污费。1985年7月,国家环保局在第一次全国排污收费工作会议上提出了排污资金有偿使用的改革设想。1987年9月,六届全国人大常委会第二十二次会议通过了《中华人民共和国大气污染防治法》。1988年7月，《污染源治理专项基金有偿使用暂行办法》经国务院批准实施，排污收费由财政拨款转变为贷款，实现了部分排污费有偿使用的转变。1991年7月第二次全国排污收费工作会议，在总结马鞍山环境监理等地区试点经验基础上，出台了《环境监理工作暂行办法》，并部署在57个城市100个县级环境监理单位推广经验，环境监理执法队伍进一步扩大。1992年9月，国务院批转国家环保局等《征收工业燃煤二氧化硫排污试点方案》，在粤、黔两省和青岛、重庆等9市实施开展二氧化硫征收排污费的试点工作，通过摸索和总结经验、以利全国推广。1996年4月，国务院批转国家环保局《关于二氧化硫排污收费试点工作情况的报告》，扩大了二氧化硫应税对象和实施地区，并对免征、缓征的事宜作了具体规定。1998年1月，国务院批转国家环保局等《酸雨控制区和二氧化硫控制区划分方案》，明确了控制区划定范围，对控制目标、新建和改造矿井煤层含硫量上限、新建燃煤电厂空间规划要求等作了具体规定。1993年7月国家计委和财政部发布《关于征收污水排污费的通知》，实现了排污费征收方式的转变，也就是改"超标即征"为"即排即征"，首次体现出"污染总量控制"的思想。次年召开的"全国排污收费十五周年总结表彰大会"提出了排污收费制度改革的总体目标，"四个转变"的政策改革要求，以及对排污收费标准改革应体现"三个原则"的工作部署[①]。1997年，在国务院与世界银行的共同研究和努力下，我国完成了新排污收费制度设计和标准制定，次年在杭州、郑州、吉林三市实施"总量排污收费"试点，为将"总量排污收费"推向全国累积和凝练来自改革试点地区的工作经验。

6.1.1.4 排污费全面实行（2000—2017年）

经过试点，2000年4月，九届全国人大常务委员会第十五次会议修订通过的《中华人民共和国大气污染防治法》，从法律层面确定了按"排放污染物的种类和数量征收排污费"，正式取代废气按"超标即征"的排污收费制度。与此同时，国家环保总局在反复征求意见的基础上，于当年向国务院提交了《排污费征收使用管理条例（送审稿）》；2002年1月，国务院第54次常务会议原则通过该条例，并于2003年7月1日起施行，其第二条规定："直接向环境排放污染物的单位和个体工商户，应当依照本条例的规定缴纳排污费。"《排污费征收使用管理条例》对排污费收费政策体系、排污收费标准、征管和使用调整主要表现在3个方面：

---

① "四个转变"：一是超标收费向排污收费转变；二是单一浓度收费向浓度与总量相结合的收费转变；三是由单因子收费向多因子收费转变；四是由静态收费向动态收费转变。"三个原则"：一是按照补偿对环境损害的原则；二是略高于治理成本的原则；三是排放同质等量污染物等价收费的原则。

（1）征收依据上，对污染物排放实施总量控制，"即排即征"。

（2）扩大征收范围，将个体工商户纳入收费对象，适当提高征收标准。

（3）严格收支管理，落实"收支两条线"，坚持"量入为出和专款专用"原则。

与《排污费征收使用管理条例》相配套的行政法规还有，2003年2月由国家计委、财政部、国家环保总局等部门出台《排污费征收标准管理办法》；同年次月，财政部、国家环保总局出台《排污费资金收缴使用管理办法》。至此，"即排即征"排污收费制度在全国推行，是我国排污收费制度的一次重要改革。

另外，为了应对生态环境挑战，解决经济高速增长所带来的环境问题，我国相继完成对大气污染防治和水污染防治等法律的修订，是本时期的一项重要特征。进入新千年以来，《中华人民共和国水污染防治法》于2008年2月、2017年6月经十届人大常委会第三十二次会议和十二届人大常委会第二十八次会议修订通过。2015年4月，国务院出台《水污染防治行动计划》，简称为"水十条"。《水污染防治行动计划》是加大水污染防治力度、保障国家水安全等治污减排、保护水生态环境工作的行动指南。值得注意的是，2017年十二届人大常委会第二十八次会议修订通过的《中华人民共和国水污染防治法》，将《水污染防治行动计划》中的有关内容纳入法律体系，采取综合防治措施，减少废水和污染物排放量，举措包括重点水污染物排放总量控制制度、排放许可制度、排放标准制度、水环境质量检测和水污染物排放监测制度。类似的，《中华人民共和国大气污染防治法》自新千年以来，分别于2000年4月、2015年8月经九届全国人大常委会第十五次会议、十二届人大常委会第十六次会议修订通过。在坚持、完善中国特色社会主义国家制度、法律制度的新时代背景下，排污费的"费改税"立法工作已完成。《中华人民共和国环境保护税法》于2018年1月1日起施行。上述两法的修正条款中不再涉及排污费相关条款。2014年4月经十二届人大常委会第八会议修订通过《中华人民共和国环境保护法》（以下简称《环保法》）第四十三条同样规定，"依照法律规定征收环境保护税的，不再征收排污费"。

6.1.1.5 费改税新政实施（2018年至今）

排污收费制度作为一种环境执法的经济手段，尽管在促进治污减排和筹集环保资金中发挥着重要作用，但在征收标准、征管机制等方面仍存在亟待解决的问题。国内学者认为排污费制度存在着征收标准偏低[151-154]、执法刚度不足[155][156]、资金使用缺乏约束和有效监督等不足[157][158]等问题。为了充分发挥税收在调控国民经济运行与发展中的灵活作用，2016年12月，经十二届全国人大常委会第二十五次会议通过了《中华人民共和国环境保护税法》，按照"费税平移"原则将排污收费制度改为设立、征收环境保护税。次年12月，国务院公布

《中华人民共和国环境税法实施条例》,与新法一并于2018年1月1日起施行。较排污费而言,环境"费改税"发生的变动主要表现在以下4个方面:

(1) 规定环保税的税额基准额度和上限额度。省、自治区、直辖市人民政府统筹考虑本地区环境承载力、污染排放现状与社会生态发展目标制定适用税额。

(2) 增加了纳税人享受税收减免的情形。其中,对于污染物排放浓度低于国家或地方规定的排放标准的,减按50%或75%征收环保税。

(3) 环保税进一步规范了税收征管程序。由地方政府环境保护行政主管部门改为由税务机关依照《中华人民共和国税收征管管理法》有关规定征管。

(4) 中央地方税收分享比例发生变化。环保税作为地方收入,中央财政不参与环保税收的分配。

按照学者徐以祥[229]对我国目前环境法律体系的归纳,即污染控制、单项资源利用、生态保护三类要素保护法律系统。其中,污染防治领域,除本书所涉及的《中华人民共和国水污染防治法》和《中华人民共和国大气污染防治法》,还有以《中华人民共和国海洋环境保护法》、《中华人民共和国固体废物污染防治法》和《中华人民共和国环境噪声污染防治法》等为主体的污染防治法律子系统。海洋环境保护、固体废弃物、环境噪声相关排污费沿革不在此赘述,同水污染、大气污染排污收费政策沿革一并整理,详见表6.1。

6.1.2 我国排污费和环保税收规模

我国环保税税目包括大气污染物、水污染物、固体废弃物、工业噪音4类(如表6.2所示)。在排污费、环保税的税目范畴中,我国尚未将非点源污染物纳入环保税的征税范围,农药、化肥等具有环境污染性的农业生产资料,以征收增值税的方式,对非点源污染的前驱物价格施加调控。我国环保税法将适用环境税额的立法工作下沉至各省、自治区、直辖市人大常委会,由同级政府统筹考虑本地区环境承载力、污染物排放现状和经济社会生态发展目标提出,报地方人大常务委员会决定,各地区适用环境税额见表6.3所示。本书研究发现,"费税平移"原则所突出的"平移"性主要体现在排污费计征污染物和环保税税目范畴保持相对一致,但这并不意味着环保税政策较排污费而言一成不变,环保税在政策设计上仍具有鲜明的特色,即税额标准设计上分区域、分污染物、分阶段3方面的差异化设计。在设定环保税额标准时,分别有17个地区"平移"了原排污费的收费标准,包括沪、滇、鄂、浙、蒙、辽、吉、黑、赣、闽、陕、新、宁、青、甘、皖、藏;14个地区在原排污费收费标准的基础上,提高了环保税额的适用标准,包括京、津、冀、苏、鲁、豫、渝、川、琼、湘、黔、晋、桂、粤,分别占31个省级行政单位(不包括香港、澳门特别行政区和台湾省)的54.8%、45.2%。

表 6.1 我国排污费、环境保护税相关法规、法律一览表

法律法规名称	文书字号	颁布机构	颁布时间	相关条款	效力级别	效力状态	备注
《征收排污费暂行办法》	国发〔1982〕21号	国务院	1982年02月	全文	行政法规	于2003年07月01日废止	"费改税"过渡性条款
《污染治理专项基金使用暂行办法》	国务院令第10号	国务院	1988年07月	全文	行政法规	于2003年07月01日废止	
《排污费征收使用管理条例》	国务院令第369号	国务院	2003年01月	全文	行政法规	于2018年01月01日废止	
《排污费征收标准管理办法》	国家发展计划委员会令第31号	国家发展计划委员会	2003年02月	全文	行政法规	于2018年01月01日废止	
《关于调整排污费征收标准等有关问题的通知》	发改价格〔2014〕2008号	国家发展和改革委员会	2014年09月	第十八条	行政法规	于2018年01月01日废止	
《中华人民共和国环境保护法（试行）》	全国人大常委会5届第2号	五届全国人大常委会第十一次会议	1979年09月	第四十三条	法律	于1989年12月26日废止	
《中华人民共和国环境保护法》	主席令〔2014〕09号	十二届全国人大常委会第八次会议	1989年12月 2014年04月	第四十三条	法律	首次颁布已被修订 现行有效	第四十三条规定，"依照法律规定征收环境保护税的，不再征收排污费"
《中华人民共和国水污染防治法》	主席令〔1984〕第12号	六届全国人大常委会第五次会议	1984年05月	第十五条	法律	首次颁布已被修订	
	主席令〔1996〕第66号	八届全国人大常委会第十九次会议	1996年05月	第十五条	法律	已被修订	
	主席令〔2008〕第87号	十届全国人大常委会第三十二次会议	2008年02月	第二十四条	法律	已被修订	"2008年修正版"第二十四条，"直接向水体排放污染物的企业事业单位……征收标准缴纳排污费"，2017年修正版不再涉及排污费相关条款
	主席令〔2017〕第70号	十二届全国人大常委会第二十八次会议	2017年06月	不再涉及排污费有关条款	法律	现行有效	
《中华人民共和国海洋环境保护法》	全国人大常委会5届第9号	五届全国人大常委会第二十四次会议	1982年08月	第四十一条	法律	首次颁布已被修订	
	主席令〔1999〕第26号	九届全国人大常委会第十三次会议	1999年12月	第十一条	法律	已被修订	
	主席令〔2013〕第08号	十二届全国人大常委会第六次会议	2013年12月	第十一条	法律	已被修订	
	主席令〔2016〕第56号	十二届全国人大常委会第二十四次会议	2016年11月	第十二条	法律	已被修订	
	主席令〔2017〕第81号	十二届全国人大常委会第三十次会议	2017年11月	不再涉及排污费有关条款	法律	现行有效	第十二条规定"依照法律规定缴纳环境保护税的，不再缴纳排污费"

第六章 工业水污染物边际减排成本和环境规制政策

（续表）

法律法规名称	文书字号	颁布机构	颁布时间	相关条款	效力级别	效力状态	"费改税"过渡性条款
《中华人民共和国大气污染防治法》	主席令〔1987〕第 57 号	六届全国人大常委会第二十二次会议	1987 年 09 月	第十一条	法律	首次颁布·已被修订	
	主席令〔1995〕第 54 号	八届全国人大常委会第十五次会议	1995 年 08 月	第十二条	法律	已被修订	
	主席令〔2000〕第 32 号	九届全国人大常委会第十五次会议	2000 年 04 月	第十四条	法律	已被修订	"2000 年修正版"第十四条，"根据加强大气污染防治的要求.技术条件合理制定排污费的征收标准"；"2015 年修正版"不再涉及排污费相关条款。
	主席令〔2015〕第 31 号	十二届全国人大常委会第十四次会议	2015 年 08 月	不再涉及排污费有关条款	法律	已被修订	
	主席令〔2018〕第 16 号	十三届全国人大常委会第六次会议	2018 年 10 月	不再涉及排污费有关条款	法律	现行有效	
《中华人民共和国固体废物污染环境防治法》	主席令〔1995〕第 58 号	八届全国人大常委会第十六次会议	1995 年 10 月	第三十四条	法律	已被修订	
	主席令〔2004〕第 31 号	十届全国人大常委会第十三次会议	2004 年 12 月	第五十六条	法律	已被修订	
	主席令〔2013〕第 05 号	十二届全国人大常委会第三次会议	2013 年 06 月	第五十六条	法律	已被修订	
	主席令〔2015〕第 23 号	十二届全国人大常委会第十四次会议	2015 年 04 月	第五十六条	法律	已被修订	
	主席令〔2016〕第 57 号	十二届全国人大常委会第二十四次会议	2016 年 11 月	不再涉及排污费有关条款	法律	已被修订	
	主席令〔2020〕第 43 号	十三届全国人大常委会第十七次会议	2020 年 04 月	不再涉及排污费有关条款	法律	现行有效	
《中华人民共和国环境噪声污染防治法》	主席令〔1996〕第 77 号	八届全国人大常委会第二十二次会议	1996 年 10 月	第十六条	法律	首次颁布·已被修订	
	主席令〔2018〕第 24 号	十三届全国人大常委会第七次会议	2018 年 12 月	第十六条	法律	现行有效	
《中华人民共和国环境保护税法》	主席令〔2016〕第 61 号	十二届全国人大常委会第二十五次会议	2016 年 12 月	全文	法律	已被修订	第三条，"本法所称应税污染物，是指本法所附《环境保护税税目税额表》规定的大气污染物、水污染物、固体废物和噪声"。
	主席令〔2018〕第 16 号	十三届全国人大常委会第六次会议	2018 年 10 月	全文	法律	现行有效	

注释：（1）"主席令"是"中华人民共和国主席令"的简称，"全国人大常委会"是"中华人民共和国全国人民代表大会常务委员会"的简称。
（2）"国家环保部"是 1952 年成立的"中华人民共和国国家环境保护总局"的简称，1998 年更名为"中华人民共和国国家环境保护总局"，2003 年改组为"中华人民共和国国家发展和改革委员会"。
（3）《环境保护法（试行）》《中华人民共和国海洋环境保护法》分别于第五届全国人大常委会第十三次会议和十四次会议审议通过，公布；由时任全国人大委员长叶剑英签署，公布。《中华人民共和国令》；中华人民共和国〔1978〕第二十六条规定，"全国人大常委会主持全国人民代表大会常务委员会的工作；接受外国使节；根据全国人民代表大会或者全国人大常委会的决定，公布法律，任免国务院总理"。公开资料显示：国家主席令发始于 1983 年，即主席令〔1983〕第 1 号。
（4）资料来源：根据"北大法宝"方方数据和知识服务平台"法规数据库"手工整理。

131

表 6.2 我国环境保护税税目、税基和计税方法

税目	税基	计税单位	税额	征税说明
大气污染物	二氧化硫、氮氧化物等44种空气污染物	每污染当量	1.2～12.0 元	按照污染当量数从大到小排序对前3项污染物征税
水污染物	第一类水污染物	每污染当量	1.4～14.0 元	按照污染当量数从大到小排序对前5项污染物征税
	第二类水污染物			
	pH值、色度等			按照污染当量数从大到小排序对前3项污染物征税
固体废弃物	煤矸石等	每吨	5.0～1 000.0 元	按固体废物的排放量确定
噪音	工业噪音	分贝超标值	350.0～11 200.0 元/月	按超过国家规定标准的分贝数确定

在水污染物适用环保税额的设计中,部分地区对不同污染物以及所辖地级市采取差别化的税额标准。例如福建、山东、湖北3地,其水污染物中5项重金属(铅、汞、铬、镉、砷)以及化学需氧量和氨氮较其他类别水污染物的税额标准要高,上海对化学需氧量和氨氮的税额设定要明显高于其他类别的水污染物;江苏对所辖13个地级市采取差别化的税额标准,南京适用省内一档税额(8.4元/当量),无锡等4市适用省内二档税额(7.0元/当量),徐州等8市适用省内三档税额(5.6元/当量),分别是国家水污染物基准税额(1.4元/当量)的6倍、5倍和4倍。此外,内蒙古、辽宁、云南3地采取了分阶段提高环保税额的政策设计,例如,内蒙古分3年提高水污染物环保税额至国家基准税额的2倍水平。

考虑到我国环保税以"费税平移"的方式废费改税,排污费计征污染物和环保税税目种类相对保持稳定,排污费和环保税税收规模具有一定程度的可比性。因此,本节系统梳理了2006—2017年我国各地排污费财政收入规模、2018年环保税入库总额占当期各地区一般公共财政收入的比重(见表6.4)。各地区排污费收入数据来自《中国环境年鉴》,2018年各地环保税入库总额数据来自《中国税务年鉴》,各地区历年一般公共财政收入来自财政部公布的历年《全国财政决算》数据库。

表 6.3 我国各省级行政单位环境保护税水污染物适用税额

地区	税额(单位:元/当量)	税额类型	地方人大常委会通过时间
北京	14.0		十四届人大第四十二次会议
天津	12.0		十六届人大第四十次会议
河北	5.6;7.0;11.2	区分地级市	十二届人大第三十三次会议
山西	2.1		十二届人大第四十二次会议

(续表)

地区	税额(单位:元/当量)	税额类型	地方人大常委会通过时间
内蒙古	1.4(2018年);2.1(2019年);2.8(2020年)	分阶段递增	十二届人大第三十六次会议
辽宁	1.4		十二届人大第三十四次会议
吉林	1.4		十二届人大第三十八次会议
黑龙江	1.4		十二届人大第三十七次会议
上海	化学需氧量:5.0;氨氮 4.8;一类污染物:1.4;其他 1.4	区分污染物	十四届人大第四十一次会议
江苏	5.6;7.0;8.4	区分地级市	十二届人大第三十三次会议
浙江	5类重金属:1.8;其余:1.4	区分污染物	十二届人大第四十五次会议
安徽	1.4		十二届人大第四十二次会议
福建	5类重金属、化学需氧量、氨氮:1.5;其余 1.4	区分污染物	十二届人大第三十一次会议
江西	1.4		十二届人大第三十六次会议
山东	5类重金属、化学需氧量、氨氮:3.0;其余 1.4	区分污染物	十二届人大第三十三次会议
河南	5.6		十二届人大第三十二次会议
湖北	5类重金属、化学需氧量、氨氮:2.8;其余 1.4	区分污染物	十二届人大第三十一次会议
湖南	3.0		十二届人大第三十三次会议
广东	2.8		十二届人大第三十七次会议
广西	2.8		十二届人大第三十二次会议
海南	2.8		五届人大第三十三次会议
重庆	3.0		四届人大第四十三次会议
四川	2.8		十二届人大第三十七次会议
贵州	2.8		十二届人大第三十一次会议
云南	1.4(2018年);3.5(2019年)	分阶段递增	十二届人大第三十八次会议
陕西	1.4		十二届人大第三十八次会议
甘肃	1.4		十二届人大第三十六次会议
青海	1.4		十二届人大第三十七次会议
宁夏	1.4		十一届人大第三十四次会议
新疆	1.4		十二届人大第三十三次会议

注释:税额类型分为:区分地级市、区分污染物、时间段递增、同一税额,该列没有特殊标注的省级行政单位为"同一税额",例如北京、天津等地。数据来源:根据各省、自治区、直辖市人大常委会公告手工整理。

表6.4 2006—2018年我国各地区排污费和环保税收占财政收入比重(单位:%)

地区	排污费						环保税	省别均值	年均变动（%）
	2006年	2008年	2010年	2012年	2014年	2016	2018		
山西	2.84	3.42	1.72	0.90	0.67	0.71	0.49	1.65	−9.54
宁夏	2.47	1.63	0.96	0.83	0.85	0.58	0.28	1.05	−13.39
河北	1.29	1.23	1.03	0.81	0.63	0.59	0.50	0.89	−6.42
内蒙古	1.00	1.22	0.96	0.80	0.57	0.48	0.47	0.80	−4.29
贵州	1.83	1.13	0.85	0.51	0.31	0.28	0.26	0.72	−13.81
新疆	1.00	0.91	0.83	0.51	0.53	0.46	0.22	0.62	−9.06
甘肃	1.53	0.90	0.60	0.46	0.30	0.35	0.16	0.60	−15.99
江西	0.80	0.84	0.61	0.61	0.46	0.36	0.10	0.58	−11.48
辽宁	1.05	0.78	0.60	0.45	0.42	0.47	0.15	0.56	−12.92
河南	1.03	0.91	0.66	0.55	0.30	0.28	0.27	0.55	−9.49
吉林	1.03	0.89	0.70	0.35	0.28	0.29	0.11	0.51	−15.14
山东	0.81	0.72	0.55	0.40	0.30	0.27	0.22	0.47	−9.13
陕西	0.93	0.75	0.50	0.33	0.33	0.31	0.15	0.47	−12.92
黑龙江	0.75	0.57	0.58	0.41	0.29	0.37	0.13	0.45	−10.85
江苏	0.79	0.75	0.50	0.34	0.28	0.28	0.25	0.44	−8.21
青海	0.49	0.57	0.60	0.39	0.29	0.37	0.23	0.43	−4.50
湖南	0.91	0.71	0.50	0.35	0.25	0.18	0.11	0.41	−15.36
重庆	1.10	0.80	0.40	0.22	0.19	0.18	0.09	0.41	−17.01
安徽	0.75	0.61	0.46	0.33	0.26	0.21	0.10	0.40	−13.41
广西	0.84	0.46	0.60	0.27	0.17	0.23	0.17	0.37	−8.38
浙江	0.83	0.57	0.39	0.28	0.24	0.18	0.03	0.35	−19.61
湖北	0.70	0.58	0.37	0.23	0.19	0.19	0.13	0.33	−11.36
四川	0.84	0.45	0.38	0.25	0.19	0.17	0.12	0.33	−13.44
云南	0.70	0.46	0.34	0.27	0.20	0.12	0.11	0.30	−13.10
福建	0.72	0.48	0.31	0.19	0.14	0.17	0.07	0.29	−15.60
天津	0.58	0.27	0.17	0.12	0.16	0.19	0.17	0.23	−5.75
广东	0.51	0.29	0.21	0.14	0.11	0.08	0.04	0.19	−18.58
海南	0.47	0.27	0.13	0.09	0.08	0.09	0.07	0.17	−13.50
上海	0.26	0.13	0.09	0.05	0.04	0.05	0.03	0.09	−9.70
北京	0.11	0.02	0.02	0.01	0.07	0.10	0.08	0.05	−6.22
均值	0.95	0.76	0.54	0.37	0.30	0.28	0.17	0.48	−11.64

注释:限于篇幅,本表仅列示2006—2018年偶数年份数据,全样本期数据见本书附录11;以"省别均值"降序排列。

第六章 工业水污染物边际减排成本和环境规制政策

需要说明的是,2017年12月,国务院发布《关于环境保护税收入归属问题的通知》(国发〔2017〕56号)指出,"环境保护税全部作为地方收入",环保税作为地方一般公共财政收入的组成部分,而排污费采取中央、地方按1∶9的比例共享排污费收入。鉴于《中国环境年鉴》所载排污费数据,为各地当期上交中央财政前的原始排污费收入规模,因此本书按上述比例提取中央分享排污费收入份额,并将该份额计入地方一般公共财政收入,以还原地方同中央共享排污费之前,地方一般公共财政收入总规模,并以此作为地方排污费收入比重的测度分母,从而与环保税占地方财政收入比重的统计口径保持相对一致。基于上述数据整理,本书认为我国排污费和环保税收规模具有如下3方面特征:

(1) 环保税收不抵支,环保类支出对财政转移支付的依赖程度日趋增大。表6.4显示,我国各地排污费收入占地方财政收入比重呈逐年降低的趋势,从2006年0.95%降低至2017年0.28%(2017年数据见附录11)。自2018年开征环保税,当年环保税入库税金占当年地方财政收入的比重仅为0.17%,该比重为历年最低水平。正如本书第一章综述所提及的,在我国财政政策适度宽松以及财政赤字[①]的环境下,环保类支出占总财政支出的比重日渐增高,而排污费收入占环保类支出的比重却日益降低。图6.1显示,"费改税"实施首年,即2018

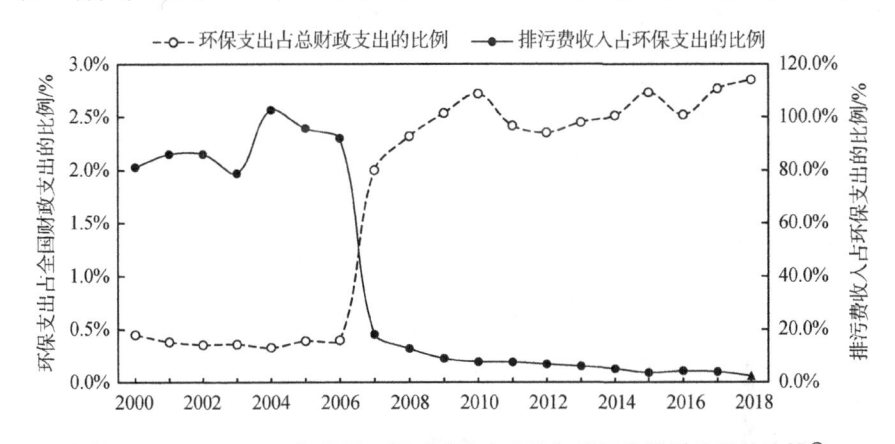

图6.1　2000—2018年我国环保财政支出占比与排污费的财政贡献趋势[②]

[①] 我国财政部《全国财政决算》数据显示,2017年、2018年全国财政赤字决算均为23 800.0亿元,分别占当年全国一般公共预算支出决算总额的11.72%、10.77%;2019年财政赤字决算为27 600.0亿元,占当年全国一般公共预算支出决算总额的11.55%。

[②] 注释:(1)受政府收支分类科目调整影响,2000—2006年环保支出取自"环境保护和城市水资源建设支出"类级科目,2007—2010年取自"环境保护支出"类级科目,2011—2018年取自"节能环保支出"类级科目;(2)环保税自2018年1月实施,符号"▲"表示环保税税收占环保支出的比例;(3)数据来源:2000年至2017年趋势根据历年《中国财政统计年鉴》数据计算,2018年的相关占比情况根据《2018年地方一般公共预算、决算收支表》数据计算,手工整理。

年入库环保税占环保类财政支出的比重不足 2.50%。排污费以"污染者付费"原则为生态环境修复、生态保护等环境类支出筹集资金,而其实际占财政支出和财政收入的比重却日渐"双降",这意味着环保类支出对财政转移支付的依赖程度逐渐增强。

(2) 环保税收增长乏力,排污费和环保税收规模占财政收入比重日趋降低。相较于 EU 和 EEA 成员国,我国适用于排污费和环保税制度的 31 个省级行政单位,排污费或环保税占地方财政收入的年均变动幅度均全部呈明显的负向变动状态,其中浙江、广东降幅为 19.61%、18.58%,考虑到工业生产技术进步带来的影响,单位工业产值水污染物排放量(排放强度)降低,应税污染物日益减少,但观察水污染物排放强度较高的地区发现,新疆、宁夏、广西等地排污强度相对较高的地区,其排污费、环保税占财政收入的比重亦呈明显的负向变动形态,年均变动幅度分别为 −9.06%、−13.39%、−8.38%。此外,2006—2018 年我国各地区地方财政收入年均增长幅度为 12.73%,而同时期排污费、环保税年均增幅为 −0.02%(如图 6.2 所示),仅河南一省排污费、环保税呈年均增长态势。沈坤荣等[113]认为,地方政府竞争加速了排污强度较高的产业向环境规制力度相对宽松的地区转移,其研究数据显示,2015 年我国主要流域的中、上游地区工业废水排放量占全国总排放量的 59.10%,较 2005 年上涨了 4.30%。本书发现,工业废水中化学需氧量、氨氮排放强度较高而环境税额较低的地区,主要集中在我国中、西部地区(见图 6.3),以及环保税额标准相对较低的水平区间,中西部地区占比较大,例如适用于化学需氧量 3.0 元/当量的 8 个省级行政单位中,中、西部地区有 6 个,仅广东、海南两省为东部省份①。

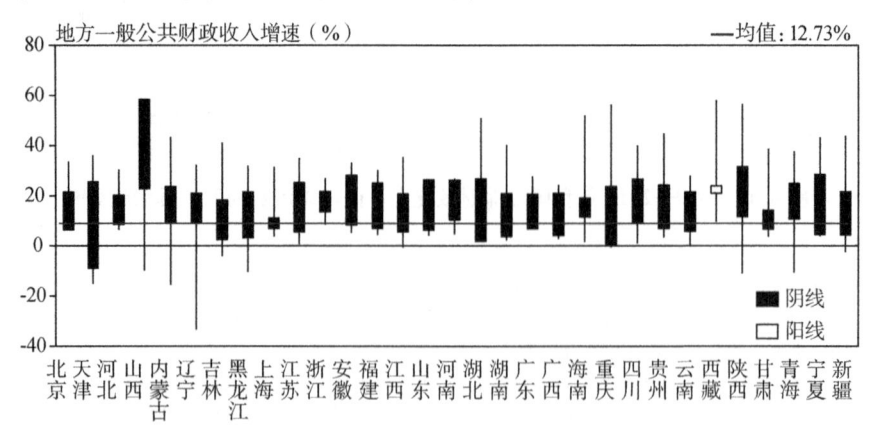

---

① 我国区域划分方法,详见本书第五章;此处仍沿用前文区域划分标准。

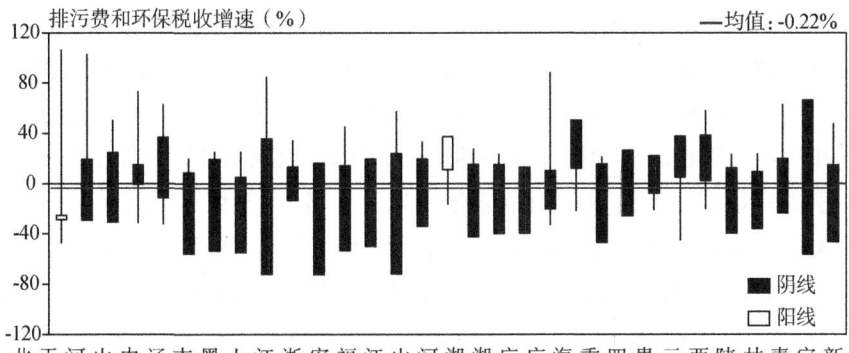

第六章 工业水污染物边际减排成本和环境规制政策

图 6.2　2006—2018 年我国各地区一般公共财政收入和排污费、环保税收年增速

排污强度相对较高的产业，由排污费计征标准、环保税额较高的地区转移至计征标准较低的地区，这将稀释排污费、环保税的增长幅度。由此可见，高税额地区对高排放产业的推力，以及低税额地区对高排放产业的拉力，一定程度使得排污费和环保税在地方财政收入中的份额日渐萎缩。环保税额与污染物排放强度不适配，其根源来自我国区域经济发展的不平衡，但环保税的低税额不应成为高排污产业进行区域转移的"风向标"，亦不应成为高排污企业缴费、纳税即可夹缝生存的"续命药"，"倒逼"企业主动治污减排、引导生产技术绿化升级、甄选环境友好产业优胜劣汰，才是原排污费、环保税促进经济社会发展全面绿色转型的应有之义。

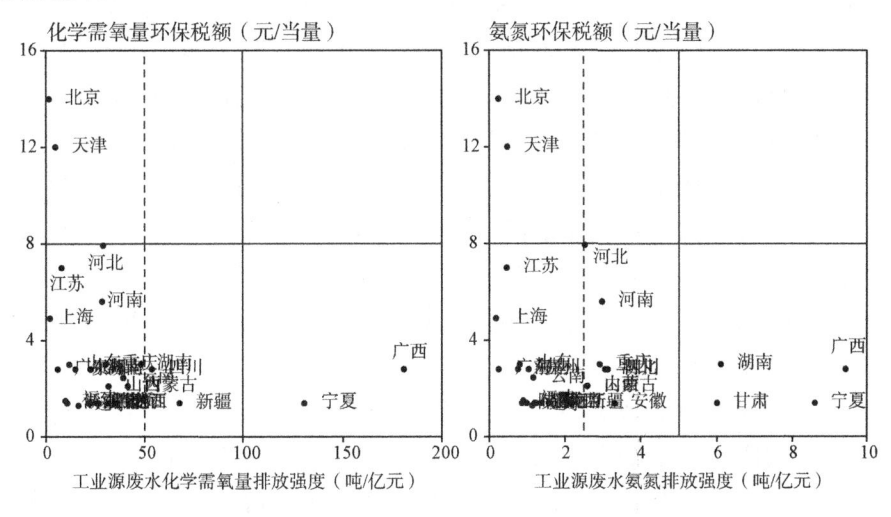

图 6.3　2001—2015 年我国各地区水污染物环保税额和排放强度

（3）污染当量值联动环保税征收标准，环保税收规模仍具一定提升空间。我国《环境保护税法》第七条规定，"应税水污染物按照污染物排放量折合的污染当量数确定"，即将应税水污染物排放量的质量折算为相应的污染当量值，继而依据相应水污染物的税额计算应纳环保税。例如，依我国现行环保税法，水污染物化学需氧量和氨氮的污染当量值分别为1.0当量/千克污染物、0.8当量/千克污染物。这种依污染物当量计征环保税的政策设计，源于20世纪90年代原国家环保局和世界银行主持的研究项目，"中国排污费制度改革设计与实施研究"。自2003年该研究成果应用于我国排污费收费制度以来，其所规定的污染物种类和当量值设定已"平移"至我国现行环保税法中，并沿用至今。

然而，已有研究表明，现行污染当量体系仍有不足。例如，未考虑不同工业行业对生态环境损害的异质性，化工等高污染行业排放的同类污染物对生态环境的损害程度更大，相应污染因子的污染当量应有所提高[230]；生产工艺和产污环节、治污减排设备等方面（以下简称"产污节点"）的差异都会对污染因子的污染当量产生明显影响。延伸到大气污染物来看，现行的大气污染因子的污染当量标准较低，2008年沈阳市中小型白酒酿造企业烟尘污染当量是现行烟尘污染当量标准的46~69倍[231]；废气治理措施缺位状态下的有机废气总污染当量，较使用相关废气治理措施下的总污染当量高。可见，工业生产排污节点体系复杂，污染因子的污染当量受到多方面因素的影响而具有明显差异。现行环保税法所载污染当量值体系以污染因子作为主要分类依据，即所有应税对象（不区分行业、地区、生产工艺等）对同一污染因子适用同一污染当量，这种设计将复杂的产污节点的生态损害程度标准化，便于环保税收的计征、核查等管理，但亦使得环保税基核算时忽视了各产污节点对生态环境损害的差异，不能有效区分同类污染物同等排放量下，不同产污节点对生态环境的真实损害程度，而这种真实的损害程度可以通过对各产污节点的污染当量进行全面、具体的核算来体现。

在水污染物的环保税额的设定上，我国各地税额设定普遍偏低。其中，11个省级行政单位完全采用国家最低基准标准；内蒙古和云南两地采取分阶段提升税额，以国家基准标准为初始税额，但后期提升幅度却相对有限，仅分别为国家基准税额的2倍和2.5倍；除北京、天津和河北税额标准较国家基准有大幅度的提升外，其他省级行政单位税额为国家基准标准的3~6倍。从排污费和环保税收入占地方财政总收入的比重来看，尽管2006—2018年该比重均值为0.48%，但均值以上省级行政单位的占比却呈现明显的逐年下降趋势，由2006年的90.30%下降为2018年的6.50%，2018年环保税占地方财政总收入的比重仅为0.17%。

6.2 边际减排成本分异对环境规制政策的启示

2020年10月,中国共产党第十九届中央委员会第五次全体会议(以下简称"全会")指出,我国已转入高质量发展阶段,但生态环保任重道远,重点领域关键环节的改革任务仍然艰巨。为此全会指出,要将"主要污染物排放总量持续减少"纳入"十四五"经济社会发展的主要目标,并提出全面深化改革,建立现代财税体制、完善生态文明领域统筹协调机制,促进经济社会发展全面绿色转型。

作为经济、政治、文化、社会和生态文明体制多层次联动的全面深化改革,其总目标[①]锁定于全会提出的"生态环境根本好转,美丽中国建设目标基本实现"。全面深化改革,为破解生态环境难题提供了全新的思路,即跳出以往零敲碎打型的局部环境治理的思维模式,将完善生态文明领域统筹协调机制置于全面深化改革的总体布局中,建立现代财税体制,激发各类市场主体主动参与治污减排的活力,广泛形成绿色生产生活方式,走上"经济社会发展全面绿色转型"之路。

然而,我们也清楚地看到,促进经济社会发展全面绿色转型仍任重道远,生态文明建设的具体实践仍存在一些难点、堵点、痛点,如上文提到的,环保税收规模同西方国家存在的差距、地方环保税额标准与污染物排放强度不适配等问题。放眼国际,西方国家排污类环保税占财政总收入比重的经验数据显示,荷兰、波兰等EU成员国家排污类环保税收能够占到财政总收入的0.50%以上,排污类环保税是其国家财政收入的重要组成部分,税制的绿化程度相对较高。考虑到在进行国际间横向比较时,应该清楚认识到我国仍存在着发展上的不充分[232],即体现在发展质量和效益还不高,这种不充分的矛盾由过去生产规模与人们物质需求间的不匹配,转变为当下生产质量与人们需求之间的不匹配[233],例如人们日益关注的生态环境质量问题依旧十分突出。高质量发展和经济社会发展的全面绿色转型将成为"十四五"及以后一个时期贯穿于各项工作的"攻坚战"[234]。在这一全面绿色转型的过渡期,本书采用EU和EEA成员国家排污类环保税占财政总收入比重的均值和中位数作为对比指标,却发现我国各省级行政单位的税制绿化程度仍不容乐观,我国环保税占财政总收入的比重同西方国家的均值、中位数水平仍存在一定程度的差距,而这种差距在日趋加大,即我国各地区排污

---

① 中国共产党第十九届中央委员会第五次全体会议从九个方面,提出了2035年基本实现社会主义现代化的远景目标,包括"广泛形成绿色生产生活方式""碳排放达峰后稳中有降""生态环境根本好转""美丽中国建设目标基本实现""基本实现国家治理体系和治理能力现代化"等。

费、环保税收规模占地方财政的比重在逐渐缩小,尤以 2017 年和 2018 年最为明显,两年间我国大于西方税制绿化程度经验均值(0.27%)的省级行政单位平均不足 31.00%。

在逐步提升环保税额的改革实践中,我国部分地区已作出一些有益的尝试。例如前文提及的内蒙古、云南两地,在制定适用于本地的环保税额时,采用了分阶段提升环保税额的做法,并且这一阶段性提标方案的适用期,平均 2~3 年,这些地区显然已意识到,以往排污费计征标准和现行环保税额的设定水平偏低,无法充分发挥其"倒逼"工业排污企业主动治污减排的警示、惩戒和引导作用。然而亦应清楚地看到,我国仍有 11 个省级行政单位仍采用国家最低基准标准,即以 1.4 元/当量对水污染物计征环保税,这些地区环保税仍停留在原排污费时期的计征水平和环境规制力度,同我国部分环保税额较高、排污强度控制效果较高的地区,以及西方国家排污类环保税收平均比重之间仍具有明显的差距,一定程度上束缚了环保税在生态文明建设中有效性的全面发挥。为此,在经济社会全面绿色转型背景下,本书认为应具有针对性地提升水污染物环保税额适用标准,进一步扩充环保税收整体规模,引导工业生产用水技术绿色升级、甄选环境友好产业优胜劣汰。

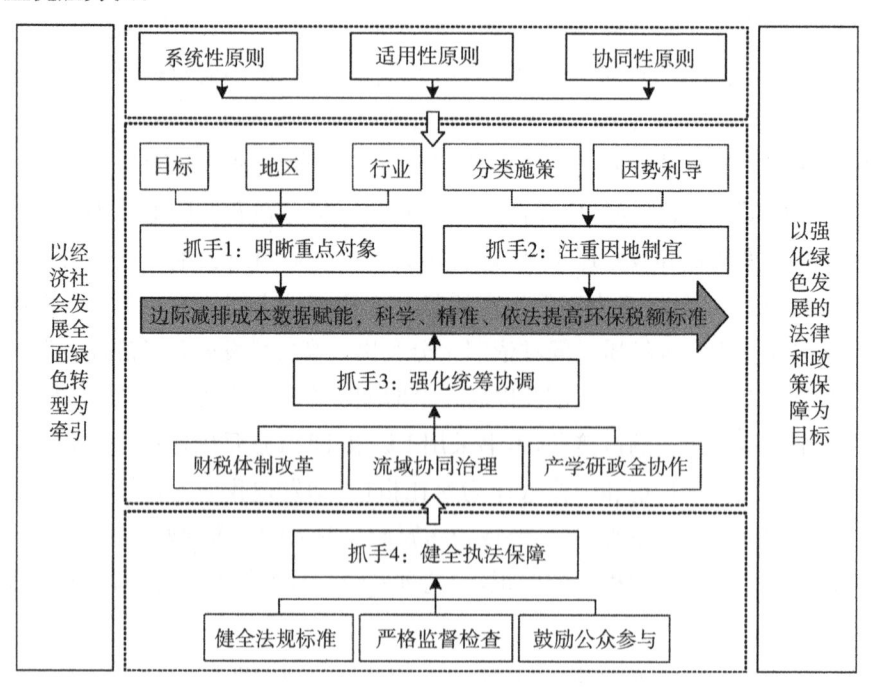

图 6.4　环保税额提标政策建议框架

基于本书第五章工业水污染物边际减排成本时空差异、第六章工业水污染物边际减排成本驱动因素的研究发现,本节尝试从环境规制政策调整原则、水污染物排放强度、水污染物边际减排成本、生态文明统筹协调机制4个方面,讨论水污染物边际减排成本分异对我国价格型环境规制政策(环保税)的启示,政策建议框架如图6.4所示。

6.2.1 全面绿色转型下环境政策调整原则

(1) 体现治污减排的系统性

工业废水治污减排是一个复杂的系统性工程,环保税额调整的本质目的是服务于引导企业对传统生产技术实施清洁化改造,是在特定社会发展阶段和生产技术条件下形成环境-经济-环境良性互动系统。这种复合系统特征决定了环保税额调整决不能就税论税,也决定了全面绿色转型时期,环保税额调整也不是对环保税额计征标准简单地赋以更高的水平,而是综合考虑各地区经济发展和生态环境保护目标,统筹协调价格机制、财税政策和科技支撑,健全环保税征税执法保障,形成以环保税额为政策风向标的复合型环境规制体系。

(2) 体现治污减排的适用性

实现生产技术的清洁化是工业治污减排的重点工作,是当前我国经济和社会发展全面绿色转型的大势所趋,需要一场持续的绿色改革,这势必会触动并影响部分排污强度仍不容乐观的行业和地区的短期利益。为此,在环保税额规制力度的选择上,应根据本地区水污染物边际减排成本的相对水平、水环境承载力、经济发展需求和技术水平等因素量力而行,采用适用于本地实际情况的环保税额。科学确定环保税额调整的目标任务,合理选择施政重点领域和改革措施,严格实行排污许可制度下的排污总量控制,对环保税额按需提标、因地制宜,分类施策。

(3) 体现治污减排的协同性

探索支撑区域流域协同治理的环保税转移支付政策框架,推动建设区域流域环保税额提标联动机制,打破因行政区域分隔,造成水环境治理中存在的九龙治水、分头管理问题。强化东中西配合、上下游协同、干支流联动,推动区域流域水环境生态保护和治理相互借力,政策互鉴。疏通环保税政策框架中存在的堵点和痛点,构建环监、税务、财政、物价、宣传、外办等部门协作机制,充分发挥制度合力推动多元主体的整体治理效能和优势,实现区域流域治理能力现代化。

6.2.2 基于水污染物排放强度的政策建议

6.2.2.1 关注重点地区

本书第五章研究发现,我国工业水污染物化学需氧量、氨氮的排放强度具有明显的空间异质性。总的来看,两种水污染物的排放强度呈现东高西低的空间分布形态,表明工业生产技术的环境友好程度,就单位产值水污染物排放量而言,部分中、西部地区生产技术仍相对落后,工业生产废水排污的监管和治理的紧迫性相对较高。

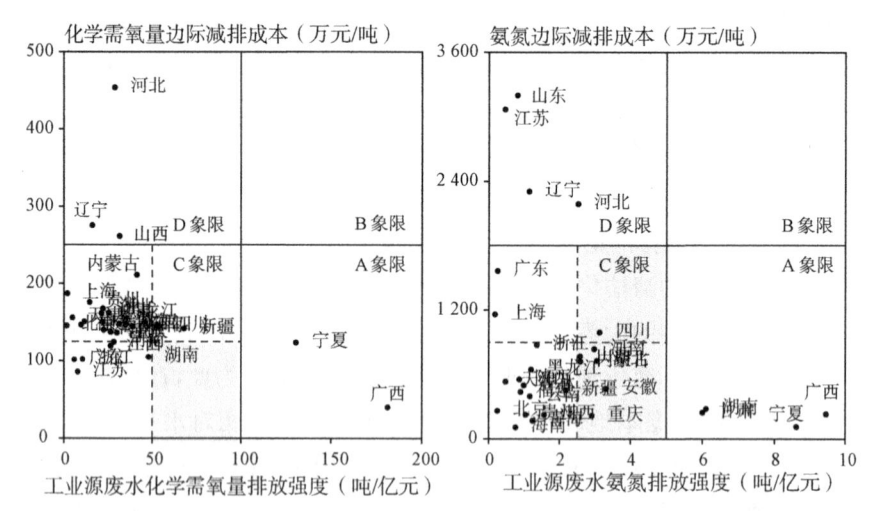

图 6.5 2001—2015 年我国各地区水污染物边际减排成本和排放强度[①]

本书认为,推进环保税改革,应遵循"紧迫地区现行"的原则,突出工作重点,稳妥推进环保税政策调整工作有序开展。在环保税改革时间表的制定上,可以排放强度区分改革的轻重缓急,即排放强度高的地区应率先提高环保税额。根据第五章和第六章研究结果,绘制我国 30 个省级行政单位、36 个两位数工业行业边际减排成本和水污染物排放强度散点图,并以两坐标中位数为分界点,将散点图分为 A 至 D 四个象限。以污染排放强度表征各地区、各行业推行减排的紧迫性,并按照排放强度高、边际减排成本低(A 象限)→排放强度高、边际减排成本高(B 象限)→排放强度低、边际减排成本低(C 象限)→排放强度低、边际减排成本高(D 象限)的顺序依次实施环境税额调整改革。

---

① 因图中存在较多省份点位重合,研究所选各省份象限分布情况见附录 12。

第六章 工业水污染物边际减排成本和环境规制政策

(1) A象限:排放强度高、边际减排成本低。该象限标记出了位于排放强度坐标中位数以上、边际减排强度坐标中位数以下的地区(见图6.5)和工业行业(见图6.6)。位于该象限的减排主体排放强度较高,是推行治污减排向优改进的重点监测对象;同时相较于其他减排主体而言,其边际减排成本相对较低,对提升环境税额引致内部减排成本增长,具有一定承受空间。该象限内分布有宁夏、广西等4地。

(2) B象限:排放强度高、边际减排成本高。B象限表征排放强度较高,环境规制紧迫性较强,为减排将付出的经济损失却明显高于其他地区、行业,是绿色生产转型中污染程度大、治污成本高的监管难点。尽管该象限尚未分布相关地区和行业,但采用象限划分方法,对C象限进一步划分区域可以发现,在C象限中的右上方区域,即C-b区域(图6.5中灰色阴影区域)仍分布有四川、新疆两地,相较于其他C象限地区而言,C-b区域表征排放强度仍相对较高,尽管边际减排成本上不具有成本优势,但其高排污亦应引起环境监管部门的注意。

(3) C象限:排放强度低、边际减排成本低。该象限分布的地区和行业数量较多,两种水污染物下,平均分布有80.0%的地区和83.3%的工业行业分布于该象限。为了进一步细化C象限分布区域,将C象限细分为C-a至C-d区域。对于该象限内排放强度较高的地区、行业,除上文已经提及的C-b区域以外,C-a区域(图6.5和图6.6中阴影区域)亦应引起环境监管部门的注意。尽管C-d区域较C象限其他地区、行业而言,其排放强度较低,但该区域减排成本相对较高,并不意味着其减排推进阻力较大。同D象限分布的地区和行业相比,C-d区域减排成本同D象限高边际减排成本相比仍具有一定差距。因此,在提升环保税额时,C-d区域可将D象限中环保税额较高地区所适用的标准作为税额调整的参考,例如D象限中的河北一地,尽管其边际减排成本较高,但其适用税额最高标准为11.2元/当量,是C-d区域中边际减排成本较低、但排放强度较高的地区(如江西适用税额1.4元/当量)的8倍,表明C-d区域所分布的地区、行业适用环保税额仍存在一定调升空间。

(4) D象限:排放强度低、边际减排成本高。该区域边际减排成本明显高于A象限和C象限水平,污染物排放强度亦明显低于A象限水平,部分地区和行业处于排放强度坐标中位数边界线附近,例如位于C象限排放强度坐标中位数分界线附近的山西、河北(见图6.5)。对于此类排放强度水平仍然同具备先进减排技术的地区(排放强度较低的北京、上海,详见图6.5)存在一定的差距,进一步实施减排并降低排放强度显然是必要的。但考虑到该象限边际减排成本较高,为实施减排所付出的经济损失代价较大,为此在调整环保税额时应充分考虑到本地区经济发展的承受能力,以本象限相关地区的高水平环保税额为参考上限,对于本身环保税额已处于较高水平标准的(例如河北),可适当地引入治污成效奖励政策,综合使用财政补贴、税收优惠等政策工具,对减排成效明显的地区和行业实施正向激励。各地区象限分布情况见附录12。

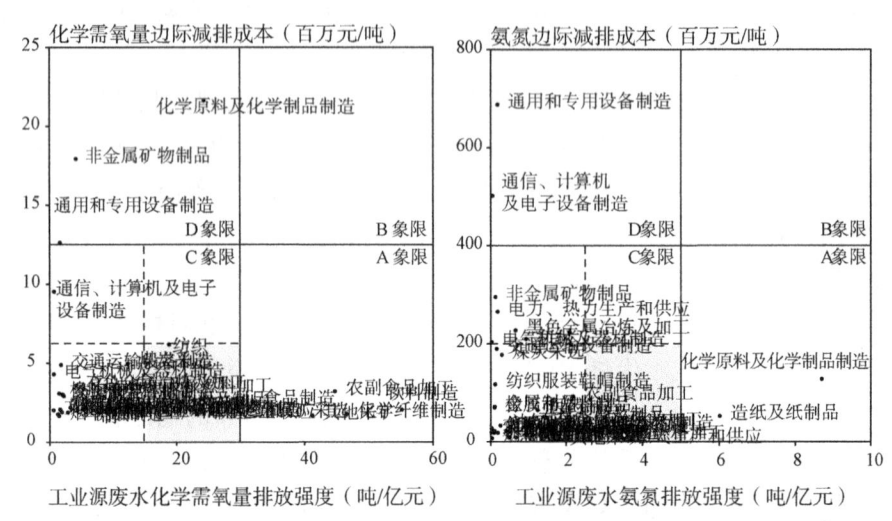

图6.6 2001—2015年我国各工业行业水污染物边际减排成本和排放强度[①]

6.2.2.2 聚焦重点行业

本书研究发现,我国36个二位数工业行业两类水污染物排放强度、边际减排成本均具有明显的行业异质性(见图6.6)。然而,我国现行环保税在税额和污染当量值的设定层面,尚未考虑不同工业行业对生态环境损害带来的差异化影响。由于工业生产排污节点体系复杂,污染因子的污染当量值受到特定行业采用的特定生产技术等多方面因素的影响。在污染物和排放量相同的前提下,对于诸如医药制造、食品制造、农副食品加工、饮料制造、化学纤维制造、化学原料及化学制品制造等高排污强度的行业而言,采用相同级别的污染当量值和环保税额计征标准,将无法有效区分不同工业行业、不同产污节点对生态环境的真实损害程度,造成环境真实修复成本与环保税征缴税金间的差额逐渐拉大,间接增加了环保类财政支出转移支付的压力。

本书认为,应完善现行环保税政策,对重点排污工业行业实施差别化的征税标准,逐步放开污染当量值全国统一定标。在中央制定最低基础标准的前提下,有条件的地区可组织专家力量核定本地区工业系统水污染物当量值,对水污染

[①] 因图中存在较多工业行业点位重合,研究所选各工业行业象限分布情况见附录12。

物排放强度高的行业,赋以更高水平的水污染物当量值或环保税额计征标准,以有效聚焦水污染治理中的主要矛盾,更有针对性地增强地方政府环境规制力度,更有效地"倒逼"排污高强度行业参与治污减排。

6.2.3 基于边际减排成本差异的政策建议

6.2.3.1 注重分类施策

边际减排成本代表为减少污染物排放而损失的经济产出的价值,是为实现环境合规而放弃的期望产出的机会成本。本书第四章研究结果表明,"十二五"以来,随着各地水污染物排放强度的持续降低,水污染物的边际减排成本将日趋增高。这表明为进一步实施减排,厂商内部减排的边际成本将逐渐增加,这将致使厂商缺乏足够的积极性主动参与生产技术的清洁化改造。为此,科学、精准地强化价格型环境规制政策的执行力度便尤为必要。

本书认为,在拟定环保税额提标的上浮水平时,应遵循"边际减排成本相对较高的地区宜适用较高的环保税额标准"的原则,对边际减排成本高,但现行环保税额标准较低的地区,适度提升其环保税额标准。具体方案是,根据第五章拟合所得边际减排成本曲线,依边际减排成本自高至低,均等地划分为标尺域、竞上域、培优域、开发域4个区位(见图6.7)。各地区可以在由排放强度和边际减排成本构造的4个区位中,沿着边际减排成本曲线的方向向上浮动,寻找相邻地区,锁定一个或多个对标对象,以对标地区的环保税额水平,作为本地区下一阶段时期环保税额提标的参照。

(1)标尺区位。经济发展处于国内领先水平,水污染物排放强度较低、边际减排成本最高或现行环保税额最高的地区,地方政府对生态环境要素偏好程度较高,工业结构中尖端信息科技和高端装备制造等产业比重日臻增大。建议地方政府继续实施强有力的环境规制并保持较高水平的环保税额计征标准,深化产业结构全面趋向绿色转型并形成全国标尺示范,例如北京、上海等地。

(2)竞上区位:水污染物排放强度适中的地区,地方政府注重培育优质环境资源要素以促进产业结构高度化,选择性地退出部分重工业、轻纺和资源加工制造业。建议地方政府着力提升本地区环保税额标准,注重借鉴标尺地区环境治理经验,形成逐标竞上绿色转型的良好发展局面,例如江苏、浙江、广东等地。

(3)培优区位:水污染物排放强度适中的地区,工业结构中长期存在着一定比重的传统制造业和重工业,因具有劳动、基础设施等比较优势而担负着部分标尺和竞上地区转出产业的承接"使命",工业生产技术的环境友好程度的改进潜

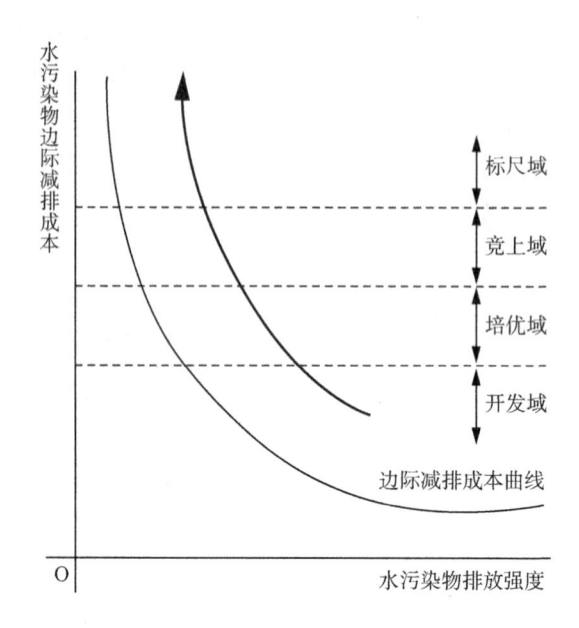

图6.7 水污染物边际减排曲线与分类施策区域划分

力较大。建议地方政府适度调升本地区环保税额适用标准；对所承接的转出产业，着力提高资本密集度和劳动生产率，多举措引导生产经营者对传统生产技术实施绿色化改造，例如山东、河北、河南等地。

（4）开发区位：水污染物排放强度较高的地区，劳动、资本、技术等要素禀赋较竞上、培优地区相对不足，地方产业结构高度化仍面临诸多挑战。建议地方政府在开展环保税额承压能力调研的基础上，分析调升环保税额标准对本地区微观经营主体带来的边际经济影响。统筹本地区减排目标、重点减排单位和关键水污染物，具有针对性地调升环保税额以释放绿色转型信号，为本地区经济绿色转型赢得时间。其间可将前期积累的环保税财政收入用于先进治污减排技术的引进和消化，借助省际对接帮扶机制，注重跨区域环保税收转移支付方案的设计和落地。开发地区包括新疆、宁夏、甘肃、广西等地。

6.2.3.2 纠正税额扭曲

本章第一节数据显示，我国各地环保税额现行标准、环保税收规模占地方财政总收入的比重存在着明显的差异。对于排污强度大、环境规制紧迫性较强的地区，调升环保税额将难以避免地将以经济产出的损失为代价，例如为排放水污染物而缴纳更高数额的环保税、升级生产技术而付出的相应改造成本等。因此，在环保税额调整时，可先行分析各地区环保税额标准的相对水平，以及环保税在地方财政收入中的比重，明晰各地区现行环保税执行力度，并结合本地区水污染物边际减排成本同其他区位地区的相对水平,做具有针对性的调整。

本书认为,水污染物边际减排成本较高且现行环保税额计征标准较低(尤其采用国家最低计征标准的地区),或者参照欧盟成员国家的发展经验,环保税占财政比重份额较不足 0.21%~0.27% 的地区,可先行提标。本书第四章研究结果表明,化学需氧量、氨氮边际减排成本存在着明显的空间异质性,除辽宁、山西、河北等地区边际减排成本长期列居高水平以外,其他地区总体呈东高西低的分布特征,并在边际减排成本绝对数额上,存在一定程度低档位区间集聚特征。图 6.8 显示,边际减排成本处于较低水平的地区,其现行环保税额标准较多地处于税额最大标准的 1/4 分位(图 6.8 阴影区域),低水平的环保税额将影响治污减排的效果。基于边际减排成本分析形成的政策方案,引导边际减排成本高、环保税额低的地区,朝着边际减排成本高、环保税额高的方向移动,指导各地区环保税提标改革,以纠正目前边际减排成本和现行环保税额标准间的扭曲关系。

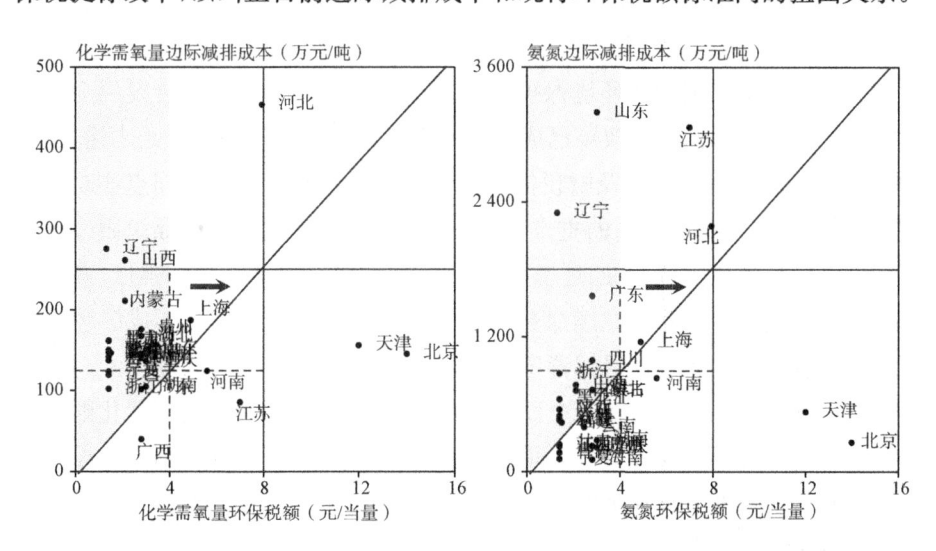

图 6.8 2001—2015 年我国各地区水污染物边际减排成本和政府环境规制力度

6.2.4 基于生态文明统筹协调的政策建议

6.2.4.1 深化财税体制现代化改革

以财税现代化适配经济社会发展全面绿色转型,全面深化财税体制现代化改革。十八届三中全会关于新一轮财税体制改革的系统部署指出,"科学的财税体制是优化资源配置、维护市场统一、促进社会公平、实现国家长治久安的制度保障"。中国科学院学者高培勇指出,我国财税体制已经由经济体制的一个组成部分,上升为国家治理体系的一个组成部分[235],将财税体制改革与国家治理体系现代化密切联系在一起,是在财税体制改革中推动国家治理体系现代化向前发展的战略举措。"坚持和完善生态文明制度体系,促进人与自然和谐共生"作为"推进国家治理体系和治理能力现代化"的重要组成①,那么财税体制现代化改革服务于国家生态文明制度体系建设大局,也就成为题中应有之意。从我国生态文明制度体系建设已取得诸多成果中,亦能反映出财税体制现代化改革在国家治理中正发挥着的重要效用。例如,回顾我国环保税法规定,其第一条开宗明义:"为了保护和改善环境,减少污染物排放,推进生态文明建设,制定本法。"

2020年12月31日,中央全面深化改革委员会第十七次会议审议通过了《关于加快建立健全绿色低碳循环发展经济体系的指导意见》,进一步强调"健全绿色低碳循环发展经济体系,促进经济社会发展全面绿色转型,是解决我国资源环境生态问题的基础之策",指出全面调动绿色规划、绿色生产等8个领域的绿化改革,致力于我国生态环境保护和资源高效利用。在经济社会发展全面绿色转型的背景下,全面深化改革已成为各地区加快高质量发展的必经之途,生态文明制度建设中,尤其是涉及财税体制现代化建设的难点、堵点、痛点亦是疏通生态文明领域统筹协调机制的重点,责无旁贷。在对待水污染环保税额改革的问题上,以往环保税额低标准、环境规制低力度,已然成为水污染高强度、高排放企业夹缝生存和区域转移的"续命药"和"风向标",显然与"广泛形成绿色生产生活方式"的国家远景发展目标背道而驰。

为此,立足于国家经济社会全面绿色转型发展目标,持续推进现代化财税体制改革,充分发挥环保税等资源环境保护型财政政策在生态文明制度建设中的应有效用,是缓解地方环保类财政收支矛盾、支持工业生产用水和排水技术清洁化改造、甄选水环境友好产业优胜劣汰的重要举措。

6.2.4.2 推动流域水污染协同治理

本书第五章研究表明,水污染物边际减排成本受到来自空间区位中相关因素的影响,驱动边际减排成本呈现明显的空间异质性。流域内部各地区水污染物边际减排成本的差异,为制定差别化的环保税额标准提供了决策参考。此外,由于水污染物排放具有空间关联效应,除本地污染排放的累积,河流上

---

① 中国共产党第十九届中央委员会第四次全体会议审议通过的《中共中央关于坚持和完善中国特色社会主义制度,推进国家治理体系和治理能力现代化若干重大问题的决定》指出,"坚持和完善生态文明制度体系,促进人与自然和谐共生"。

游和湖泊临域传输而来的水污染物也是引发本地水污染的重要原因。考虑到经济欠发达地区主要分布在黄河、淮河、长江、珠江等流域的上游地区,高水污染物排放强度将对流域产生明显的负面影响,然而因其高污染而制定较高的环保税额标准,短期内将对其经济产生较大影响,从而影响地方政府征收高税额环保税的积极性。

为此,本书建议构建流域内水污染协同治理机制,统一征管流域内涉水环保税,安排专项环保税预算用于流域内经济欠发达地区转移支付,激励当地政府加大环境治理力度;基于边际减排成本区位间的空间集聚特征,制定"高—高集聚"和"低—低集聚"区域间的帮扶和财政转移支付机制;发挥水污染物边际减排成本曲线在完善环境规制政策中的信息支撑作用,边际减排成本曲线能够直观呈现各减排主体内部实际减排成本差异,曲线内临近分布的减排主体,在排污强度和边际减排成本上具有相似性,是流域沿线各地方政府优化环保税额计征标准可供研判和借鉴的对标对象,为制定适用本地区环保税政策提供参考。

6.2.4.3 构建产学研政金协作机制

(1) 动态分析形势

第五章研究表明,工业水污染物边际减排成本受到排放强度等因素的影响,在"十五"至"十二五"期间总体呈逐年上升的变动趋势,环保税额标准能否动态地与当期污染物边际减排成本相适配,反映当期排放强度等影响因素的变化,将直接影响环保税规制力度的有效发挥。目前,内蒙古和云南两地在环保税额的设计上,已采用分期递增的方式,逐步提升本地环保税额适用标准。为此,建议地方政府动态分析本地区环保税额环境规制力度的有效性,根据本地区经济发展和生态环境保护目标,分阶段制定本地区环保税适用标准;组织"政产学研"智库力量,追踪工业生产排污边际减排成本变动,就完善环保税政策方案群策群力、集思广益;构建税务和环监部门数据信息互联共享机制,依托先进的算力和动态的微观经济运行数据,推动数字技术应用于我国各地区环保税额执行标准、污染成本、排污交易等价格形成机制的动态研究与核算工作。

(2) 强化科技支撑

第五章研究表明,工业水污染物边际减排成本同技术进步水平显著正相关。鉴于此,为一定程度地缓解厂商技改成本压力,本书建议完善生产技术改造奖优罚劣制度,对积极实施清洁技术改造的厂商,政府应给予充分的政策性支持,落实生产技术绿色化改造配套性优惠政策。在技术支持方面,政府和行业协会应及时发布国家鼓励的工业水污染减排技术和设备目录,编制污水处理和资源化利用先进适用技术的实践案例,推广一批成熟的工业废水处理技术和设备,先行引导培优和开发地区推动本地传统生产技术绿色化改造;支持生产技术绿化改造资金贷款金融支持;组建科研院所、高等院校、污水处理企业创新联盟,重点突破排污实时监测系统异常数据预警、工业废水高效处理和资源化利用的关键技术和设备。

(3) 完善价格机制

环保税和污水处理收费政策,是"倒逼"企业治污减排的两项重要的价格型政策工具。在环保税额改革政策研究和地方性法规修订的过渡时期,建议地方政府实行差别化污水处理收费政策,以"多排污多付费"原则,对重污染企业实行差别化污水处理收费政策,加大重污染企业与其他企业污水处理费间的差距,协调工业生产污水直接排放纳税(环保税)和污水间接排放缴费(污水处理费)间的价格差异,在充分发挥污染减排效益的同时,充盈财政性环保类收入;构建关于污水处理收费标准的地方部门协作机制,环监部门应加强污水处理设施全效运行检查,坚决依法查处弄虚作假等环境违法行为;发展改革和物价部门应完善污水处理价格形成机制,优化和调整污水处理费收费标准;财政部门应夯实污水处理等环保设施的基建、技改资金保障,对已开展水污染物平衡核算试点的地区,完善奖优罚劣配套政策,强化征收管理工作的监督和检查;金融监管部门应创新绿色金融产品监管制度,鼓励企业采用绿色债券、资产证券化等手段,依法合规拓宽传统生产技术绿化改造的融资渠道;稳妥推进基础设施领域不动产投资信托基金试点等。

(4) 深化国际交流

当前纷繁复杂的国际环境下,2020年中欧如期完成投资协定谈判,以加深合作的切实行动,向世界表明了对合则两利、互利共赢的信心和决心。用好中欧环境与气候高层对话机制,借鉴欧洲国家排污类环保税立法、执法经验。例如,关注多瑙河等流域多国共治政策框架,论证和研究我国区域流域水环境协同治理的财税衔接性政策;学习欧洲在污水处理和资源化利用领域的先进技术,加快我国水处理技术自主研发进程;抓住中欧战略机遇,各地外事办公室应努力打造外事工作的特色名片,缔结国际友好城市,探索中外"智慧城市建设"线上信息交流机制,为后疫情时期广泛开展中欧环境战略合作铺路架桥。

6.2.4.4 健全环保税执法保障体系

(1) 健全法规标准

依法依规监测和披露企业排污数据,既是企业保护生态环境的法定义务,亦是环监和税务部门依法开展环保税征缴、稽核的基础和重点工作。受到排污信息数量庞大、偷排漏报行为隐蔽等因素的影响,纳税征管对构建排污信息检测、数据共享平台和配合机制提出了更高的要求。2020年12月,中央全面深化改革委员会第十七次会议审议通过了《环境信息依法披露制度改革方案》并指出,要形成企业自律、管理有效、监督严格、支撑有力的环境信息强制性披露制度。建议在现行环保税政策框架中,增补环境信息依法披露条款,配套行政规章、部门规章、地方政府规章等,加强法治化建设,健全监督机制;重点监测污水处理厂、高污染排放企业等单位污水排放数据,动态评估监测披露数据的可靠性和完整性,依法惩治排污数据瞒报和造假行为;结合水污染处理技术中出现的新问题,修订水污染物排放总量监测技术规范等行业标准。

(2) 严格监督检查

督促有关方面严格实行区域流域排污许可制度,强化企事业单位治污减排主体责任,严格持证按证排污。进一步加大中央生态环境保护例行督察力度,推进全国流域入河排污口排查和登记,认真对待群众就环境污染问题的来信来访,变"群众上访"为"干部下访",主动发掘隐秘排污中存在的新问题(如2020年神木污水处理厂使用"COD去除剂"篡改和伪造监测数据)并予以严肃处理,严厉打击偷排、漏报,维护环保法和环保税法的权威性。健全污水处理全过程监测体系,强化污水处理达标排放监管,逐步建立覆盖废水纳管、污水处理和资源化、污水达标排放全过程的风险防控预警体系。

(3) 鼓励公众参与

《中华人民共和国民法典》(以下简称《民法典》)首次将绿色原则规定为民法基本原则。《民法典》在《侵权责任编》第七章规定了"环境污染和生态破坏责任",体现了我国《民法典》的保护范围不仅限于私益,而是向公益保护的转变[236]。环境保护执法工作实践表明,公众线索是发现环境违法、违规问题的重要信息渠道。为此,建议以《民法典》为基础,制定公众参与水环境监督管理的合法权益保护制度,鼓励公众参与水环境治理,保护公众检举过程的合法权益。进一步加强环保税等环境规制政策的宣传,采用群众喜闻乐见的可视化形式,发布水生态、水环境保护领域的建设成果。探索并推动环保税政策宣讲进课堂和环保税知识入教材,以点带面,着力培育下一代爱国护税、爱水护水意识,正确引导社会舆论,增进社会共识。

6.3 本章小结

在梳理我国价格型环境规制政策历史沿革的基础上,本书认为我国现行环境保护税税额适用水平不足。为有效倒逼与激励厂商参与水环境治污减排,本书建议地方政府将边际减排成本作为精准、科学、依法治理水环境污染的政策分析工具,适度提升环保税额适用标准。地方政府应采取积极有为的施政倾向和因势利导的改革策略,遵循水环境治污减排的系统性、适用性和协同性原则,因地制宜、分类施策。发挥水污染物边际减排成本在完善环境规制政策领域的信息支撑作用,打破部门间数据壁垒,消除数据孤岛,汇聚制度合力,加快推动我国环境规制政策改革。地方政府应充分意识到,优质环境资源要素对培育真实比较优势和逐步实现产业结构高度化的重要性。在承接转移产业过程中,注重丰盈优质环境要素禀赋,适度提升本地环境税额标准,避免重走"先发展,后治理"的发展老路。

附 录

附录1：我国30个省级行政单位编码和区划对照

序号	编码	省级行政单位	本书使用的行政单位简称	区域划分
1	1	北京	京	东部
2	2	天津	津	东部
3	3	河北	冀	东部
4	4	山西	晋	中部
5	5	内蒙古	蒙	西部
6	6	辽宁	辽	东北
7	7	吉林	吉	东北
8	8	黑龙江	黑	东北
9	9	上海	沪	东部
10	10	江苏	苏	东部
11	11	浙江	浙	东部
12	12	安徽	皖	中部
13	13	福建	闽	东部
14	14	江西	赣	中部
15	15	山东	鲁	东部
16	16	河南	豫	中部
17	17	湖北	鄂	中部
18	18	湖南	湘	中部
19	19	广东	粤	东部
20	20	广西	桂	西部
21	21	海南	琼	东部
22	22	重庆	渝	西部
23	23	四川	川	西部
24	24	贵州	黔	西部

(续表)

序号	编码	省级行政单位	本书使用的行政单位简称	区域划分
25	25	云南	滇	西部
26	27	陕西	陕	西部
27	28	甘肃	甘	西部
28	29	青海	青	西部
29	30	宁夏	宁	西部
30	31	新疆	新	西部

注释：
(1) 本书将研究选取的我国 30 个省级行政单位按照东、中、西、东北部进行区域划分。
(2) 国家统计局于 2020 年 6 月发布的《统计制度及分类标准》提出："我国东部地区包括北京、天津、河北、上海、江苏、浙江、福建、山东、广东和海南 10 省（市）；中部地区包括山西、安徽、江西、河南、湖北和湖南 6 省；西部地区包括内蒙古、广西、重庆、四川、贵州、云南、西藏、陕西、甘肃、青海、宁夏和新疆 12 省（区、市）；东北地区包括辽宁、吉林和黑龙江。"因此，基于本书第四章关于省域维度选取的相关论述，附录 1 列式了除西藏自治区以外的 30 个省级行政单位的有关信息。

附录 2：2016—2017 年各地年鉴工业源化学需氧量、氨氮排放量披露情况

省份	2016	2017	省份	2016	2017	省份	2016	2017
北京	●	●	浙江	●	●	海南	○	○
天津	●	●	安徽	●	●	重庆	●	●
河北	○	○	福建	●	●	四川	●	●
山西	●	●	江西	●	●	贵州	●	●
内蒙古	●	●	山东	●	●	云南	●	○
辽宁	○	○	河南	●	●	陕西	●	●
吉林	●	●	湖北	○	○	甘肃	●	●
黑龙江	●	●	湖南	●	●	青海	○	○
上海	●	●	广东	●	●	宁夏	●	●
江苏	●	●	广西	●1	●	新疆	●	●

注释：
(1) 符号"●"表示年鉴披露了当年工业源化学需氧量、氨氮排放量数据。
(2) 符号"○"表示年鉴未披露当年工业源化学需氧量、氨氮排放量数据。
(3) 数据来源：根据各省级行政单位地方年鉴手工整理。

附录 3:2001—2015 年两维度工业源化学需氧量、氨氮排放量差异情况

指标	规划时间	省域维度 A	行业维度 B	两维度差异 C C=A−B	省域差异占比 D D=C/A	行业差异占比 E E=C/B
工业源化学需氧量排放量（万吨）	P10-01	573.3	488.0	85.2	14.9%	17.5%
	P10-02	522.8	455.8	67.1	12.8%	14.7%
	P10-03	511.7	433.8	77.9	15.2%	18.0%
	P10-04	509.6	436.0	73.6	14.4%	16.9%
	P10-05	554.6	468.1	86.5	15.6%	18.5%
	P11-01	540.3	445.1	95.2	17.6%	21.4%
	P11-02	511.0	435.7	75.2	14.7%	17.3%
	P11-03	457.5	393.0	64.5	14.1%	16.4%
	P11-04	439.6	369.5	70.1	15.9%	19.0%
	P11-05	434.7	355.7	79.0	18.2%	22.2%
	P12-01	354.7	322.7	32.0	9.0%	9.9%
	P12-02	338.4	303.6	34.7	10.3%	11.4%
	P12-03	319.4	285.0	34.4	10.8%	12.1%
	P12-04	311.3	274.7	36.6	11.8%	13.3%
	P12-05	293.4	255.5	37.8	12.9%	14.8%
	15 年期总差异		15 年期平均差异		占比均值	占比均值
	949.8		63.3		13.9%	16.2%
工业源氨氮排放量（万吨）	P10-01	41.3	35.7	5.6	13.6%	15.8%
	P10-02	42.1	36.8	5.4	12.7%	14.6%
	P10-03	40.4	36.4	3.9	9.8%	10.8%
	P10-04	42.2	37.7	4.5	10.6%	11.8%
	P10-05	52.5	46.7	5.8	11.1%	12.5%
	P11-01	42.5	35.4	7.0	16.5%	19.8%
	P11-02	34.1	28.9	5.2	15.3%	18.1%
	P11-03	29.7	25.0	4.6	15.6%	18.5%
	P11-04	27.4	22.9	4.5	16.3%	19.5%
	P11-05	27.3	22.7	4.5	16.6%	19.9%
	P12-01	28.1	26.2	1.9	6.7%	7.2%
	P12-02	26.4	24.2	2.2	8.4%	9.1%
	P12-03	24.6	22.5	2.1	8.7%	9.5%
	P12-04	23.2	21.1	2.1	9.1%	10.0%
	P12-05	21.7	19.6	2.1	9.7%	10.7%
	15 年期总差异		15 年期平均差异		占比均值	占比均值
	61.5		4.1		12.0%	13.8%

附录4:2001—2015年两维度工业源化学需氧量、氨氮松弛改进量年总额

维度	年份	化学需氧量(吨)	氨氮(吨)	工业总产值(亿元)
省域维度	2001	-3 719 000.44	-273 877.66	30 499.14
	2002	-4 468 742.96	-342 288.07	441 593.11
	2003	-3 779 548.71	-294 616.57	45 641.64
	2004	-3 076 360.15	-355 882.03	637 910.21
	2005	-4 582 470.07	-445 963.64	348 262.95
	2006	-4 631 361.88	-387 643.86	102 550.60
	2007	-4 437 235.28	-304 607.84	120 656.15
	2008	-4 303 047.99	-263 019.21	123 038.63
	2009	-3 984 235.61	-237 554.61	140 046.85
	2010	-4 006 806.42	-240 810.51	195 920.18
	2011	-2 805 130.91	-221 550.97	166 813.65
	2012	-2 782 674.27	-222 284.70	184 882.32
	2013	-2 781 162.49	-222 280.05	269 196.03
	2014	-2 667 610.72	-208 068.81	296 731.25
	2015	-2 543 435.93	-189 050.90	256 798.99
行业维度	2001	-4 552 034.95	-334 524.36	71 952.96
	2002	-4 030 030.79	-322 538.92	73 375.66
	2003	-3 936 543.47	-304 945.71	77 150.96
	2004	-4 011 324.91	-329 814.67	83 512.39
	2005	-4 170 045.10	-398 600.23	78 193.01
	2006	-3 722 820.41	-273 729.69	131 520.47
	2007	-3 203 545.03	-201 142.12	140 075.68
	2008	-2 833 579.56	-169 801.89	136 056.87
	2009	-2 606 448.85	-151 880.00	121 363.51
	2010	-2 641 019.66	-153 514.85	147 840.80
	2011	-1 724 408.32	-114 550.13	180 646.41
	2012	-1 774 195.65	-104 660.61	202 997.12
	2013	-1 447 295.28	-83 874.68	235 118.15
	2014	-1 227 721.40	-61 776.77	276 486.62
	2015	-1 456 946.67	-104 775.93	216 779.33

注释:表中负数表征非期望产出的超额排放,正数表征期望产出的产出不足。

附录

附录5：方向性产出距离函数二次型参数化模型个体差异项估计结果

个体差异项	省域维度 外生方向向量下	省域维度 内生方向向量下	行业维度 外生方向向量下	行业维度 内生方向向量下
ν_1	0.13	0.09	−0.44	−0.58
ν_2	−0.07	−0.17	−0.06	−0.18
ν_3	−1.83	−2.64	−0.02	−0.09
ν_4	−0.87	−1.09	−0.06	−0.17
ν_5	−0.57	−0.87	−0.07	−0.06
ν_6	−1.08	−1.34	0.00	0.00
ν_7	−0.47	−0.68	0.08	−4.60
ν_8	−0.64	−0.92	−0.15	−1.10
ν_9	0.23	−0.42	−0.30	−1.82
ν_{10}	−1.61	−2.38	0.10	−0.02
ν_{11}	−1.17	−1.76	−1.01	−2.44
ν_{12}	−0.61	−0.89	−0.19	−0.11
ν_{13}	−0.53	−0.66	−0.21	−0.56
ν_{14}	−0.36	−0.52	−0.01	−0.11
ν_{15}	−2.20	−2.99	−0.02	−0.02
ν_{16}	−1.47	−1.99	−0.97	−3.61
ν_{17}	−1.01	−1.32	−0.06	−0.02
ν_{18}	−0.90	−1.17	−0.06	−0.02
ν_{19}	−1.43	−1.93	0.76	−0.68
ν_{20}	−0.66	−1.14	−4.63	−5.51
ν_{21}	0.92	0.13	−0.41	−1.32
ν_{22}	−0.29	−0.35	−0.11	−0.87
ν_{23}	−0.95	−1.44	0.23	−0.12
ν_{24}	−0.04	−0.01	−0.77	−0.53
ν_{25}	−0.37	−0.61	−1.42	−1.67
ν_{26}	−0.57	−0.91	0.24	−0.31
ν_{27}	−0.17	−0.23	0.11	−0.14
ν_{28}	0.00	0.00	−0.08	−0.22
ν_{29}	−0.25	−0.30	0.59	−0.25
ν_{30}	−0.43	−0.69	0.45	−0.06

(续表)

个体差异项	省域维度		行业维度	
	外生方向向量下	内生方向向量下	外生方向向量下	内生方向向量下
v_{31}			0.48	−0.12
v_{32}			0.05	−0.03
v_{33}	省域维度决策单元共30个		0.01	−0.05
v_{34}			−0.01	−0.76
v_{35}			−0.04	−0.03
v_{36}			−0.08	−0.08

注释：本研究共有30个省级单位，36个二位数工业行业，省域和行业代码分别参见附录1和表3.1。

附录6：2001—2015年环境技术方向距离函数前沿点结构（省域维度）

年份	外生方向向量前沿点	内生方向向量前沿点
2001	晋、粤、新	粤、青、新
2002	蒙、沪、鲁	蒙、沪、赣、粤
2003	冀、苏、闽	苏、闽、青
2004	辽、粤、琼	辽、青、宁
2005	黑、皖、滇、陕、青	沪、皖、琼
2006	闽、鄂、黔、滇、陕、青、宁	沪、闽、鄂、琼、黔
2007	蒙、黔、滇、甘	京、津、甘
2008	津、冀、粤、黔	津、冀、黔
2009	黑、闽、赣、陕、宁	冀、黑、闽、滇
2010	京、黑、陕	京、蒙、沪、琼、陕
2011	晋、吉、皖、渝	晋、鲁、川
2012	晋、辽、吉、浙、鲁、渝	晋、黑、沪、渝
2013	浙、豫、粤	吉、浙、鲁、陕
2014	赣、湘、川	浙、湘、川
2015	豫、湘、桂	豫、湘、桂
计数	共计59个	共计53个

附录7:2001—2015年方向性产出距离函数前沿点结构(行业维度)

年份	外生方向向量前沿点	内生方向向量前沿点
2001	纺织服装、鞋、帽制造业 医药制造业 非金属矿物制品业 黑色金属冶炼及压延加工业	纺织服装、鞋、帽制造业 石油加工、炼焦及核燃料加工业 黑色金属冶炼及压延加工业 金属制品业
2002	有色金属矿采选业 纺织业 皮革、毛皮、羽毛(绒)及其制品业 文教体育用品制造业 燃气生产和供应业 水的生产和供应业	有色金属矿采选业 纺织服装、鞋、帽制造业 家具制造业 水的生产和供应业
2003	酒、饮料和精制茶制造业 纺织服装、鞋、帽制造业 印刷业和记录媒介的复制 文教体育用品制造业	煤炭开采和洗选业 石油加工、炼焦及核燃料加工业 非金属矿物制品业 黑色金属冶炼及压延加工业
2004	煤炭开采和洗选业 其他采矿业 酒、饮料和精制茶制造业 印刷业和记录媒介的复制 燃气生产和供应业	煤炭开采和洗选业 化学纤维制造业 通信设备、计算机及其他电子设备制造业 其他制造业
2005	家具制造业 文教体育用品制造业 燃气生产和供应业	其他采矿业 酒、饮料和精制茶制造业 家具制造业 橡胶和塑料制品业
2006	有色金属矿采选业 非金属矿采选业 通信设备、计算机及其他电子设备制造业	家具制造业 印刷业和记录媒介的复制 医药制造业
2007	烟草制品业 医药制造业 化学纤维制造业 仪器仪表及文化、办公用机械制造业	黑色金属矿采选业 印刷业和记录媒介的复制 文教体育用品制造业 交通运输设备制造业
2008	石油和天然气开采业 黑色金属矿采选业 烟草制品业	黑色金属矿采选业 食品制造业 烟草制品业 有色金属冶炼及压延加工业 电力、热力的生产和供应业
2009	食品制造业 烟草制品业 纺织服装、鞋、帽制造业 木材加工及木、竹、藤、棕、草制品业 通用和专用设备制造业 电力、热力的生产和供应业	非金属矿采选业 其他采矿业 非金属矿物制品业 其他制造业

(续表)

年份	外生方向向量前沿点	内生方向向量前沿点
2010	木材加工及木、竹、藤、棕、草制品业 非金属矿物制品业 有色金属冶炼及压延加工业 其他制造业	烟草制品业 木材加工及木、竹、藤、棕、草制品业 非金属矿物制品业 其他制造业 燃气生产和供应业
2011	石油加工、炼焦及核燃料加工业 化学原料及化学制品制造业 黑色金属冶炼及压延加工业 金属制品业 通用和专用设备制造业 电力、热力的生产和供应业	石油和天然气开采业 化学原料及化学制品制造业 黑色金属冶炼及压延加工业 通用和专用设备制造业 电力、热力的生产和供应业
2012	农副食品加工业 皮革、毛皮、羽毛(绒)及其制品业 金属制品业	黑色金属矿采选业 通用和专用设备制造业 电气机械及器材制造业
2013	石油加工、炼焦及核燃料加工业 有色金属冶炼及压延加工业 交通运输设备制造业 电气机械及器材制造业	石油和天然气开采业 烟草制品业 化学原料及化学制品制造业 仪器仪表及文化、办公用机械制造业
2014	食品制造业 造纸及纸制品业 化学原料及化学制品制造业 橡胶及塑料制品业 有色金属冶炼及压延加工业	食品制造业 纺织业 皮革、毛皮、羽毛(绒)及其制品业
2015	纺织业 造纸及纸制品业 化学原料及化学制品制造业	农副食品加工业 纺织业 造纸及纸制品业
计数	共计63个	共计59个

附录8：2001—2015年我国各工业行业水污染物排放强度与年均变动幅度

二位数工业行业	年均排放强度(吨/亿元) COD	年均排放强度(吨/亿元) NH_3-N	年均总变动幅度(%)	排放强度年均变动(%) COD	排放强度年均变动(%) NH_3-N
造纸及纸制品	299.64	6.02	−20.90	−23.96	−17.83
化学原料及化学制品制造	24.36	8.70	−20.70	−18.08	−23.32
食品制造	31.91	3.67	−19.84	−19.74	−19.94
黑色金属冶炼及加工	6.80	0.66	−18.34	−17.66	−19.01
农副食品加工	44.76	2.18	−17.77	−18.74	−16.81
通用和专用设备制造	1.63	0.18	−16.47	−18.31	−14.63
饮料制造	55.05	1.65	−16.39	−18.72	−14.06

(续表)

二位数工业行业	年均排放强度（吨/亿元） COD	年均排放强度（吨/亿元） NH$_3$-N	年均总变动幅度(%)	排放强度年均变动(%) COD	排放强度年均变动(%) NH$_3$-N
医药制造	26.65	1.25	-15.96	-19.13	-12.79
皮毛羽及制品	15.78	1.48	-14.52	-15.82	-13.21
燃气生产和供应	10.53	3.51	-12.84	-11.41	-14.27
纺织	18.88	0.94	-12.51	-13.97	-11.05
非金属矿采选	9.12	0.67	-12.22	-17.17	-7.26
有色金属冶炼及加工	4.15	0.99	-12.17	-19.46	-4.87
电气机械及器材制造	0.64	0.02	-11.54	-15.66	-7.43
非金属矿物制品	4.17	0.13	-11.52	-17.14	-5.89
木材加工及制品	9.03	0.41	-9.89	-15.76	-4.03
烟草制品	1.45	0.04	-9.77	-12.35	-7.20
电力、热力生产和供应	5.66	0.18	-9.64	-17.81	-1.46
石油炼焦及核燃料加工	5.28	1.11	-9.60	-9.37	-9.83
油气采选	3.23	0.26	-9.57	-6.92	-12.23
黑色金属矿采选	12.04	0.47	-8.13	-17.04	0.78
文教体育用品制造	0.59	0.03	-7.70	-9.71	-5.70
交通运输设备制造	1.76	0.16	-7.34	-11.31	-3.37
煤炭采选	12.44	0.30	-6.78	-12.11	-1.46
有色金属矿采选	25.52	0.51	-5.72	-10.80	-0.64
化学纤维制造	46.54	1.31	-3.53	-7.12	0.06
家具制造	2.84	0.02	-2.25	-7.05	2.55
水生产和供应	23.27	1.45	-1.02	5.32	-7.35
橡胶和塑料制品	1.48	0.10	-0.48	-1.38	0.42
通信、计算机及电子设备制造	0.70	0.05	-0.15	-6.49	6.18
纺织服装鞋帽制造	1.96	0.12	1.97	-1.99	5.92
仪器仪表及文化办公用机械制造	1.90	0.09	3.06	-4.48	10.59
其他制造	1.64	0.10	4.13	2.38	5.87
金属制品	2.20	0.11	4.26	-2.54	11.05
印刷业和记录媒介的复制	1.28	0.19	18.63	-8.59	45.85
其他采矿	41.25	1.82	68.67	17.79	119.55

注释：以"年均总变动幅度(%)"降序排列。

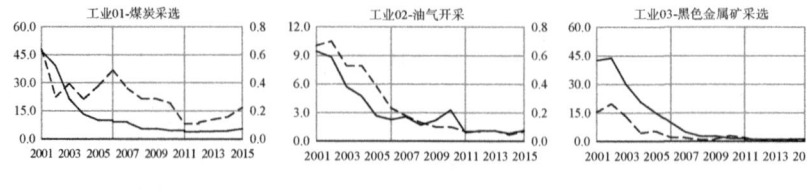

附录 9：2001—2015 年化学需氧量和氨氮排放强度时序演化（行业维度）

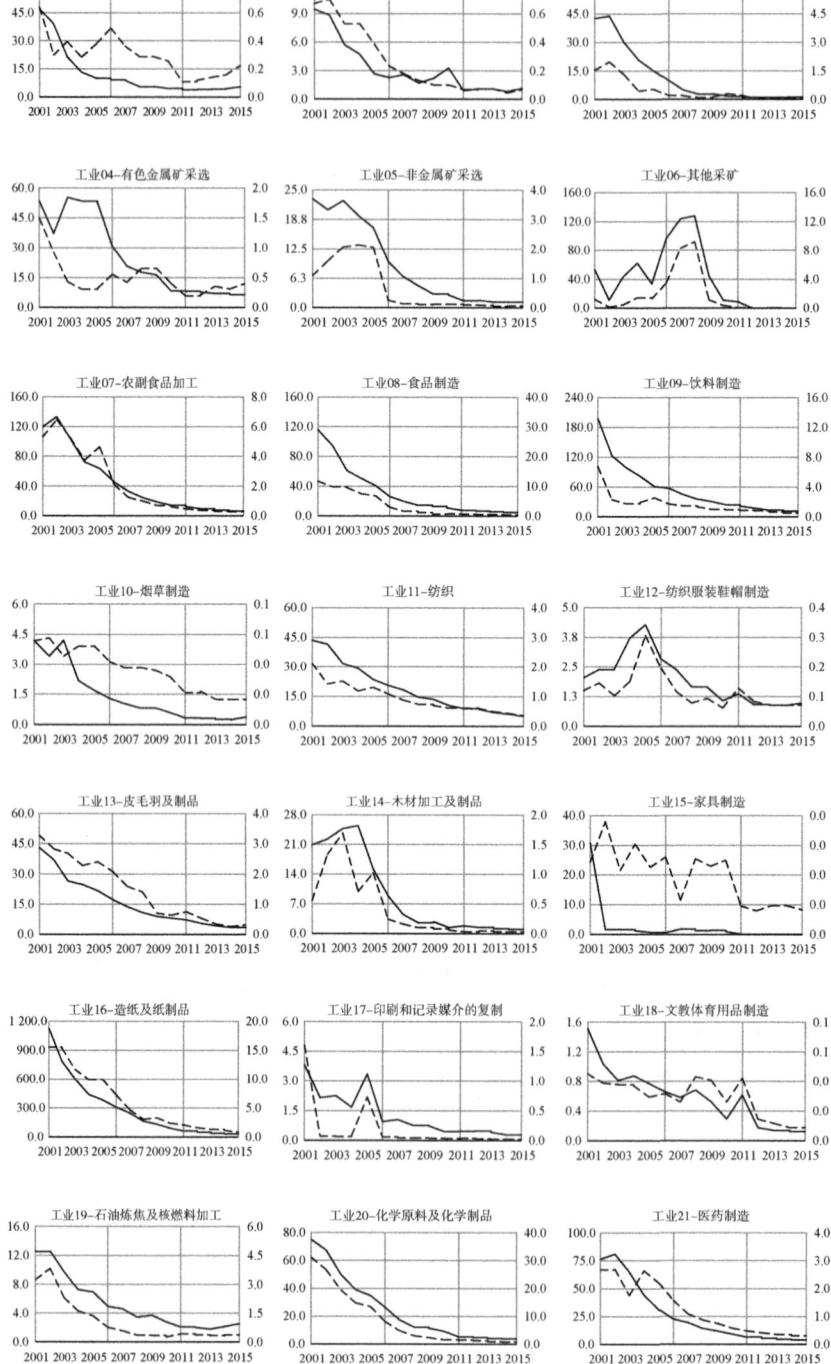

(续图)

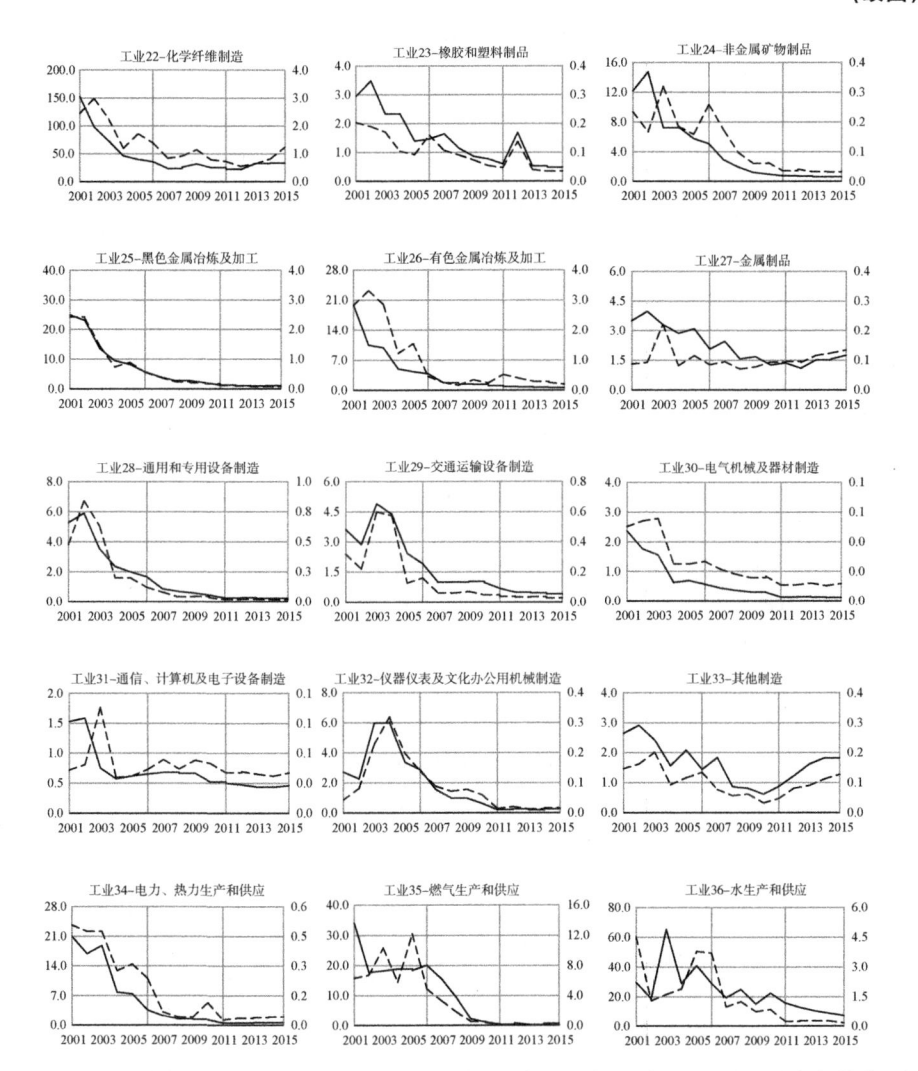

注释：主纵坐标（左）与"—"为化学需氧量排放强度（吨/亿元）；次纵坐标（右）与"--"为氨氮排放强度（吨/亿元）。

附录 10:变量单位根检验和面板协整检验

变量单位根 HT 检验

代理变量	原序列 统计量	原序列 P 值	一阶差分 统计量	一阶差分 P 值
MA_{COD}	0.013	0.000	—	—
MA_{CNH}	0.008	0.000	—	—
EI_{COD}	0.039	0.000	—	—
EI_{NH}	0.031	0.000	—	—
EL	0.124	0.000	—	—
DIND	0.055	0.000	—	—
IWI	0.062	0.000	—	—
RDG	0.484	0.017	0.015	0.000
ESCP	0.074	0.000	—	—
EIPI	0.200	0.000	—	—
WE	−0.012	0.000	—	—

Panel means: Included
Time trend: Included

面板协整 Pedroni 检验

检验项	统计量	P 值
Modified Phillips-Perron t	9.415 1	0.000
Phillips-Perron t	−12.644 8	0.000
Augmented Dickey-Fuller t	−11.648 7	0.000

附录 11：2006—2018 年我国各地区国家排污类环保税收占财政收入比重(单位：%)

地区	2006	2007	2008	2009	2010	2011	2012	2013	2014	2015	2016年	2017年	2018年	年均变动比率 2006—2018年	2018年环保税收（亿元人民币）
北京	0.11	0.06	0.02	0.02	0.02	0.01	0.01	0.01	0.07	0.05	0.10	0.11	0.08	-6.22	4.48
天津	0.58	0.46	0.27	0.21	0.17	0.16	0.12	0.09	0.16	0.21	0.19	0.22	0.17	-5.75	3.58
河北	1.29	1.34	1.23	1.13	1.03	0.86	0.81	0.73	0.63	0.62	0.59	0.79	0.50	-6.42	17.57
山西	2.84	4.81	3.42	2.19	1.72	1.64	0.90	0.94	0.67	0.57	0.71	0.61	0.49	-9.54	11.29
内蒙古	1.00	1.14	1.22	1.15	0.96	0.85	0.80	0.76	0.57	0.36	0.48	0.57	0.47	-4.29	8.68
辽宁	1.05	0.92	0.78	0.65	0.60	0.55	0.45	0.45	0.42	0.41	0.47	0.37	0.15	-12.92	3.85
吉林	1.03	0.94	0.89	0.78	0.70	0.43	0.35	0.30	0.28	0.25	0.29	0.24	0.11	-15.14	1.35
黑龙江	0.75	0.78	0.57	0.55	0.58	0.46	0.41	0.39	0.29	0.30	0.37	0.30	0.13	-10.85	1.70
上海	0.26	0.14	0.13	0.11	0.09	0.07	0.05	0.05	0.04	0.04	0.05	0.10	0.03	-9.70	1.81
江苏	0.79	0.79	0.75	0.58	0.50	0.39	0.34	0.31	0.26	0.21	0.28	0.30	0.25	-8.21	21.52
浙江	0.83	0.66	0.57	0.48	0.39	0.32	0.28	0.23	0.24	0.17	0.18	0.14	0.03	-19.61	2.22
安徽	0.75	0.86	0.61	0.53	0.46	0.34	0.33	0.27	0.26	0.22	0.21	0.23	0.10	-13.41	2.95
福建	0.72	0.62	0.48	0.37	0.31	0.25	0.19	0.17	0.14	0.15	0.17	0.16	0.07	-15.60	2.22
江西	0.80	0.98	0.84	0.82	0.61	0.61	0.61	0.52	0.46	0.39	0.36	0.38	0.10	-11.48	2.37
山东	0.81	0.81	0.72	0.63	0.55	0.45	0.40	0.37	0.30	0.25	0.27	0.35	0.22	-9.13	14.03
河南	1.03	0.94	0.91	0.71	0.66	0.58	0.55	0.41	0.30	0.26	0.28	0.22	0.27	-9.49	10.31
湖北	0.70	0.64	0.58	0.45	0.37	0.28	0.23	0.20	0.16	0.17	0.19	0.23	0.13	-11.36	4.39
湖南	0.91	0.69	0.71	0.57	0.50	0.41	0.35	0.29	0.25	0.21	0.18	0.19	0.11	-15.36	3.13
广东	0.51	0.37	0.29	0.23	0.21	0.17	0.14	0.14	0.11	0.08	0.08	0.07	0.04	-18.58	4.64
广西	0.84	0.76	0.46	0.40	0.60	0.33	0.27	0.25	0.17	0.15	0.23	0.22	0.17	-8.38	2.81
海南	0.47	0.43	0.27	0.19	0.13	0.10	0.09	0.09	0.08	0.07	0.09	0.07	0.07	-13.50	0.50
重庆	1.10	0.96	0.80	0.57	0.40	0.26	0.22	0.24	0.19	0.18	0.18	0.18	0.09	-17.01	2.14
四川	0.84	0.61	0.45	0.45	0.38	0.30	0.25	0.26	0.19	0.15	0.17	0.18	0.12	-13.44	4.86

(续表)

地区	2006	2007	2008	2009	2010	2011	2012	2013	2014	2015	2016	2017	2018	年均变动比率 2006—2018年	2018年环保税收（亿元人民币）
贵州	1.83	1.61	1.13	1.05	0.85	0.58	0.51	0.44	0.31	0.25	0.28	0.31	0.26	−13.81	4.57
云南	0.70	0.60	0.46	0.36	0.34	0.28	0.27	0.22	0.20	0.10	0.12	0.11	0.11	−13.10	2.13
陕西	0.93	0.87	0.75	0.59	0.50	0.35	0.35	0.36	0.33	0.29	0.31	0.27	0.15	−12.92	3.29
甘肃	1.53	1.20	0.90	0.74	0.60	0.59	0.46	0.39	0.30	0.31	0.35	0.27	0.16	−15.99	1.42
青海	0.49	0.59	0.57	0.67	0.60	0.46	0.39	0.34	0.29	0.28	0.37	0.33	0.23	−4.50	0.62
宁夏	2.47	2.08	1.63	1.21	0.96	0.92	0.83	0.65	0.85	0.54	0.58	0.67	0.28	−13.39	1.22
新疆	1.00	0.93	0.91	0.73	0.83	0.57	0.51	0.56	0.53	0.34	0.46	0.42	0.22	−9.06	3.31
年度均值	0.95	0.94	0.76	0.62	0.54	0.44	0.37	0.34	0.30	0.25	0.28	0.28	0.17	−11.64	4.81

附录12：我国各地区、行业水污染物边际减排成本和排放强度分布象限

象限	分布地区/行业	计数	
工业源化学需氧量边际减排成本和排放强度（省域维度）			
A	宁夏、广西	2	2
B		0	0
C-a		0	25
C-b	四川、新疆	2	
C-c	广东、浙江、江苏、湖南	4	
C-d	北京、天津、内蒙古、吉林、黑龙江、上海、安徽、福建、江西、山东、河南、湖北、海南、重庆、贵州、云南、陕西、甘肃、青海	19	
D	河北、辽宁、山西	3	3
工业源氨氮边际减排成本和排放强度（省域维度）			
A	湖南、甘肃、宁夏、广西	4	4
B		0	0
C-a	河南、山西、内蒙古、湖北、安徽、重庆	6	22
C-b	四川	1	
C-c	北京、天津、吉林、黑龙江、浙江、福建、江西、海南、贵州、云南、陕西、青海、新疆	13	
C-d	广东、上海	2	
D	山东、江苏、辽宁、河北	4	4
工业源化学需氧量边际减排成本和排放强度（行业维度）			
A-a	饮料制造、化学纤维制造、造纸及纸制品	3	6
A-b		0	
A-c	食品制造、农副食品加工、其他采矿	3	
A-d		0	
B		0	0
C-a	有色金属矿采选、纺织、皮毛羽及制品、医药制造、水生产和供应	5	27
C-b		0	
C-c	煤炭采选、油气采选、黑色金属矿采选、非金属矿采选、烟草制品、纺织服装鞋帽制造、木材加工及制品、家具制造、印刷业和记录媒介的复制、文教体育用品制造、石油炼焦及核燃料加工、橡胶及塑料制品、黑色金属冶炼及加工、有色金属冶炼及加工、金属制品、交通运输设备制造、电气机械及器材制造、仪器仪表及文化办公用机械制造、其他制造、电力热力生产和供应、燃气生产和供应	21	
C-d	通信计算机及电子设备制造	1	

(续表)

象限	分布地区/行业	计数	
工业源化学需氧量边际减排成本和排放强度(行业维度)			
D	化学原料及化学制品制造、非金属矿制品、通用和专用设备制造	3	3
A-a	化学原料及化学制品制造	1	2
A-b		0	
A-c	造纸及纸制品	1	
A-d		0	
B		0	0
C-a	食品制造、燃气生产和供应	2	32
C-b		0	
C-c	煤炭采选、油气采选、黑色金属矿采选、有色金属矿采选、非金属矿采选、其他采矿、农副食品加工、饮料制造、烟草制品、纺织服装鞋帽制造、皮毛羽及制品、木材加工及制品、家具制造、印刷业和记录媒介的复制、文教体育用品制造、石油炼焦及核燃料加工、医药制造、化学纤维制造、橡胶和塑料制品、有色金属冶炼及加工、金属制品、交通运输设备制造、仪器仪表及文化办公用机械制造、其他制造、水生产和供应	25	
C-d	纺织、非金属矿物制品、黑色金属冶炼及加工、电气机械及器材制造、电力热力生产和供应	5	
D	通信计算机及电子设备制造、通用和专用设备制造	2	2

参考文献

[1] 吴敬琏.中国经济改革进程[M].北京:中国大百科全书出版社,2018.

[2] 厉以宁,吴敬琏,林毅夫.中国经济的内在逻辑[J].金融纵横,2020(7):102.

[3] 蔡昉,林毅夫,张晓山,等.改革开放40年与中国经济发展[J].经济学动态,2018(8):4-17.

[4] 厉以宁,朱善利,罗来军,等.低碳发展作为宏观经济目标的理论探讨——基于中国情形[J].管理世界,2017(6):1-8.

[5] 蔡昉.中国经济增长如何转向全要素生产率驱动型[J].中国社会科学,2013(1):56-71+206.

[6] 厉以宁.贯彻新发展理念加快建设制造强国[J].经济科学,2018(1):5-9.

[7] 杨喆,石磊,马中.污染者付费原则的再审视及对我国环境税费政策的启示[J].中央财经大学学报,2015(11):14-20.

[8] 马中,昌敦虎,周芳.改革水环境保护政策 告别环境红利时代[J].环境保护,2014(4):22-25.

[9] 郑易生,阎林,钱薏红.90年代中期中国环境污染经济损失估算[J].管理世界,1999(2):189-197+207.

[10] 何立峰.扎实推动长江经济带高质量发展[J].求是,2019(18):25-32.

[11] 张陈俊,章恒全.新环境库兹涅次曲线:工业用水与经济增长的关系[J].中国人口·资源与环境,2014(5):116-123.

[12] 徐晋涛.碳达峰对中国经济意味深长[N].中华工商时报,2021-03-31(3).

[13] 贾康,苏京春.论供给侧改革[J].管理世界,2016(3):1-24.

[14] 林毅夫.新结构经济学—重构发展经济学的框架[J].经济学(季刊),2011(1):1-32.

[15] 中共中央宣传部.习近平新时代中国特色社会主义思想三十讲[M].北京:学习出版社,2018.

[16] 厉以宁.中国经济双重转型之路[M].北京:中国人民大学出版社,2013.

[17] Färe R, Grosskopf S, Pasurka C A. Environmental Production Functions and Environmental Directional Distance Functions[J]. Energy,2007,32(7):1055-1066.

[18] Färe R, Grosskopf S, Weber W L. Shadow Prices and Pollution Costs in U.S. Agriculture[J]. Ecological Economics,2006,56(1):89-103.

[19] 陈诗一. 工业二氧化碳的影子价格:参数化和非参数化方法[J]. 世界经济,2010(8):93-111.

[20] 中共中央宣传部. 习近平总书记系列重要讲话读本[M]. 北京:学习出版社,人民出版社,2016.

[21] 厉以宁,章铮. 环境经济学[M]. 北京:中国计划出版社,1995.

[22] Ekins P, Speck S. Environmental Tax Reform (ETR): A Policy for Green Growth[M]. Oxford:Oxford University Press,2011.

[23] Hanley N, Shogren J F, White B. Environmental Economics: In Theory and Practice[M]. 2nd ed. London: Palgrave Macmillan,2006.

[24] Kolstad C D. Environmental Economics[M]. 2nd ed. Oxford:Oxford University Press,2010.

[25] Aigner D J, Chu S F. On Estimating the Industry Production Function[J]. American Economic Review,1968,58:826-839.

[26] Schmidt P. On the Statistical Estimation of Parametric Frontier Production Functions[J]. The Review of Economics and Statistics,1976,58(2):238-239.

[27] Pollak R A, Sickles R C, Wales T J. The CES-Translog: Specification and Estimation of a New Cost Function[J]. The Review of Economics and Statistics,1984,66(4):602-607.

[28] Gollop F M, Roberts M J. Cost-Minimizing Regulation of Sulfur Emissions: Regional Gains in Electric Power[J]. The Review of Economics and Statistics,1985,67(1):81-90.

[29] Shephard R W. Theory of Cost and Production Functions[M]. Princeton:Princeton University Press,1971.

[30] Pittman R W. Issue in Pollution Control: Interplant Cost Differences and Economies of Scale[J]. Land Economics,1981,57:1-17.

[31] Pittman R W. Multilateral Productivity Comparisons with Undesirable Outputs[J]. Economic Journal,1983,93(372):883-891.

[32] Hailu A, Veeman T S. Environmentally Sensitive Productivity Analysis of the Canadian Pulp and Paper Industry,1959—1994: An Input Distance Function Approach[J]. Journal of Environmental Economics & Management,2000,40(3):251-274.

[33] Lee M. The Shadow Price of Substitutable Sulfur in the US Electric Power Plant: A Distance Function Approach[J]. Journal of Environmental Management, 2005,77(2):104-110.

[34] Färe R, Grosskopf S, Lovell C K, et al. Derivation of Shadow Prices for Undesirable Outputs: A Distance Function Approach[J]. The Review of Economics and Statistics,1993,75(2):374-380.

[35] Coggins J S, Swinton J R. The Price of Pollution: A Dual Approach to Valuing SO_2 Allowances[J]. Journal of Environmental Economics and Management,1996,30:58-72.

[36] Swinton J R. At What Cost Do We Reduce Pollution? Shadow Prices of SO_2 Emissions[J]. The Energy Journal,1998,19(4):63-83.

[37] Färe R, Grosskopf S. Shadow Pricing of Good and Bad Commodities[J]. American Journal of Agricultural Economics,1998,80(3):584-590.

[38] Kwon O S, Yun W C. Estimation of the Marginal Abatement Costs of Airborne Pollutants in Korea's Power Generation Sector[J]. Energy Economics,1999,21(6):547-560.

[39] Vardanyan M, Noh D W. Approximating Pollution Abatement Costs Via Alternative Specifications of A Multi-Output Production Technology: A Case of the US Electric Utility Industry[J]. Journal of Environmental Management,2006,80(20):177-190.

[40] Rezek J P, Campbell R C. Cost Estimates for Multiple Pollutants: A Maximum Entropy Approach[J]. Energy Economics, 2007, 29(3):503-519.

[41] Chambers R G, Chung Y H, Färe R. Benefit and Distance Functions[J]. Journal of Economic Theory, 1996,70(2):407-419.

[42] Chung Y H. Directional Distance Functions and Undesirable Outputs[D]. Carbondale: Southern Illinois University,1996.

[43] Chung Y H, Färe R, Grosskopf S. Productivity and Undesirable Outputs: A Directional Distance Function Approach[J]. Journal of Environ-

mental Management,1997,51(3):229-240.

[44] Färe R, Grosskopf S. Theory and Application of Directional Distance Functions[J]. Journal of Productivity Analysis,2000,13(2):93-103.

[45] Färe R, Grosskopf S. Weber W L. Shadow Prices of Missouri Public Conservation Land[J]. Public Finance Review,2001,29(6):444-460.

[46] Weber W L, Domazlicky B. Productivity Growth and Pollution in State Manufacturing[J]. The Review of Economics and Statistics. 2001,83(1):195-199.

[47] Lee J D, Park J B, Kim T Y. Estimation of the Shadow Prices of Pollutants with Production/Environment Inefficiency Taken into Account: A Nonparametric Directional Distance Function Approach[J]. Journal of Environmental Management,2002,64(4):365-375.

[48] Boyd G A, Tolley G, Pang J. Plant Level Productivity, Efficiency, and Environmental Performance of the Container Glass Industry[J]. Environmental & Resource Economics,2002,23(1):29-43.

[49] 涂正革. 工业二氧化硫排放的影子价格：一个新的分析框架[J]. 经济学(季刊),2009(4):259-282.

[50] 蒋伟杰,张少华. 中国工业二氧化碳影子价格的稳健估计与减排政策[J]. 管理世界,2018(7):32-49+183-184.

[51] 马赞甫. 线性规划中影子价格的"非唯一性"[J]. 系统工程,2007(4):119-122.

[52] Wang K, Che L, Ma C, et al. The Shadow Price of CO_2 Emissions in China's Iron and Steel Industry[J]. Science of The Total Environment, 2017,598(15):272-281.

[53] Färe R, Grosskopf S C. Directional Distance Functions and Slacks-Based Measures of Efficiency[J]. European Journal of Operational Research, 2010,200(1):320-322.

[54] Färe R, Grosskopf S C. Directional Distance Functions and Slacks-Based Measures of Efficiency: Some Clarifications[J]. European Journal of Operational Research,2010,206(6):702.

[55] Färe R, Grosskopf S, Whittaker G. Directional Output Distance Functions: Endogenous Directions Based on Exogenous Normalization Constraints[J]. Journal of Productivity Analysis,2013,40(3):267-269.

[56] Färe R, Pasurka C, Vardanyan M. On Endogenizing Direction Vectors in Parametric Directional Distance Function-based Models[J]. European Journal of Operational Research,2017,262(1):361-369.

[57] Murty M N, Kumar S. Measuring the Cost of Environmentally Sustainable Industrial Development in India: A Distance Function Approach[J]. Environment & Development Economics,2002,7(3):467-486.

[58] Färe R, Grosskopf S C, Noh D W, et al. Characteristics of a Polluting Technology: Theory and Practice[J]. Journal of Econometrics,2005,126(2):469-492.

[59] Marklund P O. Analyzing Interplant Marginal Abatement Cost Differences: A Directional Output Distance Function Approach[J]. Umea Economic Studies,2003,618:121-139.

[60] Park H, Lim J. Valuation of marginal CO_2 Abatement Options for Electric Power Plants in Korea[J]. Energy Policy,2009,37(5):1834-1841.

[61] Hernández S F, Molinos S M, Sala R. Economic Valuation of Environmental Benefits from Wastewater Treatment Processes: An Empirical Approach for Spain[J]. Science of The Total Environment, 2010, 408(4),953-957.

[62] Färe R, Grosskopf S C, Pasurka C, et al. Substitutability among Undesirable Outputs[J]. Applied Economics,2012,44(1):39 - 47.

[63] Tang K, Gong C Z, Wang D, Reduction Potential, Shadow Prices, and Pollution Costs of Agricultural Pollutants in China[J]. Science of The Total Environment,2015,541:42-50.

[64] Xie H M, Shen M H, Wei C. Assessing the Abatement Potential and Cost of Chinese Industrial Water Pollutants[J]. Water Policy,2017, 19(5):936 - 956.

[65] Yu Q W, Wu F P, Zhang Z F, et al. Technical Inefficiency, Abatement Cost and Substitutability of Industrial Water Pollutants in Jiangsu Province, China[J]. Journal of Cleaner Production,2021,280(1):124260.

[66] 陈诗一. 边际减排成本与中国环境税改革[J]. 中国社会科学,2011(3):85-100+222.

[67] 袁鹏,程施. 我国工业污染物的影子价格估计[J]. 统计研究,2011(9):66-73.

[68] 周葵,杜清燕.我国碳排放影子价格的研究—基于超越对数生产函数模型[C].//2013中国可持续发展论坛暨中国可持续发展研究会学术年会论文集.2013:421-429.

[69] 魏楚.中国城市CO_2边际减排成本及其影响因素[J].世界经济,2014(7):115-141.

[70] 茹蕾,司伟.环境规制、技术效率与水污染减排成本——基于中国制糖业的实证分析[J].北京理工大学学报(社会科学版),2015(5):15-24.

[71] 陈德湖,潘英超,武春友.中国二氧化碳的边际减排成本与区域差异研究[J].中国人口•资源与环境,2016(10):86-93.

[72] 陈诗一,武英涛.环保税制改革与雾霾协同治理—基于治理边际成本的视角[J].学术月刊,2018(10):39-57+117.

[73] 杨子晖,陈里璇,罗彤.边际减排成本与区域差异性研究[J].管理科学学报,2019(2):1-21.

[74] 王文举,陈真玲.中国省级区域初始碳配额分配方案研究—基于责任与目标、公平与效率的视角[J].管理世界,2019(3):81-98.

[75] Du L M, Hanley A, Wei C. Estimating the Marginal Abatement Cost Curve of CO_2 Emissions in China: Provincial Panel Data Analysis[J]. Energy Economics, 2015,48:217-229.

[76] Zhou P, Zhou X, Fan L W. On Estimating Shadow Prices of Undesirable Outputs with Efficiency Models: A Literature Review[J]. Applied Energy,2014,130:799-806.

[77] 丁绪辉,贺菊花,王柳元.考虑非合意产出的省际水资源利用效率及驱动因素研究—基于SE-SBM与Tobit模型的考察[J].中国人口•资源与环境,2018,28(1):157-164.

[78] 姜蓓蕾,耿雷华,卞锦宇,等.中国工业用水效率水平驱动因素分析及区划研究[J].资源科学,2014,36(11):2231-2239.

[79] Gene M G, Alan B K. Economic Growth and the Environment[J]. The Quarterly Journal of Economics,1995,110(2):353-378.

[80] Theodore P. Demystifying the Environmental Kuznets Curve: Turning a Black Box into a Policy Tool[J]. Environment & Development Economics,1997,2(4):465-484.

[81] 许政,陈钊,陆铭.中国城市体系的"中心-外围模式"[J].世界经济,2010(7):144-160.

参考文献

[82] 张虎,韩爱华.中国城市制造业与生产性服务业规模分布的空间特征研究[J].数量经济技术经济研究,2018(9):96-109.

[83] 张陈俊,吴雨思,庞庆华,等.长江经济带用水量时空差异的驱动效应研究——基于生产和生活视角[J].长江流域资源与环境,2019(12):2806-2816.

[84] 李静,马潇璨.资源与环境双重约束下的工业用水效率——基于SBM-Undesirable和Meta-frontier模型的实证研究[J].自然资源学报,2014(6):920-933.

[85] 邵帅,范美婷,杨莉莉.资源产业依赖如何影响经济发展效率？——有条件资源诅咒假说的检验及解释[J].管理世界,2013(2):32-63.

[86] 陆铭,冯皓.集聚与减排:城市规模差距影响工业污染强度的经验研究[J].世界经济,2014(7):86-114.

[87] 王燕梅.中国机床工业的高速增长:技术进步及其贡献分析[J].中国工业经济,2006(10):15-22.

[88] 才国伟,钱金保.解析空间相关的来源:理论模型与经验证据[J].经济学(季刊),2013,12(2):869-894.

[89] 白俊红,蒋伏心.协同创新、空间关联与区域创新绩效[J].经济研究,2015,50(7):174-187.

[90] 周力,沈坤荣.国家级城市群建设对绿色创新的影响[J].中国人口·资源与环境,2020,30(8):92-99.

[91] 尹恒,徐琰超.地市级地区间基本建设公共支出的相互影响[J].经济研究,2011(7):55-64.

[92] 龙小宁,朱艳丽,蔡伟贤,等.基于空间计量模型的中国县级政府间税收竞争的实证分析[J].经济研究,2014,49(8):41-53.

[93] 马士国.环境规制工具的选择与实施:一个述评[J].世界经济文汇,2008(3):76-90.

[94] Pearce D. The Role of Carbon Taxes in Adjusting to Global Warming[J]. The Economic Journal,1991,101(407):938-948.

[95] Chen Z, Kahn M E, Liu Y, et al. The Consequences of Spatially Differentiated Water Pollution Regulation in China[J]. Journal of Environmental Economics and Management, 2018,88:468-485.

[96] 祁毓,卢洪友,张宁川.环境规制能实现"降污"和"增效"的双赢吗——来自环保重点城市"达标"与"非达标"准实验的证据[J].财贸经济,2016(9):

126-143.

[97] 石庆玲,郭峰,陈诗一. 雾霾治理中的"政治性蓝天"——来自中国地方"两会"的证据[J]. 中国工业经济,2016(5):40-56.

[98] 石庆玲,陈诗一,郭峰. 环保部约谈与环境治理:以空气污染为例[J]. 统计研究,2017(10):88-97.

[99] Kosonen K, Nicodeme G. The Role of Fiscal Instruments in Environmental Policy[J]. Taxation Papers of European Commission,2009(19):1-27.

[100] Bahn-Walkowiak B, Steger S. Resource Targets in Europe and Worldwide: An Overview[J]. Resources,2015,4(3):597-620.

[101] Xian Y J, Wang K, Wei Y M, et al. Would China's Power Industry Benefit from Nationwide Carbon Emission Permit Trading? An Optimization Model-Based Ex Post Analysis on Abatement Cost Savings[J]. Applied Energy,2019,235:978-86.

[102] 黄向岚,张训常,刘晔. 我国碳交易政策实现环境红利了吗?[J]. 经济评论,2018(6):86-99.

[103] 齐绍洲,林屾,崔静波. 环境权益交易市场能否诱发绿色创新?——基于我国上市公司绿色专利数据的证据[J]. 经济研究,2018,53(12):129-143.

[104] 涂正革,谌仁俊. 排污权交易机制在中国能否实现波特效应?[J]. 经济研究,2015(7):160-173.

[105] Copeland B R, Taylor M S. North-South Trade and the Environment[J]. The Quarterly Journal of Economics,1994,109(3):755-787.

[106] Chichilnisky G. North-South Trade and the Global Environment[J]. The American Economic Review,1994,84(4):851-874.

[107] Porter M E, Van der Linde C. Toward a New Conception of the Environment-Competitiveness Relationship[J]. Journal of Economic Perspectives,1995,9(4):97-118.

[108] Millimet D L, Roy S, Sengupta A. Environmental Regulations and Economic Activity: Influence on Market Structure[J]. Annual Review of Resource Economics,2009,1(1):99-118.

[109] 沈坤荣,周力. 地方政府竞争、垂直型环境规制与污染回流效应[J]. 经济研究,2020,55(3):35-49.

[110] 金刚,沈坤荣.以邻为壑还是以邻为伴？——环境规制执行互动与城市生产率增长[J].管理世界,2018(12):43-55.

[111] Fredriksson P G, Millimet D L. Strategic Interaction and the Determination of Environmental Policy Across US States[J]. Journal of Urban Economics,2002,51(1):101-122.

[112] Konisky D M. Regulatory Competition and Environmental Enforcement: Is There a Race to the Bottom? [J]. American Journal of Political Science,2007,51(4):853-872.

[113] 沈坤荣,金刚,方娴.环境规制引起了污染就近转移吗？[J].经济研究,2017(5):44-59.

[114] 邓慧慧,杨露鑫.雾霾治理、地方竞争与工业绿色转型[J].中国工业经济,2019(10):118-136.

[115] 余泳泽,孙鹏博,宣烨.地方政府环境目标约束是否影响了产业转型升级？[J].经济研究,2020(8):57-72.

[116] Ramanathan R, He Q, Black A, et al. Environmental Regulations, Innovation and Firm Performance: A Revisit of the Porter Hypothesis[J]. Journal of Cleaner Production,2017,155:79-92.

[117] Peuckert J. What Shapes the Impact of Environmental Regulation on Competitiveness? Evidence from Executive Opinion Surveys[J]. Environmental Innovation and Societal Transitions,2014,10:77-94.

[118] 史贝贝,冯晨,张妍,等.环境规制红利的边际递增效应[J].中国工业经济,2017(12):40-58.

[119] Domazlicky B R, Weber W L. Does Environmental Protection Lead to Slower Productivity Growth in the Chemical Industry? [J]. Environmental & Resource Economics,2004,28(3):301-324.

[120] 徐敏燕,左和平.集聚效应下环境规制与产业竞争力关系研究——基于"波特假说"的再检验[J].中国工业经济,2013(3):72-84.

[121] 李虹,邹庆.环境规制、资源禀赋与城市产业转型研究——基于资源型城市与非资源型城市的对比分析[J].经济研究,2018(11):182-198.

[122] 童健,刘伟,薛景.环境规制、要素投入结构与工业行业转型升级[J].经济研究,2016(7):43-57.

[123] 傅京燕,李丽莎.环境规制、要素禀赋与产业国际竞争力的实证研究——基于中国制造业的面板数据[J].管理世界,2010(10):87-98+187.

[124] 董直庆,王辉.环境规制的"本地—邻地"绿色技术进步效应[J].中国工业经济,2019(1):100-118.

[125] Dasgupta S, Huq M, Wheeler D, Zhang C. Water Pollution Abatement by Chinese Industry: Cost Estimates and Policy Implications[J]. Applied Economics, 2001, 33(4):547-557.

[126] 李永友,沈坤荣.我国污染控制政策的减排效果——基于省际工业污染数据的实证分析[J].管理世界,2008(7):7-17.

[127] Levin D. Taxation within Cournot Oligopoly[J]. Journal of Public Economics, 1985, 27(3):281-290.

[128] Simpson R D. Optimal Pollution Taxation in a Cournot Duopoly[J]. Environmental & Resource Economics, 1995, 6(4):359-369.

[129] Sugeta H, Matsumoto S. Green Tax Reform in an Oligopolistic Industry[J]. Environmental & Resource Economics, 2005, 31(3):253-274.

[130] Baumol W J, Oates W E. The Use of Standards and Prices for Protection of the Environment[J]. Swedish Journal of Economics, 1971, 73(1):42-54.

[131] Bovenberg A L, De Mooij R A. Environmental Levies and Distortionary Taxation[J]. The American Economic Review, 1994, 84(4):1085-1089.

[132] Bressers H T A. A Comparison of the Effectiveness of Incentives and Directives: The Case of Dutch Water Quality Policy[J]. Review of Policy Research, 1988, 7(3):500-518.

[133] Brown G M, Johnson R W. Pollution Control by Effluent Charges: It Works in the Federal Republic of Germany, Why Not in the US[J]. Natural Resources Journal, 1984, 24(4):929-966.

[134] 刘晔,张训常.环境保护税的减排效应及区域差异性分析——基于我国排污费调整的实证研究[J].税务研究,2018(2):41-47.

[135] 崔亚飞,刘小川.中国省级税收竞争与环境污染——基于1998—2006年面板数据的分析[J].财经研究,2010(4):46-55.

[136] 李建军,刘元生.中国有关环境税费的污染减排效应实证研究[J].中国人口·资源与环境,2015(8):84-91.

[137] 涂正革,邓辉,谌仁俊,等.中央环保督察的环境经济效益:来自河北省试点的证据[J].经济评论,2020(1):3-16.

[138] 郑洁,付才辉,张彩虹.要素市场扭曲对环境污染的影响——基于工具变

量法的经验研究[J].软科学,2018(10):103-106.

[139] 白俊红,路嘉煜,路帅.资本市场扭曲对环境污染的影响研究——基于省级空间动态面板数据的分析[J].南京审计大学学报,2019(1):37-47.

[140] 李洪心,付伯颖.对环境税的一般均衡分析与应用模式探讨[J].中国人口·资源与环境,2004(3):19-22.

[141] 秦昌波,王金南,葛察忠,等.征收环境税对经济和污染排放的影响[J].中国人口·资源与环境,2015(1):17-23.

[142] 吴茵茵,徐冲,陈建东.不完全竞争市场中差异化环保税影响效应研究[J].中国工业经济,2019(5):43-60.

[143] 李婉红,毕克新,曹霞.环境规制工具对制造企业绿色技术创新的影响——以造纸及纸制品企业为例[J].系统工程,2013(10):112-122.

[144] 李婉红.排污费制度驱动绿色技术创新的空间计量检验——以29个省域制造业为例[J].科研管理,2015(6):1-9.

[145] 涂正革,周涛,谌仁俊,等.环境规制改革与经济高质量发展——基于工业排污收费标准调整的证据[J].经济与管理研究,2019(12):77-95.

[146] 徐保昌,谢建国.排污征费如何影响企业生产率:来自中国制造业企业的证据[J].世界经济,2016(8):143-168.

[147] Arrow K J. The Economic Implications of Learning by Doing[J]. The Review of Economic Studies,1962(29):155-173.

[148] Glomm G, Kawaguchi D, Sepulveda F. Green Taxes and Double Dividends in a Dynamic Economy[J]. Journal of Policy Modeling,2008,30(1):19-32.

[149] 金戈.最优税收与经济增长:一个文献综述[J].经济研究,2013(7):143-155.

[150] 范庆泉,张同斌.中国经济增长路径上的环境规制政策与污染治理机制研究[J].世界经济,2018(8):171-192.

[151] 吴健,毛钰娇,王晓霞.中国环境税收的规模与结构及其国际比较[J].管理世界,2013(4):168-169.

[152] 李虹,熊振兴.生态占用、绿色发展与环境税改革[J].经济研究,2017(7):124-138.

[153] 陈真玲,王文举.环境税制下政府与污染企业演化博弈分析[J].管理评论,2017(5):226-236.

[154] 涂国平,张浩,冷碧滨.基于企业治污行为的环境税率动态调整机制[J].

北京理工大学学报(社会科学版),2018(1):45-51.

[155] 叶姗.环境保护税法设计中的利益衡量[J].厦门大学学报(哲学社会科学版),2016(3):46-55.

[156] 于连超,张卫国,毕茜.环境税对企业绿色转型的倒逼效应研究[J].中国人口·资源与环境,2019(7):112-120.

[157] 袁向华.排污费与排污税的比较研究[J].中国人口·资源与环境,2012(S1):40-43.

[158] 范庆泉,周县华,张同斌.动态环境税外部性、污染累积路径与长期经济增长——兼论环境税的开征时点选择问题[J].经济研究,2016(8):116-128.

[159] 彭昱.经济增长背景下的环境公共政策有效性研究—基于省际面板数据的实证分析[J].财贸经济,2013(4):16-23.

[160] 熊波,陈文静,刘潘,等.财税政策、地方政府竞争与空气污染治理质量[J].中国地质大学学报(社会科学版),2016(1):20-33+170.

[161] 朱小会,陆远权.环境财税政策的治污效应研究——基于区域和门槛效应视角[J].中国人口·资源与环境,2017(1):83-90.

[162] 杨琴,黄维娜.我国环境保护"费改税"的必要性和可行性分析[J].税务研究,2006(7):34-37.

[163] Solow R. An Almost Practical Step Toward Sustainability[J]. Resources Policy,1993,19(3):162-172.

[164] 孙金龙.持续改善环境质量[N].人民日报,2021-01-07(9).

[165] 付伯颖,齐海鹏.关于环境税收几个问题的探讨[J].税务研究,2002(1):73-76.

[166] 刘芳雄,李公俭.税制绿化问题研究[J].税务研究,2017(9):81-85.

[167] 陈诗一.优化环保税制方案加强雾霾有效治理[N].中国社会科学报,2018-11-02(5).

[168] 郭治鑫,邓婷婷,董战峰.工业园区污水处理设施监管政策框架研究[J].环境保护,2019(13):47-52.

[169] 周扬胜,张国宁.关于环境保护税法(草案)几个问题的探讨[J].中国环境管理,2016(6):38-42+64.

[170] 陈斌,邓力平.环境保护税征管机制:新时代税收征管现代化的视角[J].税务研究,2018(2):28-33.

[171] 高萍.环境保护税实施情况分析及完善建议[J].税务研究,2019(1):21-24.

[172] 马中,周芳.水污染治理需严控污水排放量[J].环境保护,2013(16):41-43.

[173] 刘树杰,杨娟,郭琎.完善长江经济带污水治理价格政策研究[J].宏观经济管理,2019(9):66-70+90.

[174] 苏明,许文.中国环境税改革问题研究[J].财政研究,2011(2):2-12.

[175] 余泳泽,邓姗姗.我国节能减排的现状、问题与解决路径——一个文献综述[J].产业经济评论,2014(4):33-43.

[176] 张梓太.立法保护长江促进绿色发展[N].新华日报,2021-01-19(18).

[177] Färe R, Martins-Filho C, Vardanyan M. On Functional form Representation of Multi-output Production Technologies[J]. Journal of Productivity Analysis, 2012, 33(5):81-96.

[178] Song M, Wang J. Environmental Efficiency Evaluation of Thermal Power Generation in China Based on a Slack-based Endogenous Directional Distance Function Model[J]. Energy, 2018, 161:325-336.

[179] 黄勇峰,任若恩,刘晓生.中国制造业资本存量永续盘存法估计[J].经济学(季刊),2002(1):377-396.

[180] Li K, Lin B Q. Metafroniter Energy Efficiency with CO_2 Emissions and its Convergence Analysis for China[J]. Energy Economics, 2015, 48(5): 230-241.

[181] 单豪杰.中国资本存量K的再估算:1952~2006年[J].数量经济技术经济研究,2008(10):17-31.

[182] 胡必彬.我国十大流域片水污染现状及主要特征[J].重庆环境科学,2003(6):15-17+59-60.

[183] 李涛,石磊,马中.中国点源水污染物排放控制政策初步评估研究[J].干旱区资源与环境,2020(5):1-8.

[184] 和夏冰,殷培红.工业行业化学需氧量和氨氮排放的产业关联分析[J].环境科学与技术,2016(9):214-220.

[185] Zhou X, Fan L W, Zhou P. Marginal CO_2 Abatement Costs: Findings from Alternative Shadow Price Estimates for Shanghai Industrial Sectors[J]. Energy Policy, 2015, 77:109-117.

[186] 鲍超,陈小杰,梁广林.基于空间计量模型的河南省用水效率影响因素分析[J].自然资源学报,2016(7):1138-1148.

[187] 任俊霖,李浩,伍新木,等.长江经济带省会城市用水效率分析[J].中国人口·资源与环境,2016(5):101-107.

[188] 佟金萍,马剑锋,王圣,等.长江流域农业用水效率研究:基于超效率DEA

和 Tobit 模型[J].长江流域资源与环境,2015(4):603-608.

[189] 魏楚,沈满洪.水资源效率的测度及影响因素:基于文献的述评[J].长江流域资源与环境,2014(2):197-204.

[190] 杨骞,刘华军.污染排放约束下中国农业水资源效率的区域差异与影响因素[J].数量经济技术经济研究,2015(1):114-128+158.

[191] 马海良,黄德春,张继国.考虑非合意产出的水资源利用效率及影响因素研究[J].中国人口·资源与环境,2012(10):35-42.

[192] 钱文婧,贺灿飞.中国水资源利用效率区域差异及影响因素研究[J].中国人口·资源与环境,2011(2):54-60.

[193] 张力小,梁竞.区域资源禀赋对资源利用效率影响研究[J].自然资源学报,2010(8):1237-1247.

[194] 李世祥,成金华,吴巧生.中国水资源利用效率区域差异分析[J].中国人口·资源与环境,2008(3):215-220.

[195] 朱启荣.中国工业用水效率与节水潜力实证研究[J].工业技术经济,2007(9):48-51.

[196] 速水佑次郎,拉提.农业发展的国际分析[M].北京:中国社会科学出版社,2000.

[197] 雷玉桃,黄丽萍.中国工业用水效率及其影响因素的区域差异研究——基于 SFA 的省际面板数据[J].中国软科学,2015(4):155-164.

[198] 雷玉桃,黄丽萍,张恒.中国工业用水效率的动态演进及驱动因素研究[J].长江流域资源与环境,2017(2):159-170.

[199] 刘钢,吴蓉,王慧敏,黄晶.水足迹视角下水资源利用效率空间分异分析——以长江经济带为例[J].软科学,2018(10):107-111+118.

[200] 汪克亮,刘悦,史利娟,等.长江经济带工业绿色水资源效率的时空分异与影响因素——基于 EBM-Tobit 模型的两阶段分析[J].资源科学,2017(8):1522-1534.

[201] 陈关聚,白永秀.基于随机前沿的区域工业全要素水资源效率研究[J].资源科学,2013(8):1593-1600.

[202] 孙爱军,方先明.中国省际水资源利用效率的空间分布格局及决定因素[J].中国人口·资源与环境,2010(5):139-145.

[203] 王群伟,周鹏,周德群.我国二氧化碳排放绩效的动态变化、区域差异及影响因素[J].中国工业经济,2010(1):45-54.

[204] Mills J H, Waite T A. Economic Prosperity, Biodiversity Conserva-

tion, and the Environmental Kuznets Curve[J]. Ecological Economics, 2009,68(7):2087-2095.

[205] 孙才志,刘玉玉. 基于 DEA-ESDA 的中国水资源利用相对效率的时空格局分析[J]. 资源科学,2009(10):1696-1703.

[206] 卢洪友,张奔. 长三角城市群的污染异质性研究[J]. 中国人口·资源与环境,2020(8):110-117.

[207] 廖虎昌,董毅明. 基于 DEA 和 Malmquist 指数的西部 12 省水资源利用效率研究[J]. 资源科学,2011(2):273-279.

[208] 解伏菊,张红,郑明喜. 山东省工业水资源全要素生产率研究——基于 DEA 方法的实证分析[J]. 理论学刊,2010(12):55-58.

[209] Auty R M, Mikesell R F. Sustainable Development in Mineral Economies[M]. Oxford: Oxford University Press,1999.

[210] Sachs J D, Warner A M. Natural Resource Abundance and Economic Growth[J]. NBER Working Paper, No. 5398, National Bureau of Economic Research, 1995,5398.

[211] 金巍,章恒全,秦腾,等. 地区差异下居民消费对用水量的影响分析——基于门槛模型的实证研究[J]. 软科学,2017(6):51-54+75.

[212] 魏后凯. 大都市区新型产业分工与冲突管理——基于产业链分工的视角[J]. 中国工业经济,2007(2):28-34.

[213] Selin Ozyurt. 中国工业的全要素生产率:1952—2005[J]. 世界经济文汇,2009(5):1-16.

[214] 张杰,陈志远,吴书凤,等. 对外技术引进与中国本土企业自主创新[J]. 经济研究,2020(7):92-105.

[215] 李伟庆,聂献忠. 产业升级与自主创新:机理分析与实证研究[J]. 科学学研究,2015(7):1008-1016.

[216] 颜永才. 新常态下企业创新生态系统与自主创新战略研究[J]. 科学管理研究,2015(5):74-77.

[217] 余泳泽,张先轸. 要素禀赋、适宜性创新模式选择与全要素生产率提升[J]. 管理世界,2015(9):13-31+187.

[218] 钟卫,袁卫,黄志明. 工业企业 R&D 投入绩效研究——基于第一次全国经济普查数据的分析[J]. 中国软科学,2007(5):98-104+124.

[219] 汤萱. 技术引进影响自主创新的机理及实证研究——基于中国制造业面板数据的实证检验[J]. 中国软科学,2016(5):119-132.

[220] 高鹏飞,陈文颖,何建坤.中国的二氧化碳边际减排成本[J].清华大学学报(自然科学版),2004(9):1192-1195.

[221] 丁冰.新中国工业建设:六十年铸就辉煌[J].红旗文稿,2009(20):12-15.

[222] 王金南,董战峰,蒋洪强,等.中国环境保护战略政策70年历史变迁与改革方向[J].环境科学研究,2019(10):1636-1644.

[223] 《中国环境保护行政二十年》编委会.中国环境保护行政二十年[M].北京:中国环境科学出版社,1994.

[224] 张连辉,赵凌云.1953—2003年间中国环境保护政策的历史演变[J].中国经济史研究,2007(4):63-72.

[225] 邵帅,李欣,曹建华,等.中国雾霾污染治理的经济政策选择——基于空间溢出效应的视角[J].经济研究,2016(9):73-88.

[226] 凌承纬.二十世纪七十年代以来我国生态文明意识构建的历史进程及启示——以1972—2001年《人民日报》为视角[J].中共福建省委党校学报,2015(7):114-120.

[227] 我国代表团团长唐克在联合国人类环境会议上发言 阐述我国对维护和改善人类环境问题的主张[N].人民日报,1972-06-11(5).

[228] 邓小平.邓小平文选:第二卷[M].北京:人民出版社,1994.

[229] 徐以祥.论我国环境法律的体系化[J].现代法学,2019(3):83-95.

[230] 韩艳,何潮洪,陈新志,等. 化工企业污染排放当量估算[C].//第三届全国化学工程与生物化工年会论文摘要集(下),2006.

[231] 胡筱敏,沈阳市主要污染行业大气污染物排放调查及污染当量数核算研究[R].沈阳:东北大学,2008-11-20.

[236] 胡鞍钢,周绍杰,任皓.供给侧结构性改革—适应和引领中国经济新常态[J].清华大学学报(哲学社会科学版),2016(2):17-22+195.

[233] 韩庆祥,陈曙光.中国特色社会主义新时代的理论阐释[J].中国社会科学,2018(1):5-16.

[234] 杨耀武,张平.中国经济高质量发展的逻辑、测度与治理[J].经济研究,2021(1):26-42.

[235] 高培勇.中国财税改革40年:基本轨迹、基本经验和基本规律[J].经济研究,2018(3):4-20.

[236] 王利明.《民法典》中环境污染和生态破坏责任的亮点[J].广东社会科学,2021(1):216-225+256.

后　记

我们尝试,在环保人士和富足论者之间取得平衡。

公元前 2 世纪,太史公马迁认为,"天下熙熙,皆为利来,天下攘攘,皆为利往",在以农耕为核心的生产系统中,百姓能够"各劝其业,乐其事,若水之趋下,日夜无休时"。这种被司马迁称为"自然之验"的趋利行为,恰如 18 世纪英国经济学家亚当·斯密所述,人的一切行为都是为了最大限度地满足自己的利益,工作是为了获得经济报酬;被 19 世纪的卡尔·马克思在其著作《资本论》中这样形象地描述,"资本惧怕没有利润或利润过于微小的情况"。

20 世纪初,英国经济学家阿瑟·庇古所提出的由私人部门带来的环境负外部性,随工业文明西学东渐,工业污染之殇,东方大地亦未能幸免。晚清史料研究发现,19 世纪 70 年代,上海地区河道水质已经不堪饮用;"一战"时期,民族工业快速发展,工业废水排放已成为太湖流域河道主要污染物;20 世纪 60 年代,苏州 63 家工厂产生的污水,每日排放量达 4.5 万吨。在"利"的驱动下,环境污染宛如笼罩在人类生存之上的一团阴霾,"不召而自来,不求而民出之"。

当在短期内面对调和环境、健康和增长问题时,这似乎又是一个别样的蒙代尔·克鲁格曼"不可能三角"。

时至 21 世纪的今天,受一定生产技术条件的约束,关于要环境还是要增长的讨论,是各界长久以来关注的焦点。如何调和资源消耗与工业生产,环境污染与人类生存间的矛盾,至今仍是困扰人类实现可持续发展的难题。正如,2021 年上海交通大学联合《Science》期刊发布这样的科学问题:"我们可以阻止全球气候变化吗?"辩证唯物主义告诉我们,矛盾是事物存在的深刻基础,也是事物发展的内在根据,在实践中认识和处理矛盾,促进发展。

保罗·萨缪尔森认为经济工具介入环境保护和经济发展间的矛盾时,能够发挥的效应在于,通过对自然资源和环境资源合理定价,以实现对经济活动的有效管理。然而实践中,自我国排污费"费改税"以来,部分地方环境保护税税额继承了原排污费政策框架下"处罚低力度"这一特征,使得我国环境保护税真正成为倒逼排污主体主动从事生产技术绿色升级和清洁化改造的有效工具,仍存在一定距离。

　　翻开案头文献，千思万绪涌上心来：毛泽东同志在著作《实践论》中提出，实践要有正确的理论指导，要根据"科学的认识"来规定改造世界的实践过程。就经济学界而言，英国经济学家阿瑟·庇古在论著《福利经济学》中这样写道："经济研究的目的在于帮助社会进步，经济学是实际的，而不是纯理论性的、描述性的，要认识到，生活中充满着矛盾，亟待认识、研究和尝试解决。"毛泽东主席讲："实践、认识、再实践、再认识，这样形式，循环往复以至无穷，而实践和认识之每一循环的内容，都比较地进到了高一级的程度。"恰如古语所说的"筚路蓝缕，以启山林"。当前，水环境领域仍面临诸多矛盾，亟待我们在实践中认识和处理。在此，向中外先贤、学界前辈的思想、智慧、奉献致以崇高的敬意！

　　不妨，在回顾保罗·萨缪尔森的论述中，为本书的研究，画上一个逗号：

　　"我们正在驶向一个未知的海域。在耗尽许多资源的同时，我们正以一种无法逆转的方式改变着其他资源。但是，许多经济学家相信，明智的决策，加上适当的动力，一定能保证人类不仅可以继续生存，而且还会迎来长远的发展和繁荣。"

　　本书得以出版，感谢严以新教授、孙瑞玲教授、章恒全教授、马晓辉教授、许长新教授、吴凤平教授、袁汝华教授、田贵良教授、奚肇庆教授的指导。谨以此书献给在水资源环境和生命健康科学研究领域躬耕并为之奋斗的前辈和同仁。